西安文理学院西安国家中心城市建设研究中心系列丛书

土地资源市场配置创新研究

田富强/著

西安文理学院学术专著出版基金
2017 年陕西省社会科学基金项目　资助
2018 年陕西省软科学研究计划

科 学 出 版 社
北 京

内 容 简 介

本书通过严密的逻辑分析，形成一个自洽的解释体系，对市场配置土地资源条件下，耕地与建设用地的边界进行深入独到的分析，提出边际收益相等的边界确定规律。通过系统分析粮食作为经典必需品的特殊价值，发展出粮食的耕地收益补偿分析框架，量化耕地的粮食安全价值，为一般必需品的资源收益补偿分析提供较为强大的分析工具。在市场配置土地资源条件下，耕地总量控制具有阶段性，耕地红线要实现从条件红线到产量红线的转型，耦合耕地红线和耕地与建设用地的边界。与企业的边界分析应用交易成本分析工具类似，耕地与建设用地的边界分析应用基于耕地收益补偿的强大分析工具，对市场配置生产经典必需品的其他资源具有较好的解释效果。

本书适宜于经济、管理、土地、资源、城镇、农村、粮食、贸易等领域的研究人员、管理人员、教师、学生和关注土地资源问题的广大读者阅读。

图书在版编目（CIP）数据

土地资源市场配置创新研究/田富强著. —北京：科学出版社，2018.6

（西安文理学院西安国家中心城市建设研究中心系列丛书）

ISBN 978-7-03-057018-5

Ⅰ. ①土… Ⅱ. ①田… Ⅲ. ①土地资源–资源配置–研究–中国 Ⅳ. ①F323.211

中国版本图书馆 CIP 数据核字（2018）第 054690 号

责任编辑：徐 倩 方小丽 / 责任校对：王 瑞
责任印制：吴兆东 / 封面设计：无极书装

科 学 出 版 社 出版
北京东黄城根北街 16 号
邮政编码：100717
http://www.sciencep.com

北京京华虎彩印刷有限公司印刷
科学出版社发行 各地新华书店经销

*

2018 年 6 月第 一 版 开本：720 × 1000 1/16
2018 年 6 月第一次印刷 印张：13 3/4
字数：270 000

定价：98.00 元

（如有印装质量问题，我社负责调换）

目　　录

第一章 土地资源配置

第一节 研究动态

一、文献综述

（一）城乡土地研究

1. 城镇化与土地利用研究

经济发展需要城镇化的推动[1]，可持续发展[2]对城镇化[3]提出更高要求，现有文献对典型地区的城镇化[4-7]进行了分析并提出发展对策[8]。土地利用领域的研究[9,10]，包括城镇化与土地集约利用[11,12]、城镇化和耕地[13,14]及土地流转[15-17]等。

2. 耕地占补平衡研究

耕地占补平衡是在确保耕地红线的基础上实现建设用地的高效利用。耕地占补平衡在重庆[18]等地获得推广，已有文献探讨了耕地占补平衡的法律规范[19]、政策成效[20]、局限[21]与困境[22]、预警指标体系[23]及生态安全评价[24-26]等内容。

3. 地票制度研究

地票制度建立在耕地占补平衡的基础上，是土地资源高效配置的制度创新。地票制度研究包括：地票的概念[27]、属性[28]、功能[29,30]与意义[31-39]，地票交易[40-42]、价格[43-45]与收益[46,47]；地票制度存在的问题[48-50]、创新[51-53]与风险[54]；地票制度的完善[55]与改进的对策建议[29,34]；等等。

（二）耕地边界研究

耕地边界，包括耕地的外部边界与耕地的内部边界。耕地的外部边界指的是耕地与建设用地的边界，简称耕地边界，着重分析耕地占耕地与建设用地总和的比例，以及建设用地占耕地与建设用地总和的比例。耕地的内部边界指的是不同类型的耕地之间的边界，着重分析不同类型的耕地占耕地总量的比例。本书主要研究耕地的外部边界，如果没有特别强调，耕地边界指的是耕地的外部边界。

粮食主产区外部性边界的选取，影响耕地保护外部性测度及其区内区际外部性分割[56]，经济发展正逐渐向节约和集约利用土地方向发展。耕地数量将在一定区间达到边界值，此后国民生产总值和第二产业生产总值的提升将不再依赖于耕地占用。耕地面积的变化存在库兹涅茨曲线，曲线拐点出现时间即为达到耕地总量动态平衡的时间，该时间点不仅与社会经济发展变化有关，同时受到耕地保护政策实施力度的影响[57]。耕地质量评价——耕地与规划城镇用地耦合——可占用耕地选择与边界框定的方法，可以为城市开发边界划定提供指引[58]。已有文献研究了粮食的私人收益与社会收益[59]。本书从资源均衡配置入手，从耕地收益与粮食产值不匹配的实际出发，分析耕地收益与粮食收益的关系，提出耕地收益补偿概念，提出城镇建设用地的边际收益与耕地的边际收益相等的资源配置规律，研究耕地的外部边界，解释粮食进口等存在争议的问题。耕地收益补偿与社会收益不同，耕地收益补偿是从耕地的收益入手，社会收益是从粮食的收益入手。

二、研究述评

（一）耕地面积的决定

耕地红线与耕地边界有紧密的关系，但不完全一致。从理论上分析，耕地红线应该是耕地边界的一个状态。但在实践中，耕地红线的确定方法与耕地边界的确定规律并不相同。耕地红线确定利用的是需求导向的确定方法，其确定方法是：根据可能的粮食需求总量（L_{zc}）及可能的单产水平（P_{gd}），确定耕地面积（S_{gs}）：$S_{gs} = L_{zc}/P_{gd}$。耕地红线的确定，没有考虑耕地边际收益与建设用地边际收益之间的关系。与耕地红线不同，耕地边界确定利用的是综合满足供给与需求的市场导向的配置方法。耕地的外部边界的确定遵循一定的配置规律，在配置规律发生作用的条件动态变化的情况下，耕地的外部边界随之动态变化。耕地红线理应是耕地边界的状态之一，耕地红线理应是在给出耕地的外部边界的特定约束条件的情况下，利用耕地的外部边界的确定方法得出的特定结果，但目前耕地红线已经成为耕地边界的唯一状态。本书将深入分析耕地红线与耕地边界的配置规律，深化对耕地资源配置问题的研究。

（二）耕地外部边界配置规律

本书把耕地红线的确定方法称为红线确定法，把耕地边界的确定方法称为边界确定法。红线确定法把耕地的外部边界看成是由粮食需求总量和单产水平决定的，与边界确定法细致深入的分析差异较大。因为红线确定法深入人心，影响本书关于边界确定法的分析，所以下文将暂时搁置红线确定法的已有观点，正本清源，重新从根本入手，建立一个最简单的核心决策模型，分析耕地的外部边界。这个核心决策模型研究一个土地所有者如何决策、配置自己的土地。通过分析核心决策模型，可以得出与红线确定法完全不同的结论。假定耕地面积与粮食需求总量（L_{zc}）的关系是 f，则耕地面积（S_{gs}）可以表示为：$S_{gs} = f(L_{zc})$。耕地面积并不取决于粮食需求总量与单产水平（$S_{gs} = L_{zc}/P_{gd}$），而是取决于耕地与建设用地配置过程中，边际收益相等的均衡状态下耕地占耕地与建设用地总和的比例。红线确定法没有深入分析耕地的外部边界的配置规律，简单地认为耕地面积是由粮食需求总量决定的，这是个似是而非的结论。这个结论需要以下假设才能成立：①激励有效。土地得到全面利用，不存在抛荒。②单产是固定的。③单产提升存在瓶颈制约，单产提升的最高限制难以被突破，单产提升速度和增幅有限。④关注耕地是无利可图的。这个假设并不成立，目前规模经营已经显示出经济效益。耕地不仅是粮食安全的载体，也通过规模经营产生效益。⑤只关注建设用地本身。建设用地指标匮乏制约新型城镇化发展。很多利益主体只关注建设用地指标。⑥缺乏对耕地的外部边界的深入研究，不关注耕地的外部边界的确定规律。红线确定法忽视耕地的外部边界研究，认为耕地的外部边界并不值得分析。⑦粮食需求总量是耕地的外部边界配置的唯一核心要素。⑧粮食安全保障等同于耕地总量控制。只需计算粮食需求总量与单产水平的比值，就可以确定耕地边界，并且这个边界是稳定的。

（三）粮食需求总量与耕地面积

本书作者认为，不能固化粮食需求总量与耕地面积的关系。粮食需求总量与耕地面积有关系，但只有有限的关系：粮食需求总量以耕地面积为基础，耕地红线制度并不一定能够确保粮食安全。一旦耕地面积紧张，只要建设用地与耕地的边际收益相等，一定会有农业技术提升和大范围普及推广的动力，在市场配置条件下确保粮食安全。

第二节 耕地边界与企业边界的比较

一、研究基础

（一）耕地边界与企业边界

1. 耕地外部边界与粮食需求量决定的均衡点

目前对耕地总量控制的争议较大。耕地红线制度存在的背景是粮食安全基本得到保障，且耕地红线小于耕地总量。特别是第二次全国土地调查结果比第一次全国土地调查结果的数据多出 1358.7 万公顷后，一些学者并不认同耕地红线制度。无论是否支持耕地红线制度，都必须深入分析耕地面积与粮食安全的客观关系，其核心是确定保障粮食安全的耕地面积的客观规律。

本书把耕地的外部边界看成是土地资源市场配置的结果。耕地总量控制下，耕地红线标准是唯一确定的。在市场配置资源的条件下，约束条件的变化，影响到耕地的外部边界，耕地边界往往是动态变化的。市场确定的耕地的外部边界具有变动性，与相对稳定的耕地红线之间存在很大差异。如果由市场确定耕地的外部边界，就不会存在相对固定的红线。红线的确定是计划配置资源的产物，计划方式往往会扭曲资源配置的有效性。耕地红线存在争议，说明没有从耕地的外部边界的确定角度进行深入分析，没有从土地资源高效配置的角度进行分析，也没有发现耕地外部边界的配置规律。本书以耕地边界为分析对象，通过市场配置土地资源，探索耕地均衡边界的配置规律。

2. 耕地边界是企业边界的理论延伸

第二产业、第三产业以企业为代表，第一产业以农业部门为代表。研究企业就是研究第二产业、第三产业的重要形式和典型代表。研究企业边界就是研究第二产业、第三产业典型形式的规模，企业边界的分析具有深刻的含义。农业是第一产业的典型形式。耕地是农业的典型载体，从资源配置方面来看，作为一个大的部门，农业发展的边界表现为耕地的外部边界。确定了耕地的外部边界，就可以初步确定农业的规模。确定耕地的外部边界实际上就是确定作为一个整体的农业规模的大小。如果把农业看成是一个企业，也可以把耕地的外部边界看成是农业这个庞大的企业的资源利用的边界。农业这个庞大企业的重要资源是耕地，耕地的外部边界初步确定了农业所能达到的规模。耕地的外部边界理论是企业边界理论的延伸和发展。

（二）耕地与企业的区别

把耕地的外部边界与企业边界作比较，我们会发现，二者的性质并不相同。企业与市场的配置资源的功能基本相同。我们在研究企业边界的时候，往往需要考虑作为资源配置方式，企业与另一种资源配置方式即市场的边界划分问题；哪些活动在企业内部进行比较合适，哪些活动交给市场比较合适。我们往往需要考虑企业进行这些活动的交易成本，并且将企业进行这些活动的交易成本与市场配置资源时从事同样活动的交易成本进行比较。耕地并非资源配置方式，它是一种需要被市场、家庭、政府或者其他主体配置的资源。耕地的外部边界取决于耕地与建设用地的资源配置。耕地与建设用地都不是资源配置方式,它们都属于资源。耕地与建设用地不可能配置其他资源,它们被不同的方式所配置,包括被市场、家庭、政府或者其他主体所配置。为了研究方便,我们假定耕地与建设用地的总和即土地资源。不同的土地资源配置方式往往根据特定规律决定了耕地与建设用地分别占土地资源的比例。不同的土地资源配置方式所根据的特定规律往往并不相同,由特定规律决定的耕地与建设用地的比例也往往并不相同。政府在确定耕地红线时所采用的土地资源配置方式是典型的计划配置资源方式,耕地红线是耕地总量控制的基础。

二、耕地边界与企业边界分析

(一)耕地边界与企业边界的联系

1. 耕地边界研究的理论意义

我们不能将耕地边界问题看成是建设用地的边界问题,因为前者是一个理论性问题,后者是一个应用性问题。用建设用地的边界代替耕地边界,往往阻碍了理论创新。我们在现实生活中研究建设用地的边界,往往着眼于解决建设用地指标不足的具体问题,通过分析建设用地比例提升的方法与路径,探索如何才能获得更多建设用地指标。我们在研究耕地边界问题时,出发点则有所不同。耕地属于收益较低的土地资源,我们在研究耕地边界问题时,往往不必为了提升耕地比例而进行实践性的探索,更常见的是为了确定耕地的外部边界建立分析框架。在粮食安全与耕地的关系的讨论中,需要思考更为一般的规律:在条件给定的情况下,耕地边界是如何被确定的?这个本应该得到深入研究的问题,并没有得到应有的重视。正是因为这个本该得到深入研究的问题并没有得到应有的重视,才使耕地红线与耕地总量控制思想替代了关于耕地边界的理论剖析,影响我们进一步探索土地资源配置规律。更值得深思的是,因为耕地红线与耕地总量控制思想得到广泛认同,我们的思想往往容易被束缚,并因此产生定向思维,认为耕地红线就是耕地边界,耕地总量控制就是土地资源配置,这阻碍我们找到真实世界耕地边界配置的一般性规律。耕地红线是耕地边界的一种特殊状态,但不是耕地边界的全部状态,更不是耕地边界的最优状态。耕地总量控制是土地资源配置的一种方式,但不是土地资源配置的全部方式,更不是土地资源配置的最优方式。面对耕地红线和耕地总量控制主导的土地资源配置现状,我们不妨从土地资源配置的最初决策入手,还原耕地边界的确定过程,分析耕地与建设用地的需求比例,从而分析到底是什么决定了耕地的外部边界。

2. 耕地边界理论的原创性

耕地边界研究，不能从耕地与建设用地边际收益以外的其他因素去探索，不能拘泥于特定时期粮食需求总量所需的耕地面积，必须从边际收益相等的角度去分析，提出耕地收益补偿概念，并把耕地收益补偿的分析一般化，建立一个完整的经典必需品收益补偿理论分析体系。经典必需品收益补偿概念超越了耕地边界问题，开拓了一个新的研究领域，有望成为经济学研究的重大课题。

（二）耕地边界的分析思路

1. 考虑收益的耕地边界

耕地边界是边际收益决定的，按照资源配置的交易成本去界定资源配置方式的效率。配置资源的成本更高的资源配置方式的效率较低。当一种资源配置方式的效率高于另一种方式时，后者会被前者取代。土地是一种资源，具有边际收益。土地的不同边际收益是决定其利用方式的主要因素。建设用地的边际收益比较高时，土地进入建设用地市场是较优的选择；耕地的边际收益比较高时，土地进入耕地市场是较优的选择。市场作为资源配置方式会产生收益。在资源得到有效配置的情况下，可以通过分析交易成本的高低，研究资源配置的效率。有效配置也可以看成是一种收益。我们要比较土地资源配置的效率，主要比较在土地资源得到有效配置的情况下，哪一种配置方式的净收益更高。土地资源的有效配置存在交易成本，制度约束产生交易成本。制度约束往往体现为是否能够自由地改变特定土地的利用方式。制度约束越多，交易成本越高。如果实行严格的耕地总量控制，交易成本可以无限高，甚至无法实现资源有效配置。表 1-1 比较了企业边界与耕地边界的研究变量。

表 1-1　企业边界与耕地边界研究的变量比较

变量	企业边界	耕地边界
关注的核心变量	交易成本	收益
关注的次要变量	收益	交易成本

2. 自由确定耕地边界的交易成本

我们要考虑耕地边界自由变动的成本，就不能忽视制度对交易成本的影响。

在市场配置耕地资源的条件下，耕地边界根据边际收益相等的规律随机变动，耕地边界的随机变动不受影响。耕地总量控制是一种非市场配置土地资源方式，提高了耕地边界自由变动的交易成本。在人口众多、土地资源不足的地区，耕地总量控制有利于保障粮食安全。但从理论上分析，通过市场配置土地资源的方式耕地边界的交易成本最低，非市场配置土地资源的制度设计提高了土地资源配置的交易成本。耕地红线不是市场配置的耕地边界，耕地总量控制提高了形成耕地均衡边界的交易成本。

3. 土地用途转换是耕地边界确定的交易成本

支持耕地总量控制的理论依据是市场配置条件下土地用途转换的交易成本较高，一公顷耕地转换成一公顷建设用地后，建设用地复垦为耕地将十分困难。这个理论依据确实能够支持耕地总量控制制度。按照这个理论依据，市场配置条件下土地用途转换的交易成本还包括耕地用作建设用地的费用。存在转换成本是耕地总量控制获得认同的主要理论依据。实际上，这种理论依据虽然能支持耕地总量控制制度，却并不科学。因为耕地转换为建设用地的成本很低，而建设用地如果边际收益低于耕地，自然会转换为耕地，复垦成本不能阻碍土地用途转换。与土地用途转换的成本比较，耕地总量控制条件下因资源配置低效所损失的收益更高。

4. 明晰的产权是耕地边界确定的基础

耕地边界能够根据边际收益相等的规律自由变动的条件是产权明晰。土地所有者对土地用途的选择建立在收益比较的基础上，收益为所有者拥有是土地用途比较的基础。如果土地产权明晰，收益就能够得到切实保障。在土地产权虚置的情况下，作为一种权变的方法，利益主体往往只考虑土地的短期用途，土地资源配置效率下降。针对只拥有承包权的农村土地，承包农户可以比较承包期内不同用途的收益，选择收益最高的用途。自由确定耕地边界的交易成本可能因为产权不明晰而提高。

三、企业边界规律与耕地边界规律比较

（一）企业边界规律着眼于成本

1. 交易成本类似于效率比较

在企业边界的研究中，如果在企业内部配置资源可花费更低的交易成本，

企业从事特定生产与服务活动就是合意的。如果与从市场获得产品与服务比较，这些生产与服务活动放在企业内部具有更高的成本，则效率下降，通过市场获得产品与服务效率最优。如果要比较成本，就必须比较与成本有关的活动量及其他因素，包括时间消耗等。我们通过比较交易成本实现对效率的比较：在资源配置收益相同的条件下，在企业内部进行资源配置与在市场中进行资源配置需要的交易成本不同。一般而言，有三种情况：①同样的资源配置收益/在企业内部进行资源配置的交易成本＝同样的资源配置收益/在市场上进行资源配置的交易成本；②同样的资源配置收益/在企业内部进行资源配置的交易成本＞同样的资源配置收益/在市场上进行资源配置的交易成本；③同样的资源配置收益/在企业内部进行资源配置的交易成本＜同样的资源配置收益/在市场上进行资源配置的交易成本。如果第一种情况成立，则在配置资源的方式选择方面，市场与企业具有相同的效率，此时企业边界处于均衡状态。如果以后继续进行资源配置，既不会选择把更多的资源配置活动交给企业，也不会选择把更多的资源配置活动交给市场，而是在市场与企业之间均衡分配，确保企业边界继续处于均衡状态。如果第二种情况成立，则在配置资源的方式选择方面，企业比市场更具有效率，此时企业边界没有处于均衡状态。如果以后继续进行资源配置，可以把更多的资源配置活动交给企业，让企业在资源配置活动中获得更大份额，而让市场进行较少的资源配置活动，直到市场与企业之间的效率相等，单位交易成本实现的资源配置收益相等，确保企业边界处于均衡状态。如果第三种情况成立，在配置资源的方式选择方面，市场比企业更具有效率，此时企业边界没有处于均衡状态。如果以后继续进行资源配置，可以把更多的资源配置活动交给市场，让市场在资源配置活动中获得更大份额，而让企业进行更少的资源配置活动，直到市场与企业之间的效率相等，单位交易成本实现的资源配置收益相等，确保企业边界处于均衡状态。

2. 不同的单位成本收益比较

企业边界与耕地边界的确定问题实际上是两种选择下单位交易成本（或资源）的收益比较。企业边界规律强调交易成本分析，通过量化分析比较企业与市场的资源配置效率，即单位交易成本实现的资源配置收益。作为资源配置方式，企业边界的确定问题，与耕地的外部边界的确定问题没有太大差异，都是通过比较两种选择的单位成本的收益来比较资源配置效率，据此选择资源配置方式。企业边界的确定问题与耕地的外部边界的确定问题不同的是，企业边界问题需要比较单位交易成本的收益，耕地的外部边界问题需要比较单位土地资源的收益。看似没有共同点的企业边界问题与耕地边界问题，可以在资源配置效率方面获得相同的解释。企业边界的交易成本与耕地边界的边际收益的比较方式不同。企业边界是在假定资源配置收益相等的情况下，比较资源配置的交易成本；耕地边界是在耕地与建设用地面积相等的情况下，比较两种资源的边际收益。企业边界的交易成本与耕地边界的边际收益的比较方式存在的区别，可以从均衡状态下两种边界的不同公式得到解释。企业边界处于均衡状态时的规律为：同样的资源配置收益/在企业内部进行资源配置的交易成本＝同样的资源配置收益/在市场上进行资源配置的交易成本。进一步简化为：企业内部单位交易成本的收益＝市场交易的单位交易成本的收益。与企业边界的均衡公式不同的是，耕地边界的均衡公式为：单位面积耕地的边际收益＝单位面积建设用地的边际收益。耕地边界的均衡公式没有体现交易成本，只体现了土地资源的数量。

（二）耕地边界规律不着眼于成本

我们可以通过比较企业边界与耕地边界的均衡公式，找到两个资源配置领域的相通之处。耕地边界的配置规律不强调成本，而企业边界规律强调交易成本。对交易成本的强调，引发了交易成本对经济学理论的渗透和改造。经济学家对交易成本的强调，使得对企业边界的分析引发制度经济学变革。无论如何评价交易成本在企业边界问题分析中的意义都不过分。正是依托对企业边界的分析，交易成本获得更为广泛的关注，进入经济学研究的核心领域，成为经济学研究的基本思维方式。

1. 耕地边际收益的重要性被忽视

企业边界分析引入了交易成本的概念，使交易成本这个边缘化的概念进入主流经济学的研究领域。耕地的外部边界与企业边界研究类似。耕地边界分析引入了耕地收益补偿概念，可望使收益补偿这个边缘化的概念进入主流经济学的研究领域。在耕地的外部边界的分析中，要使耕地的边际收益等于建设用地的边际收益，需要对耕地进行收益补偿，这会产生一些具有深刻价值的理论分析，有助于对耕地的外部边界的深刻理解。借鉴经济学家对企业边界的分析，可以让我们对耕地的外部边界的分析更有意义，对土地资源的高效利用有深刻理解。耕地的外部边界是个纯粹理论化的命题，其从耕地的外部边界的均衡状态入手，通过引入耕地的边际收益与建设用地的边际收益的关系，构建均衡状态下耕地的外部边界的均衡公式，进而发现边际收益相等的规律，并以耕地的边际收益作为粮食安全分析、建设用地来源分析、耕地总量控制分析、占补平衡分析的基本框架和重要工具，在理论分析的基础上进行系统的学术建构。没有深入系统的理论分析和体系建构，耕地的边际收益概念很难受到重视。因为在一般的理论分析框架里，耕地的弱质性与粮食生产的弱质性得到广泛认同，人们往往认为耕地的边际产值很低，耕地的边际产值与建设用地的边际产值不可能相等，耕地的边际收益不会等于建设用地的边际收益。正是基于这样的认识上的误区，耕地边界、耕地边际收益、耕地收益补偿研究等被严重边缘化。

　　2. 耕地边际收益概念具有重要意义

　　耕地边际收益概念，可以解释耕地边界、建设用地指标来源、粮食安全与进口、耕地利用效率等诸多问题，耕地边际收益的重要性不亚于交易成本在企业边界分析中的重要性（图1-1）。

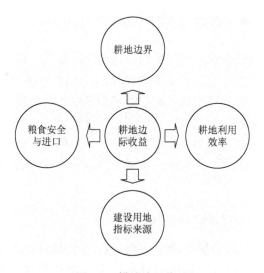

图 1-1　耕地边际收益

　　3. 分析的出发点是耕地补偿收益

　　在耕地的外部边界的均衡状态下，必然存在边际收益相等的关系。一般的分析很难认同耕地的外部边界的均衡公式，即耕地的边际收益等于城镇建设用地的边际收益。耕地的补偿收益概念的提出使耕地的外部边界的均衡公式很容易获得认同。我们需要认真分析和计量耕地的补偿收益，分析为什么会存在耕地的补偿收益、支付耕地的补偿收益是否可行及支付主体和支付对象等。耕地补偿收益概念是进一步解释耕地的边际收益概念的理论拓展和创新，是解释耕地的外部边界的均衡公式的核心思想，需要进行深刻分析与缜密思考。

四、土地资源配置方式与企业边界比较

（一）土地资源配置的三种方式

土地资源配置有三种方式：市场配置、企业配置与政府配置。

1. 土地资源的市场配置

市场应该是最基本的土地资源配置方式，虽然目前很少有能够完全自由配置土地资源的市场存在。耕地总量控制等制度限制了市场的资源配置，本书从最简单的市场资源配置方式入手，对耕地的均衡状态的规律进行分析。

2. 土地资源的企业配置

企业配置土地资源比较复杂，往往在政策允许的条件下，根据比较收益选择土地的不同用途。如果是在耕地总量控制的背景下，配置土地资源的用途，往往要付出较高的成本。

3. 土地资源的政府配置

市场配置土地资源时，会在土地资源中留出一定比例作为耕地资源。研究透彻市场配置土地资源的规律，才能深入分析企业配置土地资源的规律，进而才能深入分析政府对土地资源的配置。

（二）企业配置土地资源的方式

假定在一个产权明晰的市场上，可以由土地的所有者自由配置资源。土地的用途完全取决于土地所有者的配置，配置的依据就是市场导向，具体规律是边际收益相等。在耕地市场上，耕地的所有者如果是家庭，家庭就是土地资源的配置者。家庭的作用相当于在企业形成的市场上，企业对资源配置的功能。如果耕地的产权是清晰的，耕地的交易是完全自由的，作为可以配置资源的类似于企业的家庭，具有自由配置耕地用途的权力。家庭作为一个农业企业，可以自由决定将自己所拥有的耕地的一定比例拿来耕作，一定比例作为建设用地。考虑家庭配置土地资源的用途，可以发现家庭是完全理性的企业，是在遵循市场的规律进行资源配置。资源配置的效率即使不是最高，也比没有自由选择的配置方式更高。

（三）家庭对土地资源的配置需要明晰产权

产权可以交易，无论产权最终属于谁，土地资源的产权必须是明晰的，虚置的产权很容易导致土地资源的低效利用。耕地可以自由交易，自由与市场含义相同。凡是能够自由交易的土地，必然是在市场上的自由交易。土地的交易必须是自由的，正如劳动力可以自己配置用途一样，土地也是可以被所有者自由配置的，土地所有者可以自由选择土地的用途。

（四）市场配置条件下的家庭土地资源配置

1. 家庭配置土地资源的条件

耕地总量控制是自由形成耕地的外部边界的障碍。如果不能取消耕地总量控制，就无法发现耕地的外部边界的均衡状态。发现不了耕地的外部边界的均衡状态，就很难实现土地资源的高效利用，耕地总量控制的交易成本是相当高昂的。耕地总量控制的效率低、成本高，不容易发现耕地边界。耕地总量控制与耕地的外部边界的形成之间存在悖论。耕地的外部边界不是固定不变的，根据边际收益相等的规律，随着城镇建设用地与耕地的边际收益的各自变化，耕地的外部边界处于变化之中，但是均衡状态总会出现。即使是短暂的均衡状态，也会保证土地资源利用效率的可持续高效和低成本。

2. 市场条件下家庭如何配置土地资源

耕地的外部边界随时变化，变化的依据是边际收益相等规律。拥有耕地的家庭，自然会根据均衡配置规律，随时决定土地的用途变更。建设用地比例提高，导致耕地面积不足，粮食生产大幅度下降，粮食安全危机通过其他方式发出信号，主要是价格和耕地收益补偿，家庭会恢复耕地面积，压缩建设用地面积。只要能够处理好价格和耕地收益之间的关系，让耕地收益补偿能够完全实现调配资源的目标，家庭会适时做出反应，确保耕地的外部边界处于均衡状态。

3. 市场条件下家庭配置土地资源规律

收益最大化是土地所有者的决策依据。一个家庭的全部土地的收益等于耕地和城镇建设用地的收益。全部收益的最大化，即耕地与城镇建设用地的收益之和最大化，在市场配置土地资源、决定耕地的外部边界的条件下，要求边际收益相等。政府配置耕地，也需要考虑市场配置的可能边界。在市场条件下，耕地的外部边界，成为政府决定耕地的外部边界的参考。没有自由交易的市场，耕地总量控制和政府配置土地资源很难实现土地的巨大收益。市场配置土地资源的规律是家庭和政府配置土地资源的规律发生作用的基础（图1-2）。

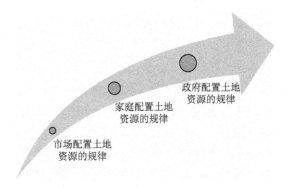

图1-2　市场、家庭、政府配置土地资源的分析

第三节　土地资源的自由配置

一、耕地边界能否自由配置

（一）自由配置耕地边界的条件

1. 市场配置土地资源的用途及其比例

市场配置土地资源，决定土地资源的两种用途的比例，是耕地的外部边界形成的基本条件。没有市场的自由配置，耕地的外部边界的均衡状态不能自动形成。政府管制土地资源，也需要考虑市场条件下耕地的均衡边界的可能位置。

2. 市场主体具有明晰的产权

如果土地的产权不明晰，耕地的外部边界的自由配置不可能实现。土地产权明晰，包括耕地产权明晰与建设用地的产权明晰。在耕地的产权不明晰、建设用地的产权模糊的条件下，统一耕地与建设用地市场，建立产权明晰的土地统一市场，是形成耕地的外部边界的均衡状态的必备条件。

（二）耕地边界不能自由推移的原因

在非市场配置土地资源的区域，耕地的外部边界由政府管制，是不能随意推移的，耕地的外部边界是不能任由市场自由配置的，市场自由配置土地用途的条件并不具备。在市场自由配置耕地的外部边界的情况下会出现均衡的边界。家庭对自己所有的土地资源进行配置，类似市场上的企业的资源配置。政府配置土地资源之所以在一些地区比较普遍，而不是任由作为土地所有者的家庭按照市场配置规则自由配置土地资源的用途，可能基于下述考虑。

1. 均衡性

城镇建设用地的边际产值远高于耕地的边际产值，作为建设用地的耕地的所有者，偏好将自己更多比例的耕地转化为建设用地，从而获取建设用地的较高产值。需要遵循的规律是：耕地转化为城镇建设用地的边际产值＞耕地的边际产值或耕地转化为建设用地的单位面积产值＞耕地的单位面积产值。拥有耕地的土地所有者，如果其耕地转化为建设用地更加有利可图，可以实现产值增加，即拥有两种土地用途的产值差额，则会选择将更大比例的土地作为建设用地开发利用：两种土地用途的产值差额 = 单位面积的两种土地用途的产值差额×耕地转化为建设用地的面积 = （耕地转化为建设用地的单位面积产值−耕地的单位面积产值）×耕地转化为建设用地的面积。作为市场的主体，土地所有者的自由配置，会受到非市场配置土地资源的制约，会出现计划配置土地资源对市场配置土地资源的取代，重要的原因，恐怕是政府担心没有管制的土地资源自由配置，可能引发建设用地面积过大，耕地面积过少，从而会影响粮食安全。

2. 产权问题

一些区域土地产权不明晰，而没有明晰的产权，很难完全实现市场配置资源。

二、土地资源用途配置分析

（一）两种用途的土地资源

1. 建设用地的来源

土地资源面积广大，包括多种用途的土地类型。土地资源主要是耕地和建设用地。除此以外，常见的用途还有林地、草地、湿地等。鉴于新型城镇化战略对建设用地的需求，分析建设用地的来源成为当务之急。建设用地有两个重要来源：一是现有城乡建设用地的重新利用，主要是农村建设用地指标转变为城镇建设用地指标，如城乡建设用地指标占补平衡制度等，都是在城乡建设用地指标内部做文章；二是耕地转变为建设用地指标，这是实践中建设用地的主要来源之一。城乡建设用地指标置换存在障碍，一时很难把大量农村建设用地指标转化为城镇建设用地指标。从适宜作为建设用地的耕地中划拨指标，可以增加建设用地指标。

2. 建设用地两种来源的关键节点

建设用地两种来源的关键节点，在于耕地的外部边界的确定。如果找到耕地的外部边界均衡状态下的配置规律，之后的分析将有章可循。若不能找到耕地的外部边界的配置规律，忽视了耕地与未来的建设用地比例的均衡配置规律，很难进行建设用地指标的合理配置。目前，关于耕地红线的争议纷纭，给相关政策操作造成障碍。在耕地的外部边界的配置规律上下功夫，才能找到理解耕地总量控制制度、粮食进出口如何影响粮食安全、抛荒治理、占补平衡制度、市场配置土地资源、粮食补贴等命题，以及解决这些问题的出发点和根据，才会在确保粮食安全的条件下，高效利用土地资源，推进新型城镇化战略的健康实施。

3. 原始耕地与耕地转化的建设用地和留存耕地

土地资源主要是指可以作为耕地和建设用地的土地资源，不包括不可以转变为建设用地的林地、草地、湿地等。这些土地资源有两个部分：一是可能转变为建设用地的耕地；二是普通的耕地。这两部分的土地资源，形成相互依存的一个整体。未转为建设用途的耕地称为原始耕地，原始耕地将会在市场配置土地资源的情况下进一步分化：一部分成为建设用地，称为由耕地转化而来的建设用地；另一部分仍然作为耕地，称为留存耕地。

4. 耕地转化的建设用地与留存耕地的相互转化

留存耕地并不一定永远属于耕地。在最初时刻，原始耕地面积很大，随着耕地的外部边界的自然推移，一部分耕地转化为建设用地，其他部分继续耕作，随着时间的推移，留存耕地可能进一步分化，一部分成为建设用地，新的留存耕地还可能在未来进一步分化。如果是市场自由配置土地资源的用途，很可能出现逆转现象，边际收益不再处于均衡状态，耕地边界的均衡状态被打破，耕地的外部边界发生逆向移动，已经不是耕地转变为建设用地，而是一部分建设用地复垦为耕地，留存耕地有可能增加，增加部分就是来自对耕地转化而来的建设用地的复垦。如果因为各种原因，粮食安全进一步恶化，粮食价格进一步调整，边际收益的均衡状态进一步失衡，耕地的外部边界一再处于推移状态，留存耕地进一步增加，耕地转化而来的建设用地的复垦将会持续进行。

（二）土地资源的用途配置

1. 土地资源的用途分化

作为耕地和建设用地的土地资源，往往是以原始耕地的形态出现的。原始耕地的演化过程大致如此：自古以来，把可以用作耕地的土地资源，培育成耕地。随着能够开垦为耕地的土地资源基本上被开发为耕地，此时的耕地面积最大，不存在适宜耕作的土地没有被作为耕地的现象，也尚未出现城镇化大面积占用耕地的现象。随着城镇化建设的发展，耕地逐步成为建设用地的主要来源。

2. 土地资源用途的重要性

耕地事关粮食安全战略，建设用地是城镇化的发展瓶颈，两者的重要性不相上下。耕地成为重要的土地资源。耕地产值不高，但是所占面积比例大。建设用地面积虽然占耕地与建设用地面积总和的比例很低，但是绝对面积大，承载巨大的国民生产总值。建设用地即城乡建设用地，包括城镇建设用地与农村建设用地。长期以来在分析粮食安全时，人们过度重视耕地的重要价值，过分强调耕地面积保护的重要性，往往形成这样的悖论：一边是紧张的建设用地指标；另一边是大量抛荒的耕地，耕地利用的低效率与建设用地指标的匮乏并存。过度强调建设用地对国民生产总值的重要意义，认为耕地的产值在国民生产总值中的比例很低，建设用地几乎生产了所有的国民生产总值，没有充分考虑到粮食产量保障的问题，忽视了粮食进口实际上是出口地区对进口地区的一种耕地收益补贴，这种思路冲击了耕地总量控制和粮食产量红线，过度高估了粮食进口的等价交换原则，给粮食安全带来隐患。

（三）土地资源配置方式

1. 理想的土地资源配置方式

本章直接从理论分析入手，根据简单明晰的耕地边界的均衡规律，进行符合逻辑的理论推导，得出有价值的分析，这是纯粹根据逻辑推理得出的完整体系，找到新的分析视角。本章研究具有纯粹的理论性，推论具有对现有土地资源配置和粮食安全实践的解释力。

2. 市场配置土地资源是基础

　　把土地资源交给市场去自由配置，本身并不存在问题，有管制的土地资源配置，其基础是从市场自由配置土地资源演化而来，只有分析透彻没有管制的土地资源配置的状态，才能发现比较复杂的管制状态。

第二章 耕地和建设用地的收益与产值

第一节 耕地边界均衡规律

一、耕地和城镇建设用地的收益与产值

（一）引入概念

解释耕地的产值与收益并不相等需要对收益与产值概念严格区分。土地资源配置的规律是边际收益相等的论点很容易受到质疑。耕地与建设用地的单位面积产值相差悬殊。我们引入收益与产值的概念，并严格加以区分，重新对耕地和城镇建设用地的收益与产值概念进行界定（图 2-1）。下文分别对耕地的收益及产值、城镇建设用地的收益及产值加以分析，明确其意义。

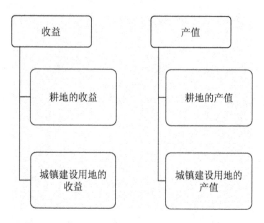

图 2-1　耕地和城镇建设用地的收益与产值

（二）耕地收益、产值与收益补偿概念

1. 耕地收益与耕地产值

本书中耕地收益是一个比耕地产值更为广泛的概念。耕地收益比耕地产值更

大。这种不均衡关系的存在与本书对耕地收益的定义有关。市场配置土地资源的用途，而且在耕地边界实现均衡状态的条件下，耕地边际收益等于城镇建设用地的边际收益，即在耕地边界实现均衡状态的情况下，耕地的边际收益等于城镇建设用地的边际收益。在一个人口众多、土地资源紧张的地区，城镇建设用地的边际收益往往高于单位耕地产值，耕地收益与耕地产值不同（表2-1）。

表2-1　耕地产值与耕地收益的区分

要素	耕地产值	耕地收益
定义	耕地生产粮食的单价与粮食产量的乘积	耕地边际收益是在市场自由确定耕地边界的情况下，实现耕地边界的均衡状态时，城镇建设用地的边际收益
公式	耕地产值＝粮食单价×粮食产量	在耕地边界的均衡状态下，耕地边际收益＝城镇建设用地的边际收益
内涵	看得见的、可用货币交换的耕地价值	粮食的必需品性质决定的耕地的全部价值
数值	较小	较大
关系	耕地产值是耕地收益的一部分	耕地收益的可见部分就是耕地产值
区别	产值所占比例不高	耕地收益的很大部分来自耕地收益补偿

2. 耕地收益补偿

耕地收益与粮食的产值完全不同，而且两者在数量上也存在差值。耕地的收益补偿等于耕地收益减去耕地产值。耕地收益补偿概念把耕地产值与城镇建设用地的收益联系起来。耕地机会成本等于耕地作为城镇建设用地的产值。耕地种植粮食的产值＜耕地作为城镇建设用地的产值，即耕地种植粮食的产值＜耕地的机会成本，耕地的机会成本-耕地种植粮食的产值＞0，但是很难赋予成本与产值的差额一个恰当的概念。如果耕地的机会成本-耕地种植粮食的产值＝土地作为耕地的亏损，耕地的机会成本往往高于耕地种植粮食的产值，非均衡状态总是要回归均衡状态的。在耕地边界的均衡状态下，耕地作为城镇建设用地产值高于耕地粮食产值。耕地收益补偿是土地作为城镇建设用地的产值与作为耕地的粮食产值之间的差额（表2-2）。

表2-2　土地作为城镇建设用地的产值与作为耕地的粮食产值存在差额

要素	耕地边界的状态	机会成本	边际收益相等
状态	均衡	不均衡	均衡
概念		土地作为耕地的亏损	耕地收益补偿
与耕地边界的状态关系		不协调	协调

（三）城镇建设用地收益、产值与收益补偿概念

1. 城镇建设用地收益

城镇建设用地收益可以说明耕地边际收益的概念。如果没有城镇建设用地的边际收益，几乎无法给耕地的边际收益以合理的定义。耕地的边际收益就是以城镇建设用地的边际收益做标准来衡量的。耕地产值与收益的区分是用量来定义的，耕地的产值是拿耕地所生产的粮食的单价与产量的乘积说明，耕地边际收益拿耕地边界处于均衡状态时的城镇建设用地的边际收益说明。没有城镇建设用地边际收益的引入，很难界定耕地收益与耕地产值的区别，也很难说明单位面积的耕地产值与城镇建设用地产值之间的巨大差异。

2. 城镇建设用地产值

城镇建设用地产值所指与一般的理解并不完全相同。一般的理解只是狭义上的，本书的理解要宽泛得多，包括耕地产出之外的所有国民生产总值。如果把全部土地按照用途分为两大类，即耕地与建设用地，则全部国民生产总值，至少可以分为两部分，即耕地上的国民生产总值与建设用地上的国民生产总值。首先，假定耕地全部用来生产粮食，则耕地生产的产值，就是耕地生产的粮食的产值，即粮食单价与产量的乘积；其次，耕地出产的粮食产值以外的部分，几乎都发生在建设用地上，前提条件是土地只有耕地与建设用地两类，忽略了除了耕地与建设用地之外的其他土地类型的产值。国民生产总值中粮食的产值以外的所有部分，都是城镇建设用地产值。这种分析方法可能与一般理解的城镇建设用地产值并不完全吻合。一般意义上的城镇建设用地产值是从增量的角度来分析的，即新增一公顷建设用地，这块建设用地上面的产值就是城镇建设用地的产值。利用排除法来定义城镇建设用地产值，这样分析出来的城镇建设用地产值远远高于用其他方法分析的城镇建设用地产值。具体分类见表 2-3。

表 2-3　城镇建设用地产值定义与一般意义上的产值分析的比较

要素	城镇建设用地产值	一般意义上城镇建设用地的产值分析	比较
方法	排除法	增量累积法	方法不同
定义内涵	全部国民生产总值减去耕地上的产值	累计计算每一块城镇建设用地的产值	内涵不同
定义出发点	把建设用地作为主体	把耕地作为主体	出发点不同

要素	城镇建设用地产值	一般意义上城镇建设用地的产值分析	比较
计算结果	耕地以外的所有部分都是城镇建设用地产值，结果比较大	可以看成是建设用地的土地上的产值加以统计，结果比较小	计算结果不同
对分析的影响	从整体上宏观把握两种产值，计算比较简单，浅显易懂	从微观上把握两种产值的细部，计算比较复杂，很难一目了然	分析难度不同

对城镇建设用地产值的分析，实际上是把城镇建设用地产值看成背景，剔除其中属于耕地产值的部分，国民生产总值中的其他部分均属于城镇建设用地产值。这样处理简单易行，简化分析框架，易于进一步比较分析。

城镇建设用地收益概念，是为计算城镇建设用地的边际收益而引入的。引入此概念十分必要。既然城镇建设用地产值可能与城镇建设用地收益相等，为了在分析时简洁明了，可以省略城镇建设用地产值的概念，或者如果必须要引入城镇建设用地产值的概念，可以省略城镇建设用地收益的概念，这个说法是站不住脚的。耕地边界的规律，是耕地的边际收益等于城镇建设用地的边际收益。这个公式中两边都是收益，我们引入城镇建设用地收益必不可少。公式不能表述为：耕地边际产值＝城镇建设用地边际产值。城镇建设用地收益的概念必须引入。如果城镇建设用地产值的概念不引入就存在不对等的问题。耕地收益与耕地产值的关系是：耕地收益–耕地产值＞0，即耕地收益与耕地产值之间存在差距，这个差距可能成为进一步深入分析的契机，是进一步分析耕地边界规律的着力点。不用城镇建设用地产值比较说明城镇建设用地收益，很难找到城镇建设用地收益的表述方式。耕地收益并不等于耕地产值，城镇建设用地产值的引入，使关于耕地收益与耕地产值之间存在差距的分析有了坚实的基础。

3. 城镇建设用地收益与产值的关系及意义

我们把城镇建设用地收益定义为城镇建设用地产值。城镇建设用地收益与产值之间可能存在差距，即城镇建设用地的边际收益–城镇建设用地的边际产值＞0。城镇建设用地的收益补偿，表示城镇建设用地边际收益超出城镇建设用地的边际产值的部分，即城镇建设用地的收益补偿＝城镇建设用地的边际收益–城镇建设用地的边际产值，城镇建设用地的边际收益＝城镇建设用地的收益补偿＋城镇建设用地的边际产值。在均衡状态下：耕地的边际收益＝城镇建设用地的边际收益，耕地的边际收益＝耕地的边际产值＋耕地的边际收益补偿，耕地的边际产值＋耕地的边际收益补偿＝城镇建设用地的收益补偿＋城镇建设用地的边际产值。整理得城镇建设用地的边际产值–耕地的边际产值＝耕地的边际收益补偿–城镇建设用地的收益补偿。土地两种用途的边际产值补偿，表示城镇建设用地的边际产值与耕地的边际产值的差额：城镇建设用地的边际产值–耕地的边际产值＝土地的两种用途的边际产值补偿，城镇建设用地的边际产值与耕地的边际产值在实际中有一定差距，并且差值是正值，即土地的两种用途的边际产值补偿是正值，城镇建设用地的边际产值–耕地的边际产值＞0，土地的两种用途的边际产值补偿＞0。

土地的两种用途的边际产值补偿＝耕地的边际收益补偿–城镇建设用地的收益补偿。计算土地的两种用途的边际产值补偿时，如果城镇建设用地的收益补偿不为零，土地的两种用途的边际产值补偿＜耕地的边际收益补偿。城镇建设用地的收益补偿概念，增加了计算的复杂程度，不利于分析耕地的收益补偿。如果不再保存城镇建设用地的收益补偿概念，且假定无论城镇建设用地的收益补偿是否为零，均假设其为零，城镇建设用地的收益与产值相等，城镇建设用地的收益补偿＝城镇建设用地的边际收益–城镇建设用地的边际产值＝0，城镇建设用地的边际收益＝城镇建设用地的边际产值。耕地的边际产值＋耕地的边际收益补偿＝城镇建设用地的收益补偿＋城镇建设用地的边际产值＝城镇建设用地的边际产值；耕地的边际收益补偿＝城镇建设用地的边际产值–耕地的边际产值；耕地的边际收益补偿＝土地的两种用途的边际产值补偿，耕地的边际收益补偿＞0。

耕地的边际收益补偿，解释了假定城镇建设用地收益等于城镇建设用地产值的原因，城镇建设用地收益与城镇建设用地产值关系如下：城镇建设用地收益＞城镇建设用地产值，城镇建设用地收益＝城镇建设用地产值，城镇建设用地收益＜城镇建设用地产值。在分析耕地边界时，城镇建设用地收益补偿为零。认识到这一点，才不会误解关于城镇建设用地收益等于城镇建设用地产值的表述，不至于因为对这一基础表述的误读而影响后文分析（表2-4）。

表2-4　耕地与城镇建设用地收益与产值的内涵界定

要素	内涵	说明
耕地收益	耕地边界处于均衡状态的耕地价值、边际收益与建设用地相等	不等于耕地产值
耕地产值	耕地产量与单价的乘积	低于耕地收益
耕地收益补偿	耕地产值低于耕地收益的部分；耕地收益补偿＝耕地收益–耕地产值	耕地收益补偿的存在，成为耕地配置中低效率的根源，也成为政府管制土地用途的根源
城镇建设用地收益	可以近似地用城镇建设用地产值表示	城镇建设用地收益＝城镇建设用地产值
城镇建设用地产值	可以近似地用城镇建设用地收益表示	城镇建设用地产值＝城镇建设用地收益
城镇建设用地收益补偿	假定城镇建设用地产值足以表示城镇建设用地收益，即不存在城镇建设用地收益补偿	城镇建设用地收益补偿＝城镇建设用地收益–城镇建设用地产值＝0

二、耕地边界的概念辨析

（一）概念内涵

在市场自由配置土地资源的条件下，只有耕地与建设用地两种土地用途，耕地边界被唯一确定时，耕地边际收益等于城镇建设用地边际收益。这个规律中出现的概念有：市场自由配置土地资源、土地有耕地与建设用地两种用途、耕地边界处于均衡状态、耕地边界被唯一确定、耕地边际收益和城镇建设用地边际收益。不需要用规律中的概念定义的有：市场自由配置土地资源、某一时刻、土地有耕地与建设用地两种用途、耕地边界被唯一确定。耕地边界反映了耕地与建设用地之间此消彼长的关系，间接确定了建设用地规模。在市场自由配置土地资源的条件下，耕地在某一时刻的边界是一个动态的概念。稳定是暂时的，变化的边界才是常态的。耕地的外部边界的确定规律是边际收益相等，而建设用地的总产值是在稳步提升的，如果建设用地的面积不变，其边际收益与耕地边际收益的相对关系不会永久不变。建设用地与耕地边际收益的相对变化会影响两者的比例关系。耕地的外部边界自然会因为建设用地产值变化而变化。耕地在某一时刻，其均衡状态就是耕地面积既不会增加，也不会减少，此时的耕地边界是固定的，面积总量和占土地面积的比例是确定的，也是唯一的，不可能在市场自由配置土地用途的情况下，出现一种以上的耕地面积或者比例，耕地边界是唯一的，并且是可以衡量的。

（二）概念辨析

1. 耕地边界被唯一确定

在界定耕地边界的均衡状态规律中，在某一时刻，当耕地边界处于均衡状态时，耕地边界被唯一确定。耕地边界被唯一确定这个概念不需要通过其他概念加以说明，不会陷入循环论证之中。耕地边界被唯一确定概念进一步的解释是，耕地边界在某一时刻不再来回推移，此时的耕地面积占土地总面积的比例是恒定的，不会增加，也不会减少，建设用地的比例也处于稳定状态，耕地边界在这一时刻是稳定不动的。

2. 耕地边际收益的定义

在完全由市场配置资源的条件下，没有任何干扰，耕地边界会自动形成，此时的耕地边界处于均衡状态。处于均衡状态下的耕地边界，不需要任何外在力量的维持。在相对理想的条件下，这样的状态必然存在，边际收益相等，耕地的最后一公顷作为建设用地，或者建设用地的最后一公顷作为耕地，收益一致。

3. 收益体系与产值体系

耕地边际收益大于耕地边际产值，城镇建设用地边际收益不能与城镇建设用地边际产值混淆。提升耕地边际收益的地位，耕地边际收益可以与城镇建设用地边际收益相等，不需要考虑耕地边际产值较低的缺憾。在引入耕地边际收益补偿概念后，耕地边际收益 = 耕地边际产值 + 耕地边际收益补偿。耕地边际收益补偿可以通过耕地边际产值与耕地边际收益定义：耕地边际收益补偿 = 耕地边际收益–耕地边际产值。无法从耕地的产值直接入手表示耕地收益，不得不另辟蹊径，寻找另一种表示体系，这样基本上确立了收益概念体系，包括耕地收益、耕地边际收益、单位面积耕地收益、耕地边际收益补偿，以及城镇建设用地收益、城镇建设用地边际收益、单位面积城镇建设用地收益、城镇建设用地边际收益补偿等。产值很难说明边际收益相等的规律，为了消除这个天然存在的障碍，可以降低产值的概念地位，恢复边际收益概念中收益概念的本来价值，从图 2-2 可以看出收益概念体系对产值概念体系的统摄。

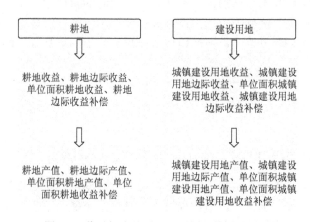

图 2-2 收益概念体系对产值概念体系的统摄

耕地收益、耕地边际收益、单位面积耕地收益、耕地边际收益补偿统摄了耕地产值、耕地边际产值、单位面积耕地产值、单位面积耕地收益补偿。城镇建设用地收益、城镇建设用地边际收益、单位面积城镇建设用地收益、城镇建设用地边际收益补偿统摄了城镇建设用地产值、城镇建设用地边际产值、单位面积城镇建设用地产值、单位面积城镇建设用地收益补偿。

三、耕地均衡边界点规律内证

（一）耕地均衡边界点的含义

在边际收益相等的条件下，区分耕地边界是否处于均衡状态，必须明确什么是均衡状态。

1. 耕地边界的均衡状态

只考虑土地资源的两种用途，土地总面积＝耕地总面积＋建设用地总面积。耕地与建设用地的比例分别为：耕地占土地总面积比例＝耕地总面积/土地总面积＝耕地总面积/（耕地总面积＋建设用地总面积），建设用地占土地总面积比例＝建设用地总面积/土地总面积＝建设用地总面积/（耕地总面积＋建设用地总面积）。计算出耕地和建设用地占土地总面积的比例之后，分析这个比例的变动情况。

2. 耕地的均衡边界点

耕地边界可以看成是一个自由移动的点，线段 *AB* 表示耕地与建设用地组成的土地总面积。*C* 表示耕地与建设用地的分界线所在的位置，即某一时刻的耕地的均衡边界点。左边线段 *ADC* 的长度，表示耕地占土地总面积的比例，右边线段 *CB* 的长度，表示建设用地占土地总面积的比例。*C* 点就某一时刻来看是暂时静止的，从长期来看却是变动的。*C* 点不会长期停留在一个位置，但确实是存在的（图 2-3）。

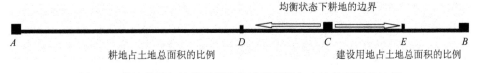

图 2-3　耕地的外部边界及耕地与建设用地占土地总面积的比例

（二）耕地均衡边界点的存在

1. 耕地均衡边界点确实存在

耕地边界的均衡状态是动态均衡过程，不等于耕地边界的均衡状态实际上并不存在，其从长期趋势看到的是一个变动的边界移动过程，是绝对的运动过程。

用微观的视野看，把每一个均衡状态的短暂时间放大之后看，均衡状态确实是存在的，总会存在一个个均衡状态，C 点确实是存在的。这个均衡点必然存在，是耕地边界处于均衡状态的特征。

2. 确实存在的耕地均衡边界点能形成一条线段

随着耕地边界的均衡发生变化，耕地的均衡边界点也在随时发生变化。耕地的均衡边界点可能向耕地一方移动，即 C 点向 D 点移动，也有可能向建设用地一方移动，即 C 点向 E 点移动。如果从无限的角度看，C 点的左右移动范围十分广阔，最终形成一条线段，即线段 AB 除了 A 点、B 点两个点的其余部分。除了 A 点、B 点两个点，基本上不存在没有建设用地或者没有耕地的情况。如果包括了 A 点，则全部土地用作了建设用地。如果包括了 B 点，则全部土地用作了耕地。

确实存在的耕地均衡边界点能形成一条线段。线段 AB 的长度表示土地总面积，但是耕地的均衡边界点形成的线段不可能等于 AB 线段，必须除掉两个端点 A 点、B 点，即线段表示的土地面积永远不可能等于耕地面积与建设用地面积组成的土地总面积。如果拿耕地的面积占土地总面积的比例来看：0＜耕地占土地总面积的比例＜100%。

3. 耕地边界从一个极端到另一个极端的可能性

图 2-3 中耕地边界是一个变动的点，所代表的耕地占土地总面积的比例也在发生变化。随着经济的发展，建设用地占土地总面积的比例逐步提升，耕地边界逐步向 A 点移动。随着耕地利用效率的提升，在耕地利用效率实现最大化的条件下，需要的耕地无限小。在耕地利用水平远远低于建设用地利用水平的条件下，耕地边界需要很长时间才能实现接近 A 点的目标，需要科技水平与生产力的大幅度提升。耕地的比例大幅度下降是不争的事实。

（三）边际收益相等是市场配置土地用途的法则

边际收益相等几乎成为市场配置土地资源、分配土地的两种用途的比例、决定耕地边界的内在的自然原则。在产权明晰、市场自由配置土地资源、没有任何外在压力管制的条件下，没有实现边际收益相等的市场很难长久存在。

1. 耕地边际收益大于建设用地的情况

耕地边际收益大于建设用地，不能实现耕地边界的均衡状态。在耕地市场没有外在压力的条件下，耕地边际收益大于城镇建设用地边际收益，建设用地没有被很好利用。市场上的土地所有者发现，两种土地用途的收益存在巨大差值，想通过增加耕地面积实现单位面积耕地收益与城镇建设用地收益的差额，单位面积耕地与城镇建设用地收益的差额＝单位面积耕地收益－单位面积城镇建设用地收益。单位面积的收益差额对土地所有者是一种利益推动，激发他们自觉转变土地用途，实现更高的单位面积土地收益的目标。单位面积收益较低的建设用地面积减少，比例下降；单位面积收益较高的耕地的面积增加，比例上升。耕地边界有向建设用地一方移动的趋势，耕地的比例会增加，直到建设用地的面积减少，城镇建设用地边际收益增加。耕地边际收益等于城镇建设用地边际收益才能自动形成均衡。在耕地边际收益大于城镇建设用地边际收益的条件下，两种用途的土地的边际收益并不相等。两种用途土地的比例不会自动停止在现有比例，目前的状态并不是理想的均衡状态。

2. 耕地边际收益小于建设用地的情况

市场在没有外在压力的条件下，耕地边际收益小于城镇建设用地边际收益，耕地没有被很好利用。市场上的土地所有者，想要通过增加建设用地面积来实现单位面积耕地收益与城镇建设用地收益的差额：单位面积建设用地与耕地收益的差额＝单位面积城镇建设用地收益－单位面积耕地收益。单位面积收益较低的耕地的面积减少，比例下降；单位面积收益较高的建设用地面积增加，比例上升。耕地边界有向耕地一方移动的趋势，建设用地的比例会增加，直到耕地的面积减少，耕地边际收益增加，实现耕地边际收益＝城镇建设用地边际收益的条件，形成均衡。在耕地边际收益小于城镇建设用地边际收益的条件下，两种用途土地的边际收益并不相等。两种用途的土地的比例并不会自动停止在现有比例，目前的状态并不是理想的均衡状态。

（四）均衡状态下耕地边际收益等于建设用地边际收益

如果耕地边际收益等于建设用地边际收益，耕地边界处于均衡状态。市场在没有外在压力的条件下，耕地的边际收益等于城镇建设用地的边际收益，说明耕地和建设用地得到了很好利用。市场上的土地所有者发现，不能够通过增加建设用地面积，实现单位面积建设用地与耕地收益的差额，或者通过增加耕地面积实现单位面积耕地与城镇建设用地收益的差额：单位面积建设用地与耕地收益差额＝单位面积城镇建设用地收益－单位面积耕地收益＝0。没有单位面积收益差额的条件使土地所有者不存在土地用途转变的激励。如果在边际收益相等的条件下，一些土地所有者转变了土地用途，将会造成新的不均衡状态。

1. 耕地转变为建设用地的情况

在耕地总产值与建设用地上的国民生产总值不变的条件下，土地所有者把一部分耕地转变为建设用地，可能出现城镇建设用地边际收益下降，耕地边际收益上升的情况，城镇建设用地边际收益＜耕地边际收益。土地市场进一步配置资源，减少建设用地面积和比例，增加耕地面积和比例，再次实现耕地边界的均衡状态。土地所有者为了谋取更多利益，把一部分耕地转变为建设用地，本来想要获取更多的单位面积产值，结果出现城镇建设用地边际收益下降的情况，建设用地单位面积的平均收益也会下降，单位面积建设用地平均收益＜单位面积耕地平均收益。单位面积城镇建设用地收益下降，让这些转变用途的土地所有者遭到损失。损失总量为：把部分耕地转变为建设用地的土地所有者的损失＝单位面积土地收益减少量×转变用途的土地面积＝（单位面积耕地平均收益−单位面积建设用地平均收益）×转变用途的土地面积。转变用途的土地所有者，本来是为了增加收益，结果收益减少，说明在边际收益相等的条件下，增加建设用地面积是徒劳的。

2. 建设用地转变为耕地的情况

在耕地总产值与建设用地上的国民生产总值不变的条件下，土地所有者把一部分建设用地转变为耕地，可能出现耕地边际收益下降，城镇建设用地边际收益上升的情况，即城镇建设用地边际收益＞耕地边际收益。土地市场进一步配置资源，减少耕地面积和比例，增加建设用地面积和比例，再次实现耕地边界的均衡状态。土地所有者为了谋取更多利益，把一部分建设用地转变为耕地，想要获取更多的单位面积产值，结果出现耕地边际收益下降的情况，耕地单位面积的平均收益也会下降，即单位面积耕地平均收益＜单位面积建设用地平均收益。单位面积耕地收益下降，转变用途的土地所有者遭到损失。损失总量为：把部分建设用地转变为耕地的土地所有者的损失＝单位面积土地收益减少量×转变用途的土地面积＝（单位面积建设用地平均收益−单位面积耕地平均收益）×转变用途的土地面积。转变用途的土地所有者，本来是为了增加收益，结果收益减少，说明在边际收益相等的条件下，增加耕地面积是徒劳的。

（五）两种用途的土地比例不变是最佳选择

在耕地边界均衡状态下，土地所有者无论是把耕地转变为建设用地，还是把建设用地转变为耕地，都会出现利益损失。损失的部分分别为：把部分耕地转变为建设用地的土地所有者的损失＝单位面积土地收益减少量×转变用途的土地面积＝（单位面积耕地平均收益−单位面积建设用地平均收益）×转变用途的土地面积。把部分建设用地转变为耕地的土地所有者的损失＝单位面积土地收益减少量×转变用途的土地面积＝（单位面积建设用地平均收益−单位面积耕地平均收益）×转变用途的土地面积。下面分析两种情况下，没有转变土地用途的土地所有者的损失。

1. 建设用地没有转变为耕地的土地所有者的损失

没有转变土地用途的土地所有者其损失为零。没有把建设用地转变为耕地的土地所有者的损失＝单位面积土地收益减少量×转变用途的土地面积＝（单位面积建设用地平均收益−单位面积耕地平均收益）×转变用途的土地面积＝0。此时没有把部分建设用地转变为耕地，耕地边界的均衡状态维持不变，耕地边际收益等于城镇建设用地边际收益。根据单位面积耕地收益与耕地边际收益的关系，以及单位面积城镇建设用地收益与城镇建设用地边际收益的关系：单位面积建设用地平均收益＝单位面积耕地平均收益，单位面积建设用地平均收益−单位面积耕地平均收益＝0。

2. 耕地没有转变为建设用地的土地所有者的损失

没有转变土地用途的土地所有者其损失为零。没有把耕地转变为建设用地的土地所有者的损失＝单位面积土地收益减少量×转变用途的土地面积＝（单位面积耕地平均收益−单位面积建设用地平均收益）×转变用途的土地面积＝0。此时没有把部分耕地转变为建设用地，耕地边界的均衡状态维持不变，耕地边际收益等于城镇建设用地边际收益。根据单位面积耕地收益与耕地边际收益的关系，以及单位面积城镇建设用地收益与城镇建设用地边际收益的关系，单位面积建设用地的平均收益＝单位面积耕地的平均收益，单位面积建设用地的平均收益−单位面积耕地的平均收益＝0。

土地所有者既没有把部分耕地转变为建设用地，也没有把部分建设用地转变为耕地，不可能出现建设用地或者耕地边际收益下降，土地所有者的收益不会减少。

四、耕地均衡边界点的规律推导

（一）耕地均衡边界的客观性

对耕地边界的均衡状态建立一个衡量标准，即在某一时刻，耕地边界不会发生移动。这里的某一时刻是指时间上的一个概念，可以是极端短暂的一个时间点，也可以是任何长度的时间段。耕地边界处于某一点的时间可以从大于零到无穷长的时间。在市场自由配置土地的用途时总会出现一个个点，表示耕地占土地总面积的一个个不同的比例。这一个个比例是客观存在的，是耕地边界的均衡点。均衡点的客观存在说明曾经存在状态的时间不可能为零，耕地边界处于某一点的时间大于零。耕地边界的一个均衡点不会永远处于一个位置，耕地占土地总面积的比例也不可能永远处于一个数值。

（二）耕地边界的运动状态

耕地与城镇建设用地边际收益之间的复杂关系，让耕地边界处于运动状态。因为各种原因，耕地边际收益恰好等于城镇建设用地边际收益的情况十分难得，其关系往往处于耕地边际收益＞城镇建设用地边际收益或耕地边际收益＜城镇建设用地边际收益两种情况，而很难出现耕地边际收益＝城镇建设用地边际收益的均衡状态。假定耕地边际收益与城镇建设用地边际收益的最小值大于零，不存在零与负值，则耕地边际收益的最小值大于零，城镇建设用地边际收益的最小值大于零；假定城镇建设用地边际收益与耕地边际收益之间的差值＝城镇建设用地边际收益–耕地边际收益，则城镇建设用地边际收益＝耕地边际收益，耕地边界处于均衡状态。

当耕地边际收益为零时，城镇建设用地边际收益与耕地边际收益之间的差值，为城镇建设用地边际收益。当城镇建设用地边际收益为零时，城镇建设用地边际收益与耕地边际收益之间的差值＝0–耕地边际收益。耕地边际收益与城镇建设用地边际收益之间差值的范围广泛。耕地边际收益与城镇建设用地边际收益大于零，城镇建设用地边际收益与耕地边际收益之间差值的取值大于耕地边际收益的相反数，小于城镇建设用地边际收益。图2-4中，线段 AB 上分布着范围广泛的点，分别代表城镇建设用地边际收益与耕地边际收益之间的差值可以从相当于耕地边际收益的相反数的 A 点向相当于城镇建设用地边际收益的 B 点分布。而恰好处于 C 点（处于均衡状态）的可能性非常小，只有当城镇建设用地边际收益与耕地边际收益之间的差值等于零时，才能实现。城镇建设用地边际收益与耕地边际收益之间的差值恰好等于零的概率，并不比其不等于零的概率更高。差值完全可以在从耕地边际收益的相反数到城镇建设用地边际收益的数值之间取值。广泛的取值空间让差值恰好等于零的概率降低。

边际收益相等的情况并非相当难实现的。但稍纵即逝的边际收益均衡状态，让耕地边际收益很难实现与城镇建设用地边际收益相等，需要在市场自由配置土地资源的条件下实现。即使在条件具备的情况下，已经实现耕地边界的均衡

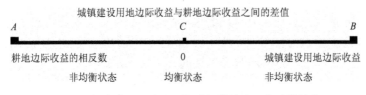

图 2-4　城镇建设用地边际收益与耕地边际收益的差值

点，却很难确保这种均衡状态长期保持。无论是耕地边际收益，还是城镇建设用地边际收益，稍微发生变化都会打破原有均衡状态，需要通过市场资源配置机制增加或者减少耕地面积，调整耕地与城镇建设用地边际收益，形成边际收益之间新的均衡，使耕地边界的均衡点处于新的位置。这个均衡边界点的变动，意味着耕地边界具有动态均衡的特征。只要任由市场来自由配置土地的两种用途，市场通过无数次试错后，实现均衡点不是不可能的，需要的条件就是市场机制的完善与一定的时间。

（三）耕地均衡边界点的移动性

随着耕地生产情况的变动及建设用地上国民生产总值的变化，耕地边际收益与城镇建设用地边际收益分别发生变化，两种边际收益的关系也随时发生变化。耕地边界是动态的，耕地边界的均衡状态是动态均衡的，很难长期停滞在一个固定的比例上。本节与耕地边界的定义相结合，从耕地边界的研究入手，分析均衡边界点性质。从纯粹的图形分析角度证实了耕地边界的两个规律，即耕地均衡边界点的存在性规律及耕地均衡边界点的移动性规律。

首先，耕地均衡点是客观存在的。这个点被自由配置土地用途的市场所决定，是一种客观的存在。即使这个点存在时间很短，这个比例一定存在。市场通过无数次试错以后，总会短暂实现边际收益相等。永远不相等的情况只有在管制等外部力量的强制压力下才会出现。一旦失去外部管制的强大压力，边际收益总会实现相等。边际收益相等后，耕地占土地总面积的比例一定存在。在耕地边界的均衡状态下，代表耕地占土地总面积比例的点也一定存在，并且一定在某一哪怕极短的时间内存在过。单纯的图形分析可以看出，作为均衡状态下耕地比例的分界点代表着耕地边界。这个均衡边界点的存在表示耕地边界存在。

其次，在耕地边际收益大于城镇建设用地边际收益时，这个均衡边界点向建设用地一方移动，耕地边际收益小于城镇建设用地边际收益时，这个均衡边界点向耕地一方移动。只有在耕地边际收益＝城镇建设用地边际收益时，这个均衡边界点维持不动。市场配置土地资源具有动态性。当耕地边际收益更高时，均衡边界点迅速向建设用地一方移动，当城镇建设用地边际收益更高时，均衡边界点迅速向耕地一方移动。这种反复移动的过程就是寻找耕地均衡边界点的过程，也反映了耕地均衡边界点的移动性。由于存在边际收益的差异，耕地均衡边界点向建设用地一方或者耕地一方移动是经常性的、普遍存在的。

五、均衡状态下边际收益必然相等

如果耕地边界的均衡状态与边际收益相等之间存在关系，耕地边界处于均衡状态一定会有边际收益相等。均衡状态下，耕地边界不再移动。城镇建设用地边际收益等于耕地边际收益。

（一）耕地边际收益大于城镇建设用地边际收益

耕地边际收益大于城镇建设用地边际收益，单位耕地收益往往大于单位面积城镇建设用地收益。这时，城镇建设用地中的一部分土地转变用途，用作耕地可以获得部分收益，因为单位面积城镇建设用地转变为耕地增加的收益＝单位面积耕地收益–单位面积城镇建设用地收益。为了谋取土地转变用途后增加的收益，会有一部分城镇建设用地转变为耕地，直到耕地边际收益下降，城镇建设用地边际收益增加，实现两者边际收益相等为止。假定这部分城镇建设用地单位面积转变用途后增加的收益，可以用平均每单位面积城镇建设用地转变为耕地后增加的收益表示：部分城镇建设用地转变为耕地后增加的总收益＝平均每单位面积城镇建设用地转变为耕地后增加的收益×转变为耕地的部分城镇建设用地面积。增加后的耕地面积＝原有耕地面积＋转变为耕地的部分城镇建设用地面积。减少后的城镇建设用地面积＝原有城镇建设用地面积–转变为耕地的部分城镇建设用地面积。如果耕地边际收益大于城镇建设用地边际收益，则不会形成耕地的均衡边界，耕地边界会向耕地一方移动，导致耕地面积增加，城镇建设用地面积减少。在城镇建设用地总产值不变的条件下，会减少城镇建设用地面积，同时增加单位面积城镇建设用地收益，提升城镇建设用地边际收益。

耕地边际收益是否发生变化，发生什么样的变化并不重要。重要的是城镇建设用地边际收益增长，会逐步赶上耕地边际收益，分为三种情况：一是耕地边际收益逐步下降，在城镇建设用地面积减少，城镇建设用地边际收益上升的过程中，实现边际收益相等。二是耕地边际收益没有变化，在城镇建设用地面积减少，城镇建设用地边际收益上升的过程中，实现边际收益相等。三是耕地边际收益逐步上升，在城镇建设用地面积减少，城镇建设用地边际收益上升的过程中，实现边际收益相等。

（二）耕地边际收益小于城镇建设用地边际收益

单位面积耕地收益小于单位面积城镇建设用地收益时，耕地中的一部分土地转变用途，用作城镇建设用地，获得部分收益，转变用途增加的收益为：单位面积耕地转变为城镇建设用地增加的收益＝单位面积城镇建设用地收益–单位面积耕地收益。为了谋取土地转变用途后增加的收益，会有一部分耕地转变为城镇建设用地，直到城镇建设用地边际收益下降，耕地边际收益增加，实现两者边际收益相等为止。假定这部分耕地单位面积转变用途后增加的收益，可以用平均每单位面积耕地转变为城镇建设用地后增加的收益表示：部分耕地转变为城镇建设用地后增加的总收益＝平均每单位面积耕地转变为城镇建设用地后增加的收益×转变为城镇建设用地的部分耕地面积，增加后的城镇建设用地面积＝原有城镇建设用地面积＋转变为城镇建设用地的部分耕地面积。耕地面积减少，减少后的耕地面积＝原有耕地面积–转变为城镇建设用地的部分耕地面积。如果城镇建设用地边际收益大于耕地边际收益，不会形成耕地的均衡边界，耕地边界会向城镇建设用地一方移动，导致城镇建设用地面积增加，耕地面积减少。

在耕地总产值不变的条件下，减少耕地面积，同时增加单位耕地收益，提升耕地边际收益，耕地边际收益等于城镇建设用地边际收益。城镇建设用地边际收益的变化，分为三种情况：一是城镇建设用地边际收益逐步下降，在耕地边际收益上升的过程中，实现两者边际收益相等。二是城镇建设用地的边际收益没有变化，在耕地边际收益上升的过程中，实现两者边际收益相等。三是城镇建设用地边际收益逐步上升，在耕地边际收益上升的过程中，实现两者边际收益相等。

（三）耕地边际收益等于城镇建设用地边际收益

1. 边际收益不相等不会实现均衡状态

耕地边际收益如果大于或者小于城镇建设用地边际收益，都不会实现真正的耕地边界均衡状态。如果耕地边界处于均衡状态，耕地边际收益大于或者小于城镇建设用地边际收益，最后都不会实现真正的耕地边界均衡状态，并且在市场自由配置资源的条件下，实现两者边际收益相等。耕地边界的均衡状态，必然导向边际收益相等。在上面两种情况下，市场配置资源是基本假设，特别是当耕地边际收益小于城镇建设用地边际收益时，需要市场自由配置土地的两种不同用途，让耕地边际收益等于城镇建设用地边际收益。如果实行耕地总量控制，无法实现两者边际收益相等。

2. 均衡状态必然带来两者边际收益相等

在耕地边界均衡状态下，边际收益恰好相等。这是耕地边界均衡状态的三种情况之一，与前面两种情况不同，这种情况实现了耕地与城镇建设用地的边际收益相等，前面两种情况表示两者边际收益不相等的两种情况。三种情况一起囊括了在耕地边界均衡状态下，边际收益所有可能的关系。耕地边界均衡状态情况恰到好处地契合了边际收益相等的规律，即耕地边界均衡状态必然带来耕地与城镇建设用地边际收益相等。

3. 边际收益不相等不可能长期存在

在耕地边界均衡状态下，耕地边际收益大于、小于、等于城镇建设用地边际收益的三种假定，都会必然实现耕地边际收益等于城镇建设用地边际收益。在耕地边界均衡状态下，无论耕地边际收益＞城镇建设用地边际收益、耕地边际收益＜城镇建设用地边际收益、耕地边际收益＝城镇建设用地边际收益，边际收益不相等的情况最终都是不可能长期存在的，必然实现两者边际收益相等，即三种情况最终都会实现耕地边际收益等于城镇建设用地边际收益。

六、耕地边际收益与耕地边界规律

（一）边际收益相等才能形成均衡比例

边际收益相等，耕地均衡比例与建设用地均衡比例才能形成。

1. 耕地与建设用地的均衡比例

在耕地边界均衡状态下，耕地占土地总面积的比例就是耕地的均衡比例，建设用地占土地总面积的比例就是建设用地的均衡比例。耕地均衡边界随时变动，耕地均衡比例与建设用地均衡比例也随时变动，耕地均衡比例＋建设用地均衡比例＝1。

2. 耕地与建设用地的均衡面积

提出耕地均衡比例与建设用地均衡比例之后，可以进一步提出两个概念，均衡状态下耕地面积与建设用地均衡面积。在耕地边界的均衡状态下，耕地均衡比例与土地总面积的乘积就是均衡状态下耕地面积；在耕地边界的均衡状态下，建设用地均衡比例与土地总面积的乘积就是建设用地均衡面积。耕地均衡边界存在，耕地均衡比例与均衡状态下耕地面积就存在。耕地均衡边界随时变动，耕地均衡比例与均衡面积也随时变动。耕地均衡边界是存在的，建设用地均衡比例与均衡面积也是存在的。耕地均衡边界是随时变动的，建设用地均衡比例与均衡面积也是随时变动的。两个均衡面积的关系之和为土地总面积（土地总面积都是指耕地与建设用地组成的土地总面积，不包括耕地与建设用地以外的部分）：均衡状态下耕地面积＋建设用地均衡面积＝土地总面积；建设用地均衡面积＝土地总面积−均衡状态下耕地面积；均衡状态下耕地面积＝土地总面积−建设用地均衡面积。

3. 耕地与建设用地的非均衡比例

在耕地边界的非均衡状态下，耕地占土地总面积的比例就是耕地的非均衡比例，建设用地占土地总面积的比例就是建设用地的非均衡比例。耕地非均衡边界是存在的，耕地非均衡比例也是存在的。耕地的均衡边界不可能长期保持，需要逐步靠近均衡边界点，耕地边界是随时变动的，耕地比例也是随时变动的。耕地非均衡边界是存在的，建设用地非均衡比例也是存在的。耕地非均衡边界是随时变动的，建设用地非均衡比例也是随时变动的。在某一时刻，耕地非均衡比例与此时的建设用地非均衡比例的关系之和为1。耕地的非均衡比例＋建设用地的非均衡比例＝1，耕地总量控制的条件下，总是存在非均衡现象，均衡现象很难实现。

4. 耕地与建设用地的非均衡面积

提出耕地的非均衡比例与建设用地的非均衡比例之后，可以进一步提出两个概念：耕地的非均衡面积与建设用地的非均衡面积。在耕地边界的非均衡状态下，耕地的非均衡比例与土地总面积的乘积就是耕地的非均衡面积。在耕地边界的非均衡状态下，建设用地的非均衡比例与土地总面积的乘积是建设用地的非均衡面积。同一时刻两个非均衡面积的关系之和为土地总面积，同一时刻耕地的非均衡面积＋建设用地的非均衡面积＝土地总面积。

5. 耕地与建设用地均衡比例和均衡面积的形成规律

耕地边界处于均衡状态，这个时刻边界均衡点不会发生移动。耕地与城镇建设用地边际收益相等，耕地边界不会向耕地一方移动。两者边际收益相等，耕地边界也不会向建设用地一方移动。耕地边界停止移动就在边际收益相等的那一个时刻，边际收益相等是耕地均衡比例形成的条件。

6. 耕地与建设用地均衡比例和均衡面积的形成条件

没有市场自由配置机制，很难自动形成耕地边界。非市场配置土地资源是一种历史现象，具有阶段性和特殊性。从更加宏阔的视野分析，市场自由配置土地的两种用途，可以自动形成耕地的均衡边界。

（二）耕地总量控制与耕地均衡、非均衡面积

1. 耕地总量控制与均衡状态下耕地面积的相同点

耕地总量控制与均衡状态下耕地面积的相同点如下：第一，二者都是耕地面积数量规定。第二，二者都是具有重要意义的耕地面积数量，耕地总量控制甚至具有顶层设计的战略意义，均衡状态下耕地面积是市场决定的耕地均衡比例的体现。第三，二者都对建设用地比例和面积具有决定性意义。耕地总量控制决定了建设用地指标的最大范围和比例，均衡状态下耕地面积决定了建设用地均衡面积的比例和数量。第四，二者同样保持一定程度的稳定性。如果执行比较严格，耕地总量控制可以在规划期内保持一段时期的固定性，均衡状态下耕地面积具有短期的稳定性（表2-5）。

表2-5　耕地总量控制与均衡状态下耕地面积的相同点

项目	耕地总量控制	均衡状态下耕地面积
性质	耕地面积数量规定	耕地面积数量规定
意义	顶层设计	比较重要
决定性	决定建设用地来源和比例	决定建设用地均衡面积
稳定性	一段时期内固定	短期稳定

2. 耕地总量控制与均衡状态下耕地面积的不同点

耕地总量控制与均衡状态下耕地面积的不同点如下：第一，耕地总量控制存在于非市场配置土地资源的地区，是计划方式确定并形成的。均衡状态下耕地面积则是通过市场自由配置土地的两种用途来自动实现的，是随机形成的。第二，二者重要性不同。在耕地总量控制地区，耕地总量控制具有极端重要的顶层设计的战略意义，这是实行市场配置土地资源、决定不同用途的土地比例的地区无法想象的。第三，二者决定建设用地比例和面积的方式方法不同。耕地总量控制通过计划方式决定建设用地指标的最大范围和比例。红线严格执行

期内，建设用地指标要突破红线设定的范围很难。而均衡状态下耕地面积是通过随机方式决定建设用地均衡面积的比例和数量，不存在硬性规定的建设用地指标范围。耕地总量控制条件下的建设用地指标范围 = 土地总面积–耕地总量控制。第四，二者稳定性不同。如果执行比较严格，耕地总量控制可以长期保持不变，可以在规划期内一直保持固定。鉴于市场决定土地资源的用途方式不同，均衡状态下耕地面积可能随时发生变化，其稳定性并不具有硬性的保证（表 2-6）。

表 2-6　耕地总量控制与均衡状态下耕地面积的不同点

分类	耕地总量控制	均衡状态下耕地面积
形成机制	计划形式	市场机制
重要性	极端重要	比较重要
决定建设用地的方式	严格决定	随机确定
稳定性	长期固定	短期均衡

七、耕地边界确定

（一）耕地边界确定的常见思路

人均粮食消费量乘以人口总量就是需要的粮食总量。把粮食总量看成必须实现的耕地粮食出产量，粮食出产量与耕地单位面积产量的比值就是必需的耕地面积，必需的耕地面积决定了城镇建设用地面积总量。为了适应城镇建设用地的指标需求，进行计划控制，可以安排年度城镇建设用地指标分配（图 2-5）。

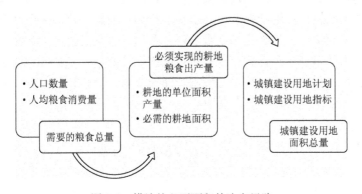

图 2-5　耕地的必要面积的决定思路

可以用一组公式表示：人均粮食消费量×人口数量＝需要的粮食总量，需要的粮食总量＝必须实现的耕地粮食出产量，必须实现的耕地粮食出产量/耕地的单位面积产量＝必需的耕地面积，土地面积总量−必需的耕地面积＝城镇建设用地面积总量，年度建设用地指标＝城镇建设用地面积总量/未来持续用地的年数。

（二）常见的计划思路

1. 人均粮食消费量的确定

如何确定人均粮食消费量？根据市场配置资源的方式，让市场机制决定应该浪费粮食还是节约粮食。价格机制可以合理配置资源，让节约成为一种时尚。浪费粮食与节约粮食，差距悬殊。全国每年浪费的粮食可供 2 亿人口食用，完全可以满足未来人口增加的粮食需求量，而市场机制决定的粮食需求量与粮食安全息息相关：如果市场配置历史资源，并让节约成为一种时尚，则未来人口增加所需要的新增粮食完全可以在目前的粮食总产量的条件下得到满足。未来人口达到最高峰，必然需要漫长的时间，不需要为粮食总产量提升担心。人口总量如果不能确定，则耕地红线较难确定。因此，确定需要的粮食总量，意义重大。

2. 粮食单产极限与实际水平

确定单位面积产量是最根本的问题之一。市场配置资源的条件下，单位面积的耕地产量得到提升，抛荒不可能出现。目前，耕地利用效率低下是市场配置土地资源缺失的表现。市场配置资源方式缺失的条件下，只能导致耕地利用效率更低。一边是耕地总量控制，一边是大量抛荒，这就是市场配置土地资源缺失的表现。市场在土地资源用途的配置中起决定性作用，耕地单位面积产量获得极大程度的提升。耕地边界的均衡状态很难获得，数据很难具有说服力，根据必须实现的耕地粮食出产量与单产计算必需的耕地面积，很难具有可信性。既然必需的耕地面积存在很大漏洞，据此决定建设用地面积总量，进行计划控制，并安排年度建设用地指标分配，就很难具有说服力。

第二节　耕地单产分析

耕地单产是耕地总量控制的基础，耕地总量控制是对市场配置土地资源、决定不同用途土地比例的挑战。

一、粮食单产分类及关系

（一）粮食单产的分类及关系分析

1. 粮食单产的三种类型

下文具体分析粮食单产的极限问题。抛荒是指全年抛荒，不包括季节性抛荒。粮食单产分为下面几个部分（图 2-6）。第一部分是全部耕地的粮食单产。这个单产是在大田条件下形成的，全部耕地的粮食单产＝粮食总产量/全部耕地面积＝粮食总产量/（抛荒耕地面积＋非抛荒耕地面积）。第二部分是非抛荒耕地的粮食单产，非抛荒耕地的粮食单产＝粮食总产量/非抛荒耕地面积。第三部分是指实验室农业技术上的粮食单产。

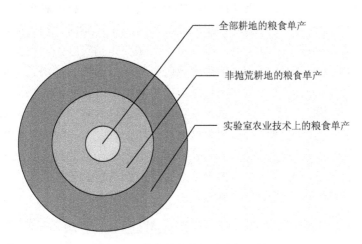

图 2-6　粮食单产的几种指标比较

2. 粮食单产关系的第一种分析方法

区分全部耕地的粮食单产与非抛荒耕地的粮食单产关系是第一种分析方法。非抛荒耕地的利用率远高于包括抛荒耕地在内的全部耕地的粮食单产：非抛荒耕地的粮食单产＞全部耕地的粮食单产。引入抛荒耕地比例分析抛荒是如何影响非抛荒耕地与全部耕地粮食单产的差值：抛荒耕地比例＝抛荒耕地面积/耕地总面积。

3. 粮食单产关系的第二种分析方法

全部耕地的粮食单产取决于抛荒耕地比例与非抛荒耕地的粮食单产。全部耕地的粮食单产＝非抛荒耕地的粮食单产–非抛荒耕地的粮食单产×抛荒耕地比例。在耕地总面积一定的条件下，抛荒耕地面积越大，抛荒耕地比例越高，非抛荒耕地的粮食单产与全部耕地的粮食单产的差值越大。

4. 实验室农业技术上的粮食单产高于其余两种粮食单产

大田作物的粮食单产低于实验室农业技术上的粮食单产。三种单产水平之间具有下列关系：实验室农业技术上的粮食单产＞非抛荒耕地的粮食单产＞全部耕地的粮食单产。

（二）技术上的单产与经济意义的单产分类

根据经济与技术标准，可以把粮食单产分为两大类（图 2-7）。第一类是经济意义上的粮食单产，主要是指大田中的耕地粮食单产。包括两种单产：一是不包括抛荒耕地在内的非抛荒耕地的粮食单产；二是包括抛荒耕地在内的所有耕地的粮食单产。第二类是技术意义上的粮食单产，主要是指实验室农业技术上的粮食单产。这种分类方法是考虑不同单产出现的条件来分类的。经济意义上的粮食单产，存在抛荒与否的区别，与非抛荒耕地的粮食单产并无必然联系，不存在突破技术上的瓶颈问题。只要充分利用抛荒耕地，就可以大量增加粮食产量，实验室的农业技术上的单产突破还谈不到。虽然在一些地区，一些没有抛荒的粮农，也许存在单产提升的需求，实验室农业技术上的粮食单产与非抛荒耕地的粮食单产存在差距，实验室农业技术上的粮食单产大于非抛荒耕地的粮食单产，但实验室农业技术上的粮食单产的压力并不大。

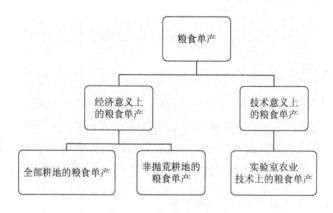

图 2-7　根据经济与技术标准可将粮食单产分为两大类

二、粮食单产与耕地利用战略

（一）单产与耕地利用战略

1. 耕地利用战略的重要性

粮农考虑了种粮收益后，决定放弃耕种是导致包括抛荒耕地在内的全部耕地单产下降的主要原因。粮农将一部分耕地弃耕，在计算全部耕地的单产时，还是根据非抛荒耕地的粮食总产量计算，实际上抛荒耕地没有做出贡献。全部耕地的粮食单产＝非抛荒耕地粮食总产量/（抛荒耕地面积＋非抛荒耕地面积）。与非抛荒耕地的粮食单产相比，粮食总产量是一致的，但是耕地面积不一致。全部耕地粮食单产＜非抛荒耕地粮食单产。在耕地面积小、人口很少的区域，这个差值被认为微不足道，但在耕地面积巨大、人口众多的地区，这个差值已经上升为一个战略性问题，即耕地利用战略。

2. 非抛荒耕地的粮食单产占技术意义上的粮食单产的比例

为了说明耕地利用战略的重要性，引入几个概念说明耕地利用战略的意义。第一个概念是全部耕地与非抛荒耕地的粮食单产差距。全部耕地与非抛荒耕地的粮食单产差距＝非抛荒耕地粮食单产×抛荒耕地比例。第二个概念是非抛荒耕地与实验室农业技术上的粮食单产差距，引入非抛荒耕地占实验室农业技术上的粮食单产比例概念：非抛荒耕地占实验室农业技术上的粮食单产的比例＝非抛荒耕的粮食单产/实验室农业技术上的粮食单产，非抛荒耕地占实验室农业技术上的平均粮食单产比例＝非抛荒耕地平均粮食单产/实验室农业技术上的平均粮食单产，非抛荒耕地占实验室农业技术上的粮食单产峰值比例＝非抛荒耕地的粮食单产峰值/实验室农业技术上的粮食单产峰值。

非抛荒耕地占实验室农业技术上的粮食单产比例具有统摄性和指导性，但是不具有实际上的应用性，不能表示一个具体的实际存在的量值。非抛荒耕地占实验室农业技术上的平均粮食单产比例最实用，表示两种粮食单产平均值的关系，是三种指标中最常见的一个量值，这个指标可以大体反映单产提升的潜力。比例越低，单产提升潜力越大，比例越高，单产提升潜力越小。比例分析可知，实验室农业技术上的粮食单产提升压力较大，比例越高，提升潜力越小；实验室农业技术上的粮食单产的提升压力越大，越需要在单产研究方面有突破性进展。相反，比例越低，提升潜力越大，实验室农业技术上粮食单产的提升压力越小，在单产研究方面做出突破性进展的必要性越低。非抛荒耕地占实验室农业技术上的粮食单产峰值比例虽然要比非抛荒耕地占实验室农业技术上的粮食单产比例具有实践性，在实践中表示了两个单产的峰值的关系，但是其普遍性和规律性都没有非抛荒耕地占实验室农业技术上的平均粮食单产比例概念强。峰值的出现并不具有代表性，而具有特殊性。提到这个比例是因为经常关注单产突破问题。

3. 单产突破的含义

单产突破具有两方面的含义：一个是实验室农业技术上的粮食单产突破，通过改良品种、耕作方法、管理技术等提高粮食单产；另一个是非抛荒耕地的粮食单产的突破，非抛荒耕地的粮食单产低于实验室农业技术上的粮食单产，是因为很多条件跟不上，解决制约因素可以很好地解决非抛荒耕地的粮食单产的瓶颈突破问题。在非抛荒耕地占实验室农业技术上的粮食单产比例低于100%的情况下，非抛荒耕地占实验室农业技术上的粮食单产比例可以通过设计激励制度逐步接近100%。解决非抛荒耕地的粮食单产突破，可以通过推移耕地实现耕地边界向耕地一方移动，耕地面积自动减少，建设用地指标自动增加。如果激励制度有效，耕地边界的自动移动会实现耕地收益补偿的合理兑现。通过利益输送，建设用地指标所获额外的产值，可以合理补偿耕地所有者，着力提升耕地硬件设施，解决大田非抛荒耕地粮食单产逐步接近实验室农业技术上的粮食单产水平的制约因素。

4. 单产突破的建设用地利益输送

实现单产突破的建设用地向耕地输送利益的关系如下。利益输送的关系涉及整个土地制度的利益输送问题（图2-8）。如果在市场配置土地资源、决定不同用途的土地比例的条件下，耕地边界是可以自由移动的，耕地收益补偿会推动耕地边界向耕地一边移动，尽可能减少耕地收益补偿，将更多耕地转换为建设用地，获取更多的产值补偿。

图 2-8　耕地收益补偿的环节

土地总量一定，建设用地比例提升，有助于降低耕地收益补偿。转变为建设用地的耕地面积可以产生一定的产值增量，产值增量即相同面积耕地的收益补偿，这部分收益补偿如果能够实现，对整体利益有贡献。新增贡献如何激励耕地边界向耕地一方移动是激励机制设计的根本所在。如果没有合意的激励机制设计，很难想象耕地边界会自动向耕地一方移动，耕地利用效率很难自动提升。

　　设计耕地均衡边界点向耕地一方移动的激励机制非常重要。把土地资源开发看成是一个整体，在土地资源的利用统筹考虑的条件下，如果一个要素的变化，引起其他因素的变化，那么变化产生的产值与成本应该遵循激励机制。耕地因为大量的基础设施投入或者其他资源投入，导致土地单位产值提升，在不减少耕地产值总量的条件下，降低了单位面积的收益补偿，也降低了全部耕地的收益补偿，并引发耕地边界的均衡点向耕地用途的土地资源一方移动，即该用途的土地面积减少，比例降低，为建设用地提供更多指标，建设用地面积和比例同步提升。在单位面积城镇建设用地产值不增加的条件下，建设用地总产值的提升，使土地资源作为一个整体，其总体产值提升。

　　总体产值上升后，应考虑如何弥补甚至回报当初对耕地的基础设施投入或者其他资源投入。如果有对耕地的基础设施投入或者其他资源投入的回馈机制，这些投入可以从土地资源总收益的增量部分获得资助，整体土地资源产值提升的良性循环就顺畅；如果没有对耕地基础设施投入或者其他资源投入的回馈机制，整体土地资源产值提升的良性循环就不顺畅，土地资源总产值很难增加。土地总产值提升后的单位面积城镇建设用地产值＝土地总产值提升后的单位面积城镇建设用地收益，土地总产值提升前的单位面积城镇建设用地产值＝土地总产值提升前的单位面积城镇建设用地收益，土地总产值提升后的建设用地总产值＝土地总产值提升前的建设用地总产值＋建设用地总产值的增加部分，建设用地总产值的增加部分＝建设用地面积的增加部分×单位面积城镇建设用地的产值，土地总产值提升前的土地总产值＝土地总产值提升前的耕地总产值＋土地总产值提升前的建设用地总产值，土地总产值提升后的土地总产值＝土地总产值提升后的耕地总产值＋土地总产值提升后的建设用地总产值＝土地总产值提升前的耕地总产值＋土地总产值提升前的建设用地总产值＋建设用地总产值的增加部分＝土地总产值提升前的耕地总产值＋土地总产值提升前的建设用地总产值＋建设用地面积的增加部分×单位面积城镇建设用地产值，土地总产值的增加部分＝土地总产值提升后的土地总产值−土地总产值提升前的土地总产值＝（土地总产值提升前的耕地总产值＋土地总产值提升前的建设用地总产值＋建设用地面积的增加部分×单位面积城镇建设用地的产值）−（土地总产值提升前的耕地总产值＋土地总产值提升前的建设用地总产值）＝建设用地面积的增加部分×单位面积城镇建设用地的产值＝建设用地总产值的增加部分，土地总产值提升前的耕地总收益＝土地总产值提升前的耕地面积×土地总产值提升前的单位面积耕地的收益＝土地总产值提升前的耕地面积×单位面积城镇建设用地的收益，土地总产值提升前的耕地收益补偿＝土地总产值提升前的耕地总收益−土地总产值提升前的耕地总产值＝土地总产值提升前的耕地面积×土地总产值提升前的单位面积耕地收益−土地总产值提升前的耕地总产值＝土地总产值提升前的耕地面积×土地总产值提升前的单位面积城镇建设用地收益-土地总产值提升前的耕地总产值＝土地总产值提升前的耕地面积×土地总产值提升前的单位面积城镇建设用地产值-土地总产值提升前的耕地总产值，土地总产值提升前的耕地总产值＝土地总产值提升后的耕地总产值，土地总产值提升后的耕地面积＝土地总产值提升前的耕地面积-因为投入增加而减少的耕地面积，土地总产值提升后的耕地总收益＝土地总产值提升后的耕地面积×土地总产值提升后的单位面积耕地收益＝土地总产值提升后的耕地面积×土地总产值提升后的单位面积城镇建设用地收益＝（土地总产值提升前的耕地面积-因为投入增加而减少的耕地面积）×土地总产值提升后的单位面积城镇建设用地收益。土地总产值提升前的耕地收益补偿与土地总产值提升后的耕地收益补偿的差值减少了耕地收益补偿支付（图 2-9）。

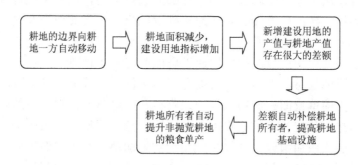

图 2-9　耕地与建设用地的利益输送渠道畅通有效提升耕地利用效率

5. 非抛荒耕地的粮食单产的提升幅度

非抛荒耕地的粮食单产＝实验室农业技术上的粮食单产×非抛荒耕地占实验室的农业技术上的粮食单产的比例。非抛荒耕地的平均粮食单产＝实验室农业技术上的平均粮食单产×非抛荒耕地占实验室农业技术上的平均粮食单产比例，非抛荒耕地的粮食单产峰值＝实验室农业技术上的粮食单产峰值×非抛荒耕地占实验室农业技术上的粮食单产峰值的比例。非抛荒耕地提升到实验室农业技术上的粮食单产幅度＝实验室农业技术上的粮食单产/非抛荒耕地的粮食单产-1。

6. 技术意义上的粮食单产与经济意义上的粮食单产比较

抛荒问题是基于经济意义上的原因产生的。实验室农业技术上的粮食单产得益于技术上的突破，与经济意义上的粮食单产存在差值，提升动因、水平等完全不同（表 2-7）。

表 2-7　经济与技术意义上的粮食单产比较

要素	经济意义上的粮食单产	技术意义上的粮食单产
提升动因	经济收益	技术突破与经济激励
水平	比较低	较高
关系	全部耕地的粮食单产＜非抛荒耕地的粮食单产＜实验室农业技术上的粮食单产	
突破	经济激励和制度设计	技术研发支撑、市场需求与经济激励
压力	粮食安全、建设用地指标的压力	耕地利用效率提升的压力
紧迫性	十分紧迫	总是领先于经济意义上的粮食单产，紧迫性低
措施	治理抛荒，提高耕地利用效率	市场机制提高粮农收入，加大科技投入

（二）单产比较

1. 非抛荒耕地的粮食单产分析

不包括抛荒耕地在内的非抛荒耕地的粮食单产，根据非抛荒耕地的粮食总产量与非抛荒耕地面积计算。非抛荒耕地的粮食总产量＝全部耕地的粮食总产量，非抛荒耕地的粮食单产＝非抛荒耕地的粮食总产量/非抛荒耕地面积＝全部耕地的粮食总产量/非抛荒耕地面积＝全部耕地的粮食总产量/（全部耕地的面积–抛荒耕地面积）＝非抛荒耕地的粮食总产量/（全部耕地的面积–抛荒耕地面积）。说明非抛荒耕地的粮食单产的瓶颈即将或者已经出现，进一步说明了耕地总量控制及其必要性。

2. 全部耕地的粮食单产分析

包括抛荒耕地在内的全部耕地的粮食单产，是把非抛荒耕地生产的粮食平均到包括抛荒耕地在内的所有耕地面积得到的。

3. 技术意义上的粮食单产分析

技术意义上的粮食单产潜力没有在大田作物生产中充分发掘，其差距不是无法逾越的，主要原因在于激励不足。在经济激励的情况下，能够把大田作物经营得像房地产开发者对城镇建设用地的经营一样深入，通过集约利用土地实现经济效益最大化，实现技术意义上的粮食单产的极限，实验室农业技术上的粮食单产与大田粮食单产的距离会逐步缩小。大田粮食单产与实验室农业技术上的粮食单产的主要差距是因为经济激励力度不足，耕地利用效率低下。

（三）容易混淆的单产概念

1. 单产瓶颈被误认为是技术意义上的粮食单产

提起粮食安全，需要走出耕地总量控制存在的误区。似乎单产是一个不可逾越的瓶颈，并将其瓶颈的核心想象成实验室农业技术上的粮食单产存在瓶颈。在粮食安全保障分析中，一提到粮食单产，不是考虑三个单产之间的关系（图 2-10），而是随意进行概念代替，出现很多误区。分析单产问题时，没有考虑实践中的单产，既不是非抛荒耕地的粮食单产，更不是实验室农业技术上的粮食单产，而是有大量抛荒耕地的全部耕地的粮食单产。实践中的粮食单产＝有大量抛荒耕地的全部耕地的粮食单产，实践中的粮食单产＜非抛荒耕地的粮食单产＜实验室农业技术上的粮食单产。这个误区让所有的分析建立在似是而非的基础上，全部耕地的粮食单产＝非抛荒耕地粮食单产×非抛荒耕地比例。

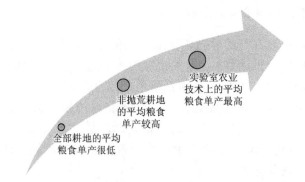

图 2-10　耕地、非抛荒耕地与实验室农业技术上的粮食单产概念的关系

2. 治理抛荒能够提升粮食总产幅度

如果全部耕地的粮食单产通过完全治理抛荒，提升到非抛荒耕地的粮食单产水平，能够提升粮食总产量。彻底治理抛荒后，抛荒耕地比例为零，非抛荒耕地比例为 100%。彻底治理抛荒之后，全部耕地的粮食单产＝非抛荒耕地的粮食单产×非抛荒耕地比例＋抛荒耕地的粮食单产×抛荒耕地比例＝非抛荒耕地的粮食单产×非抛荒耕地比例＋0×0＝非抛荒耕地的粮食单产×非抛荒耕地比例＝非抛荒耕地的粮食单产×1＝非抛荒耕地的粮食单产。彻底治理抛荒之后的粮食总产量＝彻底治理抛荒之后的全部耕地的粮食单产×全部耕地面积＝非抛荒耕地的粮食单产×全部耕地面积。而治理抛荒之前，非抛荒耕地比例小于 100%，抛荒耕地面积比例大于零。粮食总产量是非抛荒耕地的粮食总产量，治理抛荒之

前的粮食总产量 = 包括抛荒耕地的全部耕地的粮食单产 × 全部耕地面积 = 非抛荒耕地的粮食单产 × 非抛荒耕地比例 × 全部耕地面积。

3. 治理抛荒能够养活的人口数量提升幅度

据调查，南方 HB 省抛荒比例为 5%，HN 省抛荒比例为 10%，彻底治理抛荒之后，HB 省、HN 省粮食总产量提升幅度分别为：HB 省治理抛荒之后粮食总产量提升幅度 = 1/（1−抛荒耕地比例）−1 = 1/（1−5%）−1 = 5.3%。HN 省治理抛荒之后粮食总产量提升幅度 = 1/（1−抛荒耕地比例）−1 = 1/（1−10%）−1 = 11.1%。如果按照 5% 的抛荒比例计算，彻底治理抛荒之后，粮食总产量可以提升 5.3%，按照 13 亿人口计算，粮食总产量提升部分可以养活的人口总量 = 13 亿人口 × 5.3% = 0.689 亿人口，即彻底治理抛荒以后，新增的粮食总量能够养活 6890 万人口。如果按照 10% 的抛荒比例计算，彻底治理抛荒之后，粮食总产量可以提升 11.1%，按照 13 亿人口计算，粮食总产量提升部分可以养活的人口总量 = 13 亿人口 × 11.1% = 1.443 亿人口。彻底治理抛荒以后，新增的粮食总量能够养活 1.443 亿人口。意识不到抛荒的重大影响是以前分析耕地单产的致命伤。

4. 治理抛荒能够基本解决粮食安全问题

彻底治理抛荒可能多养活数千万人口甚至数亿人口。目前抛荒严重，一些地区抛荒比例高于 HB 省、HN 省的调查数字。完全治理抛荒后新增粮食可以满足新增人口需求。人们提及粮食安全时担心的粮食单产瓶颈是实验室农业技术上的粮食单产瓶颈，而不是治理抛荒耕地，提升单产。假定全部耕地面积为 1.353×10^8 公顷，根据 HB 省、HN 省的调查数字，粗略计算全国的抛荒耕地面积。按照 HB 省的调查数字计算全国的抛荒耕地面积 1.353×10^8 公顷 × 5% = 6.765×10^6 公顷，按照 HN 省的调查数字计算全国的抛荒耕地面积 1.353×10^8 公顷 × 10% = 1.353×10^7 公顷。面积巨大的抛荒耕地完全治理是实践中需要解决的问题。粮食单产的提升，需要通过彻底治理抛荒耕地来提升全部耕地的粮食单产。全部耕地的粮食单产 = 非抛荒耕地粮食单产 × 非抛荒耕地比例。如果没有抛荒耕地，抛荒耕地比例为零，非抛荒耕地比例 = 1−抛荒耕地比例 = 1，全部耕地的粮食单产 = 非抛荒耕地粮食单产 × 非抛荒耕地比例 = 非抛荒耕地粮食单产。

全部耕地的粮食单产就会提升到非抛荒耕地粮食单产水平，鉴于全国耕地面积大，比例提升，可以多养活的人口数量不小。实践中的粮食单产，即包括大量抛荒耕地在内的全部耕地的粮食单产。在没有有效治理抛荒之前，没有必要过分关注实验室农业技术上的粮食单产瓶颈问题，否则可能在抛荒大量存在的条件下，引发不必要的担心，强化耕地总量控制，使耕地利用效率下降，增加抛荒耕地，降低粮食单产，无法满足新型城镇化战略所需的大量建设用地指标。粮食单产问题更多的是制度层面的、经济意义上的瓶颈，即如何激励耕地种植粮食，彻底治理抛荒耕地，给城镇建设用地腾出更多指标。

粮食单产不存在实验室农业技术上的粮食单产的瓶颈。存在大量抛荒耕地的条件下，大田中大量存在抛荒的全部耕地粮食单产远低于非抛荒耕地粮食单产，遑论接近实验室农业技术上的粮食单产，更不存在实验室农业技术上的粮食单产瓶颈问题。大田中大量存在抛荒的全部耕地的粮食单产＜非抛荒耕地的粮食单产＜实验室农业技术上的平均粮食单产＜实验室农业技术上的粮食单产峰值。

瓶颈问题是未经证实的伪命题。这是混淆技术与经济要素的条件下不符合实际的命题，要通过经济制度来解决全部耕地的抛荒问题，尽可能减少抛荒比例，实现大田中大量存在抛荒的全部耕地的粮食单产向非抛荒耕地的粮食单产的飞跃，这是第一次飞跃，这个飞跃足以确保未来很长时期的粮食需求。第二个飞跃是非抛荒耕地的粮食单产向实验室农业技术上的平均粮食单产的飞跃。这个飞跃足以确保未来很长时期的新型城镇化战略的城镇建设用地需求。目前，并不存在大田中大量存在抛荒的全部耕地的粮食单产向实验室农业技术上的粮食单产瓶颈飞跃的问题。只有到了未来新型城镇化战略深入实施以后，城镇建设用地指标需求进一步增加，抛荒耕地完全得到治理，非抛荒耕地的粮食单产达到实验室农业技术上的粮食单产水平的峰值，需要进一步研究突破实验室农业技术上的粮食单产水平峰值。农业技术进步很快，等到第三次飞跃的时候，这段时间的农业技术已经发生了变化，实验室农业技术上的粮食单产已经增加（图 2-11）。

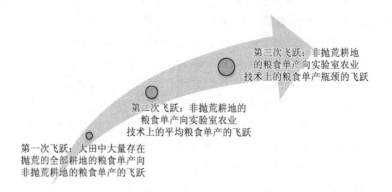

图 2-11　粮食单产的三次飞跃

（四）全部耕地达到技术意义上的粮食单产可节约耕地

若能够把包括抛荒耕地在内的全部耕地的粮食单产提升到非抛荒耕地的粮食

单产的平均水平，足以应对此后很长时期的粮食安全保障挑战。如果在市场压力下将全部抛荒耕地治理之后，继续将非抛荒耕地的粮食单产提升到实验室农业技术上的粮食单产水平，可以节省的耕地面积足以保障新型城镇化战略的土地需求。在没有抛荒的条件下，全部耕地的粮食单产水平提高到实验室农业技术上的粮食单产水平之后，粮食单产提升的幅度＝实验室农业技术上的粮食单产水平/非抛荒耕地粮食单产－1。提升之前的耕地面积＝提升之后的耕地面积，全部耕地的粮食单产水平提高到实验室农业技术上的粮食单产水平之后，总产量提升的幅度＝全部耕地的粮食单产水平提高到实验室农业技术上的粮食单产水平，粮食单产提升的幅度＝实验室农业技术上的粮食单产水平/非抛荒耕地单产－1。

（五）市场是提升粮食单产的根本动力

一般提起耕地粮食单产会混淆大田的耕地粮食单产与实验室农业技术上的粮食单产的概念。

1. 抛荒出现在缺失市场配置条件下

没有市场，土地资源配置效率不可能提高。在缺少市场的条件下，耕地边界的均衡状态不可能实现，即使通过非市场的方式，强制形成耕地边界，也不会实现耕地边际收益与城镇建设用地边际收益相等。耕地利用效率远远低于城镇建设用地。没有市场配置土地资源两种用途的比例，就要在耕地收益补偿方面下大工夫，没有足够的耕地收益补偿，耕地边际收益远低于城镇建设用地。单位面积耕地已经实现的收益＜单位面积城镇建设用地收益，单位面积城镇建设用地收益＝单位面积耕地的收益，单位面积耕地的收益＝单位面积的耕地产值＋单位面积的耕地收益补偿，单位面积的耕地收益补偿＝已经实现的单位面积的耕地收益补偿＋没有实现的单位面积的耕地收益补偿。单位面积的耕地利用损失，就是没有实现的单位面积的耕地收益补偿部分，单位面积的耕地利用损失＝没有实现的单位面积耕地收益补偿＝单位面积城镇建设用地收益－单位面积的耕地产值－已经实现的单位面积耕地收益补偿。

实践中，很难实现单位面积城镇建设用地收益＝单位面积的耕地产值＋已经实现的单位面积的耕地收益补偿。单位面积的耕地利用损失大于零，并且在单位面积的耕地利用损失很高时，抛荒成为必然选择。抛荒不是抛荒者的主观过失，而是粮农作为理性的人的必然选择，是一种没有市场配置土地资源的两种用途条件下的必然产物，也是在非市场配置土地资源，形成耕地与城镇建设用地两种用途的土地资源均衡边界的条件下，耕地收益补偿体系不健全、没有补偿到位的结果。

2. 农业技术粮食单产峰值与大田粮食单产峰值的区别

单位面积的耕地产量与单位面积耕地最大产量的区别如下。在农业研究中，提升单位面积的产量指单位面积耕地的最大产量，即理论上的耕地单产的潜力。要把大田中的单位面积耕地产量与理论上的耕地单产的潜力区分开来。实践中，往往很难出现需要超越从农业技术角度而言的耕地单产最大潜力的情况，大田中农业技术提供的最大粮食单产是粮食单产能够达到的极限（图 2-12）。大田中的平均粮食单产往往很低，不排除一定比例耕地单产达到农业技术上的粮食单产峰值，但是大田中大部分比例耕地平均粮食单产很低，主要是抛荒、复种指数低等原因。区分农业技术粮食单产的最高极限与大田中的粮食单产极限是必要的。大田很少能够达到农业技术的粮食单产最高峰，如果目前水稻单产的实验最大值是某一数值，大田几乎不会有粮食单产达到这个值。

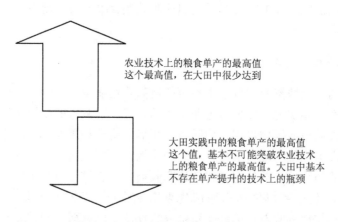

图 2-12　农业技术与大田中的粮食单产最高值之间存在差距

3. 市场把大田粮食单产峰值提升到农业技术粮食单产峰值

市场是把大田中的粮食单产峰值提升到农业技术粮食单产峰值的资源配置方式。农业技术的粮食单产峰值，从来没有在实践中全部实现，市场配置资源具有很大潜力。农业技术上的粮食单产极限与技术本身的发明创造有关。科学家在不断开发新的农业技术，突破一个个实验室的粮食单产极限。任何地区的大田中的粮食单产极限，总是无法达到本地区农业技术粮食单产的极限。理论上，任何地区的大田中的粮食单产极限≤本地区农业技术上的粮食单产极限。实践中，任何地区的大田中的粮食单产极限＜本地区农业技术上的粮食单产极限。

第三章　耕地均衡边界的形成与耕地收益补偿

第一节　耕地与建设用地均衡边界的形成

一、耕地边界规律的逻辑支持

耕地边界的规律给出耕地边际收益的数量标准，耕地边界规律必须有来自其他方面的逻辑支持。

（一）耕地边界的规律如何获得

为什么同样是土地资源，耕地必须拿来生产单位面积产值很低的粮食，而不能大面积转作单位面积产值很高的建设用地，特别是在新城镇化战略实施的关键历史时期？耕地边界均衡状态的规律是如何发现的？命题的可靠性如何证明？这些问题很容易被这样回答：耕地单产是有限的，粮食总需求量和粮食单产决定了耕地面积。回答应该是耕地边际收益等于城镇建设用地边际收益。单产限定论的致命缺陷在于，大田作物的粮食单产与实验室粮食单产完全不同。如果把大田改造成装备精良的实验室来生产粮食，效率会提高很多。在建设用地指标匮乏的条件下，成本制约更多资金用于大田改造，获得更多闲置耕地指标。当耕地边际产值等于城镇建设用地边际产值时，需要投入更多的设施。将大田改造成为农业实验室，需要考虑成本问题。此时必须有耕地的边际净产值＝建设用地的边际净产值，耕地的边际产值－耕地的边际投入＝城镇建设用地的边际产值－建设用地的边际投入。只要愿意大量投入，把单产很低的大田建设成为一个个粮食生产实验室，单位面积产值会大幅度提升，实现耕地边际产值等于城镇建设用地边际产值不是没有可能。

（二）耕地边界规律从边际收益相等获得支持

1. 均衡状态下耕地比例是变动的定值

均衡状态下耕地比例，是一个暂时确定而从长期来看处于变动状态的定值。科斯定理被认为是同义反复[60]，如果耕地边界处于均衡状态，在市场配置土地资源，分配土地两种用途的比例，决定耕地边界的环境下，建设用地占总面积的比例为一个定值，耕地占总面积的比例也为一个定值，两个定值的和为 1。这两个定值具有下述特点：这两个定值是确定的，这两个定值在耕地边界处于均衡状态时刻是不会发生变化的，这两个定值可能因为耕地边界的均衡状态被打破，形成新的均衡状态而发生变化。此时耕地比例可能变为另一个定值，建设用地比例也可能同时变为另一个定值，新的两个定值之间的关系如下：新的均衡状态下建设用地占总面积比例 + 新的均衡状态下耕地占总面积的比例 = 1。短期看定值不变，长期看定值无时不变。

　　2. 耕地边界的意义

　　耕地边界存在一个确定的均衡点，每个时刻的均衡点不一定相同。假定在耕地边界的均衡状态下，耕地面积与耕地边际收益和建设用地之间存在关系，建设用地面积与耕地边际收益和建设用地之间存在关系：耕地面积 = f_{gjbj1}（耕地边际收益，城镇建设用地边际收益），建设用地面积 = f_{gjbj2}（耕地边际收益，城镇建设用地边际收益），耕地面积 + 建设用地面积 = 土地总面积，f_{gjbj1}（耕地边际收益，城镇建设用地边际收益）+ f_{gjbj2}（耕地边际收益，城镇建设用地边际收益）= 土地总面积。不同耕地边际收益与城镇建设用地边际收益之间的关系，确定了不同耕地边界均衡点的位置。如果目前耕地边界处于均衡状态，并且耕地边际收益等于城镇建设用地边际收益都等于 1。假定此时耕地边界均衡点处于 G 点，耕地面积可以用 AG 表示，建设用地面积可以用 GH 表示（图 3-1）。

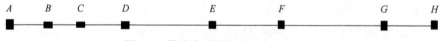

图 3-1　耕地边界均衡状态点处处存在

　　如果城镇建设用地的边际收益提高到 2，逐步增加建设用地指标，减少耕地面积，同时向耕地投入更多资源，包括把耕地建设成为实验室，大幅度提高耕地利用效率，耕地边际收益会逐步提升。城镇建设用地边际收益可能发生变化，无论建设用地面积增加，引起城镇建设用地边际收益的增加（如果经济处于快速发展时期，建设用地指标增长，赶不上经济总量增长速度，经济发展让城镇建设用地边际收益稳步增加）、不变（如果经济处于发展时期，建设用地指标增长，可能引起城镇建设用地边际收益减少，经济总量增长，又可能提高城镇建设用地边际收益，两种力量相互制衡，建设用地指标增加和经济发展让城镇建设用地边际收益保持不变）或者减少（如果经济处于稳定状态，建设用地指标增长，可能引起城镇建设用地边际收益减少），最终会实现耕地边际收益与城镇建设用地边际收益相等。

　　无论城镇建设用地边际收益最终是多少，只要耕地面积减少不影响粮食总产量红线，耕地利用效率提升，耕地粮食总产量并未下降。耕地减少以后的粮食总产量=减少了的耕地面积×增加了的粮食单产≥原来的粮食总产量。在确保粮食总产量不减少的条件下，耕地边际收益增加，最终赶上城镇建设用地的边际收益。耕地面积减少后的边际收益=建设用地增加后的边际收益。

假定耕地面积减少、建设用地增加后的城镇建设用地边际收益没有变化，仍然为 2，则耕地边际收益也是 2。耕地边界处于均衡状态，并且耕地的边际收益等于城镇建设用地的边际收益，都等于 2。假定耕地边界的均衡点处于 F 点，耕地面积用 AF 表示，建设用地面积用 FH 表示，耕地面减少了 FG，建设用地面积增加了 FG。如果把城镇建设用地边际收益增加部分与建设用地面积变化部分的关系表述为一个函数：建设用地面积增加部分=$f_{g/4}$（城镇建设用地边际收益的增加部分），耕地面积的减少部分=建设用地面积的增加部分=$f_{g/4}$（城镇建设用地的边际收益的增加部分）。

城镇建设用地的边际收益由 1 增加到 2，增加部分为 1，建设用地面积增加部分为 FG：$FG = f_{g/4}$（1）。现在城镇建设用地的边际收益与耕地边际收益同时增加为 2，如果城镇建设用地边际收益继续提高到 3，高于耕地边际收益 2。建设用地面积继续增加，耕地面积继续减少，会形成新的均衡点 E 点，耕地面积为 AE，建设用地面积为 EH。城镇建设用地的边际收益如果一直增加，并且持续下去，耕地边界均衡点有可能继续向 D 点、C 点、B 点移动，耕地面积分别为 AD、AC、AB，建设用地面积分别为 DH、CH、BH。AH 表示土地总量，A 点、H 点之间的 F 点、E 点、D 点、C 点、B 点作为耕地与建设用地的边界，随着城镇建设用地的边际收益的增加，不断向耕地一方移动。耕地比例减少，粮食总产量红线保障需要耕地的投入增加，提升单产，粮食总产量稳步增加。

当耕地面积为 AB 时，如果经济发展速度下降，城镇建设用地的边际收益逐步下降，那么建设用地面积逐步减少，耕地面积逐步增加，耕地边界从 B 点开始向 C 点移动。如果城镇建设用地边际收益继续下降，则耕地边界分别经历 D 点、E 点、F 点，向 G 点移动。直到实现耕地边际收益与城镇建设用地边际收益的动态均衡，耕地边际收益不变，城镇建设用地边际收益逐步增加。

当耕地面积为 AB 时，如果经济和科技的发展，使耕地边际收益增加，城镇建设用地边际收益不变，则耕地面积逐步增加，建设用地面积逐步减少，耕地边界从 B 点开始向 C 点移动。如果城镇建设用地边际收益不变，耕地边际收益继续增加，则耕地边界分别经历 D 点、E 点、F 点，向 G 点移动，直到实现耕地边际收益与城镇建设用地边际收益的动态均衡。

当耕地面积为 AG 时，如果经济和科技的发展，使耕地边际收益减少，城镇建设用地边际收益不变，则耕地面积逐步减少，建设用地面积逐步增加，耕地边界从 G 点开始向 F 点移动。如果城镇建设用地的边际收益不变，耕地边际收益继续减少，则耕地边界分别经历 E 点、D 点、C 点向 B 点移动，直到实现耕地边际收益与城镇建设用地边际收益动态均衡。在一个经济体快速发展的阶段，城镇建设用地边际收益有可能逐步增加。

（三）耕地边界规律如何体现

1. 没有市场配置条件下的分析

在没有市场配置的条件下，耕地边界规律只能用逻辑分析说明。耕地边界规律能否在实践中体现还是要从市场条件分析，如果不能实现市场配置土地资源的条件，实现耕地边际收益与城镇建设用地边际收益相等很难，无从体现耕地边界规律。如果两者边际收益不相等，则耕地边界不会实现平衡状态。

2. 市场配置条件下的分析

在市场配置土地用途条件下，会出现耕地的均衡边界，耕地边界处于稳定状态，不会出现抛荒状态和建设用地闲置情况。抛荒和建设用地闲置是耕地总量控制的产物，与产权不明晰有关。

（四）耕地边界均衡状态的形成

1. 耕地要素影响耕地边界自动形成

寻求耕地边界的均衡状态，是为了分析耕地边界的均衡点，使耕地的比例处于暂时稳定状态。耕地均衡点的确定，需要各种要素在自由交易的市场上发生复杂的相互作用，提升耕地利用效率，提高单位面积耕地产值与收益。提高耕地利用效率，则可以提升耕地边际产值。在单位面积的耕地收益补偿一定的条件下，可以同步提升耕地边际收益。

2. 建设用地影响耕地边界自动形成

建设用地方面的要素，包括建设用地单位面积收益及产值、城镇建设用地边际收益及产值。在单位面积的城镇建设用地收益补偿一定的条件下，单位面积城镇建设用地收益补偿为零。如果提高建设用地利用效率，可以提升建设用地单位面积产值与城镇建设用地边际产值，可以同步提升建设用地单位面积收益与城镇建设用地边际收益。

（五）耕地与建设用地的同步变化影响耕地边界的自动形成

1. 耕地边际收益增加减少建设用地面积

在耕地边界均衡状态的初始位置，初始状态的耕地边际收益等于初始状态的城镇建设用地边际收益。如果耕地边际收益提升，增加了一个变量，则耕地边界均衡状态被打破。初始状态的耕地边际收益＋耕地边际收益增加量＞初始状态的城镇建设用地边际收益，土地资源用来耕作是合意的，部分建设用地指标转化为耕地指标，建设用地指标减少，城镇建设用地边际收益增加。耕地面积增加，耕地边际收益减少。一直持续到新的条件下，耕地边际收益等于城镇建设用地边际收益为止。

最终，耕地面积不再增加，建设用地面积不再减少。耕地边际收益最初提升了一个变量，引起耕地边界的移动，增加了耕地面积，减少了建设用地面积。实现新的动态平衡的条件是，新的条件下耕地的边际收益＝新的条件下城镇建设用地的边际收益，新的条件下耕地面积的增加部分＝新的条件下建设用地面积的减少部分。耕地边际收益增加部分与耕地面积变化部分的关系，表述为耕地面积的增加部分 $=f_{g1}$（耕地边际收益的增加部分）。耕地边际收益的增加会导致建设用地面积减少，耕地边界向建设用地一方移动，同时增加耕地面积。

2. 耕地边际收益减少增加建设用地面积

如果耕地边际收益减少则会出现相反的情况，耕地面积减少，建设用地面积增加，一直到实现新的条件下耕地边际收益与城镇建设用地边际收益相等为止。初始状态的耕地边际收益＝初始状态的城镇建设用地边际收益。如果耕地的边际收益降低，减少了变量，则耕地边界均衡状态被打破，初始状态的耕地边际收益－耕地的边际收益的减少量＜初始状态的城镇建设用地边际收益。土地资源用来作为建设用地是合意的，有部分耕地指标转化为建设用地指标，建设用地指标增加，城镇建设用地边际收益减少，耕地面积减少，耕地边际收益增加。一直持续到新的条件下，耕地边际收益等于城镇建设用地的边际收益为止。

最终，耕地面积不再减少，建设用地面积不再增加。耕地边际收益降低，引起耕地边界移动，减少耕地面积，增加建设用地面积。实现新的动态平衡的条件是，新的条件下耕地边际收益＝新的条件下城镇建设用地边际收益，新的条件下耕地面积的减少部分＝新的条件下建设用地面积的增加部分。耕地边际收益减少部分与耕地面积变化部分的关系，表述为耕地面积的减少部分 $=f_{g2}$（耕地边际收益的减少部分）。耕地边际收益的减少会产生建设用地面积的增加，从而使耕地边界向耕地一方移动，同时减少耕地面积。

耕地边际收益下降必然要减少耕地面积，因此耕地面积不可随意减少，特别是在实行耕地总量控制的条件下，减少耕地是交易成本很高的行为，这时抛荒就出现了。

3. 建设用地边际收益降低减少建设用地面积

在耕地边界均衡状态的初始位置，初始状态的耕地边际收益等于初始状态的城镇建设用地边际收益。如果城镇建设用地边际收益减少，则耕地边界的均衡状态被打破，初始状态的耕地边际收益＞初始状态的城镇建设用地边际收益－城镇建设用地边际收益的减少量。土地资源用来耕作是合意的，有部分建设用地指标转化为耕地指标，建设用地指标减少，城镇建设用地边际收益增加，耕地面积增加，耕地边际收益减少。一直持续到新的条件下，耕地边际收益等于城镇建设用地边际收益为止。

最终，耕地面积不再增加，建设用地面积不再减少。城镇建设用地边际收益最初减少了一个变量，引起耕地边界的移动，减少了建设用地面积，增加了耕地面积。实现新的动态平衡的条件是，新的条件下耕地边际收益＝新的条件下城镇建设用地边际收益，新的条件下建设用地面积的减少部分＝新的条件下耕地面积的增加部分。城镇建设用地边际收益减少部分与建设用地面积变化部分的关系表述为一个函数：建设用地面积的减少部分＝f_{gj3}（城镇建设用地边际收益的减少部分）。城镇建设用地边际收益的减少，会产生建设用地面积减少，从而使耕地边界向建设用地一方移动，增加了耕地面积。

4. 建设用地边际收益提高增加建设用地面积

如果城镇建设用地边际收益增加，则会出现相反的情况，建设用地面积增加，耕地面积减少，一直到实现新的条件下耕地边际收益与城镇建设用地边际收益相等为止。初始状态的耕地边际收益＝初始状态的城镇建设用地边际收益。如果城镇建设用地边际收益增加，则耕地边界均衡状态被打破，初始状态的耕地边际收益＜初始状态的城镇建设用地边际收益＋城镇建设用地边际收益的增加量。土地资源作为建设用地是合意的，有部分耕地指标转化为建设用地指标，建设用地指标增加，城镇建设用地边际收益减少，耕地面积减少，耕地边际收益增加。一直持续到新的条件下，耕地边际收益等于城镇建设用地边际收益为止。

最终，耕地面积不再减少，建设用地面积不再增加。城镇建设用地边际收益最初增加了一个变量，引起耕地边界移动，增加建设用地面积，减少耕地面积。实现新的动态平衡的条件是：新的条件下耕地边际收益＝新的条件下城镇建设用地边际收益，新的条件下建设用地面积的增加部分＝新的条件下耕地面积的减少部分。城镇建设用地的边际收益增加部分与建设用地面积变化部分的关系表述为一个函数：建设用地面积的增加部分＝f_{gj4}（城镇建设用地边际收益的增加部分）。城镇建设用地边际收益的增加会产生建设用地面积增加，从而使耕地边界向耕地一方移动，减少耕地面积。

城镇建设用地边际收益增加，必然要增加建设用地面积，同时减少耕地面积。在实行耕地总量控制的条件下，减少耕地是交易成本很高的行为，甚至在严格管制条件下，耕地面积不可以随意减少，这时抛荒就出现了。

（六）耕地与建设用地边际收益变化影响耕地均衡边界点移动

1. 耕地与建设用地边际收益变化的影响

耕地边际收益与城镇建设用地边际收益发生变化，有可能引起耕地外部边界均衡点的移动。耕地边界的自动形成，是根据耕地边际收益与城镇建设用地边际收益之间的关系，由市场决定耕地均衡边界点。决定的方法是在耕地边际收益等于城镇建设用地边际收益的均衡点上，耕地与城镇建设用地边际收益恰好相等。一旦出现下面的情况之一，耕地边界都会发生移动：城镇建设用地边际收益发生增减，而耕地边际收益没有变化；城镇建设用地边际收益没有变化，而耕地边际收益发生增减；城镇建设用地边际收益与耕地边际收益同时发生增减，增减方向不同，一增一减；城镇建设用地边际收益与耕地边际收益同时发生增减，增减方向相同，同增同减，但是增幅或者降幅不同。这都会引起耕地边际收益与城镇建设用地边际收益的关系发生变化，原有的平衡关系有可能打破，出现耕地边际收益不等于城镇建设用地边际收益的情况。只要没有耕地总量控制等制度，耕地边界均衡点都会发生移动。根据市场配置土地资源的不同用途原则，新的均衡必须形成，从而实现耕地边际收益与城镇建设用地边际收益的均衡：新的条件下的耕地边际收益＝新的条件下的城镇建设用地边际收益。

2. 耕地均衡边界点未发生变化的情况

只有一种情况下耕地均衡边界点没有变化，即城镇建设用地边际收益与耕地边际收益都没有变化，一直保持固定。在经济发展过程中，这种情况存在的可能性微乎其微。即使耕地边际收益暂时保持不变，在瞬息万变的土地资源市场上，城镇建设用地边际收益随时可能发生变化，很难保持耕地边际收益与城镇建设用地边际收益相等。

耕地边际收益与城镇建设用地边际收益同时发生增减，增减方向相同，并且增幅或者降幅相同。这需要遵循严格的条件，即耕地与城镇建设用地的边界由市场资源配置。

最严格的条件指在最短的时间内，耕地边际收益的细微变化，引起城镇建设用地边际收益的同时、同向、等幅度增减。这个时间上的严格规定，让一种土地资源的细微变化，引起另一种土地资源同步变化，要比耕地边际收益与城镇建设用地边际收益固定更难实现。耕地边际收益的变化遵循的规律，往往与城镇建设用地边际收益的变化所遵循的规律并不相同。即使遵循的规律有交集，也因为两种边际收益的决定因素的复杂性，而很难做到严格意义上的同时、同步、同向、等幅度增减。一般情况下，很难出现这种严格意义上的两种土地的边际收益的同时、同步、同向、等幅度增减，很难说耕地边界的均衡点没有发生移动。

耕地边际收益与城镇建设用地边际收益，往往很难完全同时、同步、同向、等幅度增减，即使能够同时、同步、同向、等幅度增减，耕地边际收益与城镇建设用地边际收益的增减存在先后之分，耕地边界的均衡点也会发生移动（表 3-1）。

表 3-1　耕地与城镇建设用地边际收益的变化影响耕地均衡边界点的移动

组合	耕地边际收益	城镇建设用地边际收益	增加量或者减少量是否相同	耕地外部边界均衡点向哪一方移动
1	不变	增加		耕地
2	不变	减少		建设用地
3	增加	不变		建设用地
4	减少	不变		耕地
5	增加	增加	不相同	增幅较少的一方
6	减少	减少	不相同	降幅较多的一方
7	增加	减少		建设用地
8	减少	增加		耕地
9	减少	减少	相同	
10	增加	增加	相同	

二、耕地与建设用地面积和比例形成的主动性

（一）耕地与建设用地边界的关系

建设用地的边界就是耕地的外部边界。只有耕地与建设用地两种用途的条件下，确定第一种土地用途的比例或面积的同时，也就确定了第二种土地用途的比例或面积。第二种土地用途的土地资源比例 + 第一种用途的土地资源比例 = 1；第二种用途的土地资源面积 + 第一种用途的土地资源面积 = 两种用途土地组成的整体的土地资源面积。第二种用途的土地资源比例 = 1-第一种用途的土地资源比例；第二种用途的土地资源面积 = 两种用途土地组成的整体的土地资源面积-第一种用途的土地资源面积。

（二）主动性和被动性

1. 市场配置条件下

在市场配置土地资源、决定不同用途的土地比例的条件下，耕地边界是自动

形成的。耕地边界与建设用地边界，包括主动、被动和自动形成三种情况，自动形成的情况在研究中更为普遍和有意义。耕地边界的自动形成是与主动与被动相对而言的，在耕地边界的形成过程中，不存在耕地面积被优先保障，也不存在建设用地指标被优先保障。耕地边界的自动形成是根据耕地边际收益与城镇建设用地边际收益之间的关系，由市场决定耕地的均衡边界点。

2. 非市场配置条件下

出现主动或者自动概念的语境，是非市场配置土地资源。主动指耕地比例或者面积首先被决定，决定了的耕地比例或者面积进一步决定了建设用地比例或者面积。在非市场的制度设计中，耕地面积是被人为决定的，在与建设用地比例或者面积的关系中，耕地决定了建设用地。人为决定的耕地面积决定了建设用地指标。在建设用地与耕地组合而成的总的土地面积中，一旦耕地面积被人为决定，剩余的面积即建设用地面积，建设用地面积＝建设用地与耕地组成的总土地面积−人为决定的耕地面积。

建设用地面积是由耕地面积决定的，自己不能自如选择。耕地面积也不具有完全的主动性，耕地面积不是市场自动形成的，而是由人为决定的，也不具有完全的自主性，只具有相对的自主性。建设用地面积比例也具有此特点，即耕地面积比例是被人为决定的，建设用地比例被耕地比例决定：建设用地面积比例＝1−耕地面积比例。在非市场的制度设计框架中，没有完全主动形成的面积或者比例，只有相对主动的部分，即人为决定的耕地面积和比例。只有相对被动的部分，即进一步被耕地面积和比例所决定的建设用地面积和比例。耕地面积和比例是人为决定的，从耕地的角度来看，耕地边界是首先被决定的，具有一定程度的主动性。建设用地面积和比例是被耕地面积和比例决定的，建设用地边界是被耕地边界被动决定的。

3. 主动−被动关系与自动−自动关系

当人为划定的耕地边界代替了自然形成的耕地边界，主动−被动关系就形成了。市场条件下自动形成的耕地边界与建设用地边界的状态不复存在。非市场制度设计的条件下，耕地边界与建设用地边界的确定思路完全不同。耕地边界的确定同时确定了建设用地的边界，前者是主动确定的，后者是被动确定的。确定了耕地面积总量，其余部分作为建设用地指标自然也就被确定了。建设用地指标是土地总面积与耕地面积总量一起确定的：建设用地面积＝耕地与建设用地面积的总量−耕地面积总量。建设用地指标是被决定的，在市场配置土地资源，分配土地两种用途的比例，决定耕地边界的时候，耕地边界是自动形成的，没有主动与被动之分。耕地边界形成的时候，建设用地边界自然同时形成。

主动-被动关系，发生在计划方式配置土地资源的不同用途过程中，体现了对耕地指标与建设用地指标之间的价值判断，过分重视耕地面积，忽视建设用地指标供应。而在过分重视耕地面积的过程中，忽视耕地利用效率提升，片面强调耕地面积这个与粮食总产量有关，但不完全相关的变量，忽视城镇化过程中，对大量建设用地指标的供应。

市场配置土地资源，分配土地两种用途的比例，决定耕地边界的条件下，不存在耕地与建设用地指标的畸重畸轻的关系问题。两者同样是被市场决定的，边界是市场自由配置的结果，既不能说是耕地面积决定了建设用地面积，也不能说建设用地面积决定了耕地面积，更不能说建设用地边界决定了耕地边界。这种完全平等的关系，体现了市场在资源配置中的作用和价值，是健康的资源配置方式。

计划方式配置土地资源具有弊端。对耕地面积的过分强调和保护，使忽视甚至放任抛荒等低效利用耕地资源的现象大量存在，而城镇化所需要的大量建设用地指标很难获得。把耕地面积保护与粮食总产量保护完全等同，是以一种粗放的管理方式看待耕地面积与粮食总产量问题，其实耕地面积固然与粮食总产量相关，但是耕地面积保护并不一定能够保障粮食总产量，只要对耕地资源利用进行深度管理，在大面积治理抛荒的基础上，完全可以提供大量建设用地指标。

三、自动形成的边界

（一）计划配置方式忽略耕地利用效率提升

非市场配置土地资源是一种计划配置资源的方式，最大的弊端是把耕地指标与建设用地指标的关系理解为不均衡关系。认定耕地面积保护更加重要，认为在城镇化过程中，建设用地指标保障相对不重要或者完全不重要。这种极端的思想，可能与粗放式的管理方式相伴而生，不能在耕地利用效率提升方面下功夫，不能在耕地面积一定的条件下，大幅度提升粮食总产量，只是拘泥于相对简单、省事、机械的耕地面积管理，在耕地面积管理上面大做文章，忽视了抛荒耕地的大量存在，不能把这些被抛荒的珍惜土地资源很好利用。抛荒耕地如果用到建设用地中会产生效益，会为城镇化发展铺平道路。

为城镇化提供建设用地指标，不会影响粮食安全保障。只需要把耕地面积保护与粮食总产量保障区分开来，耕地面积保护并不一定能够保障粮食总产量，只有提高耕地利用效率，保障耕地利用效率的提升，粮食总产量保护才能落到实处。退一步说，即使耕作土地的利用效率不变，通过制度设计创新，把抛荒耕地用作城镇建设用地指标也可以提高宏观意义上的耕地总量（耕作土地面积与抛荒耕地面积之和）的利用效率，为城镇化提供更多建设用地指标，而粮食总产量并没有下降。进一步来看，为了应对未来粮食总产量需求增加的需要，需要创新土地资源利用制度，在充分利用抛荒耕地的同时，通过现有耕作土地利用效率的大幅度提升，进一步提升粮食总产量，为城镇化提供大量建设用地指标。制度创新虽然没有完全由市场来配置耕地边界，但通过引入市场机制，把非市场的土地资源配置与之相结合，使粮食安全战略与新型城镇化战略取得双赢。

（二）非市场与市场配置土地资源比较

1. 耕作面积与抛荒耕地比较

市场在资源配置中具有决定性作用。这种决定性作用对土地资源的用途配置完全适用。非市场配置土地资源，分配土地两种用途的比例，决定耕地边界的变动，结果未必能获得最佳的效用，不是总能够实现耕地边界的均衡状态。AE 代表土地资源总量，土地资源总量包括耕地资源指标与建设用地指标。AD 是计划耕地面积的边界点，等于划定的耕地面积（图 3-2）。

图 3-2　非市场与市场配置土地资源的外部边界比较

图 3-2 中 DE 表示现有耕地面积中，扣除划定的耕地面积的剩余指标，这个指标额度很小，余地不大，是宏观上可以作为建设用地指标的部分。BD 表示现有耕地中的抛荒面积，这个面积比较大，占耕地面积总量的 5%～10%。这部分是制度创新条件下，大量建设用地指标的重要来源。如果任由市场配置土地资源，分配土地的两种用途比例，决定耕地边界，耕地边界的均衡点会落在哪里？就未来看，划定的耕地面积为 AD，DE 可以作为建设用地指标部分，DE 部分远不能满足建设用地的需要。实质耕作面积是与抛荒耕地相对而言的，抛荒耕地是名义上的耕地，但实际没有耕作。实质耕作面积不仅名义上是耕地，而且处于耕作状态。名义耕地是耕地用途管制条件下属于耕地用途的土地，实质耕地是实际耕作的土地，两者的差距就是抛荒耕地面积。

2. 耕作面积增加与抛荒耕地减少

未来名义耕地面积 = 划定的耕地面积 = 现在的名义耕地面积-划定的耕地面积以外的部分 = AE–DE = AD。现在实质耕地面积 = 现在名义耕地面积-现在抛荒

耕地面积 = $AE-BD = AB + DE$。未来名义耕地面积的减少，并不能说明粮食总产量增加还是减少，需要分析未来的实质耕作面积。假定人口总量逐步增长，未来的粮食总需求量要高于现在，名义耕地面积的减少需要实质耕作面积的增加。假定需要增加的实质耕作面积为 CD，未来实质耕作面积 = 现在实质耕作面积 + 需要增加的实质耕作面积 = $AB + DE + CD = AB + CE$。假定从 BC 中减少相当于 DE 面积的 FC 部分进行补偿：$FC = DE$，则剩余的抛荒耕地面积为 BF：$BF = BC-FC = BC-DE$，则：$DE = FC = BC-BF$，未来的实质耕作面积 = $AB + DE + CD = AB + BC-BF + CD = AB + FC + CD = AB + FD$。在单位实质耕作面积的生产效率没有变化的条件下，未来划定的耕地边界（划定的耕地面积为 AD）仍然存在面积为 BF 的抛荒耕地，这是无效的土地面积。这部分土地属于名义耕地，却不属于实质耕作面积，又不允许作为建设用地指标，是资源浪费。

在单位实质耕作面积的生产效率没有变化的条件下，在非市场配置资源的条件下，耕地边界很难保障资源的有效利用。如果要实现耕地边界的均衡状态，则需要向左移动耕地边界，至少移动相当于 BF 的距离。即使实现耕地边界向左移动相当于 BF 的距离，仍然不能保证实现了耕地边界的均衡状态。因为尚未进入市场配置的资源，没有通过提高耕地边际收益来实现土地资源的充分有效利用。需要引入充分的市场配置，挤出耕地当中的闲置部分，挤出抛荒耕地面积以后，继续通过提高耕地边际收益，实现城镇建设用地边际收益与耕地边际收益的相等，进一步实现耕地边界的合理配置，耕地边界还要继续向耕地一方移动。

耕地边界的决定过程比较复杂。如果仅仅局限于划定的耕地边界，未触及耕地利用效率的问题，即使把抛荒耕地加以利用，部分转变为建设用地指标，仍然不能保证耕地边界的均衡状态已经实现。只有引入充分的市场配置机制，才能实现耕地边界的均衡状态，才能解决耕地利用效率低下、建设用地指标匮乏问题。

3. 自动形成两种用途土地的比例

耕地边界的形成是一个动态过程。一种用途的边际收益提高，耕地边界向另一种用途的那边靠近，减少了土地资源的另一种用途所占比例，同时增加了这种用途的土地资源的比例。两种用途的土地资源的比例增减是同时进行的，是在边际收益均衡状态下形成的，是被边际收益的相互关系决定的、自动形成的，不存在人为干扰和阻碍。

4. 两种用途不存在决定与被决定关系

市场配置土地资源的两种用途，决定用途的比例，没有先后之分，并非决定了耕地面积和比例，然后再由耕地面积和比例决定建设用地面积和比例，也不存在先决定了建设用地面积和比例，后据此决定耕地面积和比例。两种用途间的先后关系与决定关系是不存在的，两种用途的土地资源面积和比例都在一瞬间被耕地边界点决定。耕地边界均衡点的位置决定了耕地面积和比例，也决定了建设用地面积和比例。耕地边界的均衡点同时决定了两种用途的土地资源面积和比例，没有先后之分、主次之分、主动与被动之分，关系是平等的。

（三）两种用途的边界地位平等

1. 市场配置条件下耕地与建设用地地位平等

市场配置土地资源，分配土地的两种用途比例决定耕地边界条件下耕地与建设用地处于平等地位。两种用途的土地资源比例和面积同时被耕地边界的均衡点所决定，不存在耕地面积和比例决定建设用地面积和比例的问题，也不存在建设用地面积和比例决定耕地面积和比例的问题，耕地并不比建设用地优先和重要，建设用地也不比耕地更重要、更优先。在市场配置土地资源的条件下，耕地边界的均衡状态，取消了计划配置土地资源的两种用途框架下，耕地的绝对重要地位，让耕地回归与建设用地平等的位置。

2. 非市场条件下耕地与建设用地地位复杂

非市场配置土地资源的两种用途条件下，耕地与建设用地的地位比较矛盾。在非市场配置土地资源、形成耕地与建设用地这两种用途的土地资源均衡边界的条件下，一般存在双轨制。名义上耕地比建设用地指标更加重要，耕地总量控制决定了建设用地指标的来源与数量；实质上建设用地指标更加珍贵，建设用地指标需求者往往用尽一切力量去实现对耕地总量控制和占补平衡规定的突破。明暗两条线的双轨制，可能出现两种结果：一是名义上严格的耕地总量控制与实际上对建设用地指标的优先保障，实现了耕地与建设用地的地位平等。既保护了耕地面积和比例不至于大幅度下降，也有效保障了建设用地指标供应，实现了大体上的地位平等，这是这种制度的优势所在。二是增加了制度的交易成本。非市场的配置资源方式，让交易成本大量提升，没有实现资源的有效配置。更多的资源消耗在交易成本上面，扭曲了土地资源配置。耕地与建设用地存在畸轻畸重的关系。名义上耕地比建设用地指标更加重要，然而在实践中建设用地指标远比耕地重要。这种明暗两条线的不对等关系，让制度运行处于矛盾状态，很难实现土地资源的优化配置。从本质上看，耕地地位弱化了，名义上耕地的重要地位并不能在实践中得到保障。名义上划定耕地红线，实际上可以突破耕地红线的情况让土地资源配置效率低而成本高。

四、耕地与建设用地的平等地位

（一）耕地地位

1. 耕地地位较高的原因分析

理论上耕地地位远高于建设用地。粮食安全保障战略是顶层设计，这是必须优先保障的。如果把粮食总产量红线等同于耕地总量控制，粮食安全保障战略自然导向耕地总量控制，耕地地位自然远高于建设用地。

2. 实践中耕地地位低于建设用地

耕地指标在实践中地位低下。很少有人关注耕地的指标问题，耕地总量控制并不能彻底解决耕地指标地位低下的问题。

3. 理论上忽视了实践中存在大量抛荒耕地的事实

如果理论上过分强调耕地地位远高于建设用地，会出现实践中对耕地地位的贬抑，这是实践中耕地地位低于建设用地的理论来源。理论上忽视了实践中存在大量抛荒耕地的事实，只是从重视粮食的观念出发，过分强调耕地在理论上的重要性，忽视通过提高耕地的利用效率来提升粮食总产量的路径设计，阻碍建设用地指标的供应，导致实际上对耕地总量控制的突破。粮食总产量红线下耕地与建设用地地位相同。

4. 建设用地指标交易使耕地地位等同于建设用地

建设用地指标交易资金，通过激励耕地利用效率提升让耕地的地位等同于建设用地。市场在土地资源用途配置中起决定性作用，通过治理抛荒耕地，提升耕地利用效率，推出稳定增长的粮食总产量红线。

在市场配置土地资源的条件下，必然导向粮食总产量红线。既然市场配置土地资源两种用途的比例和面积，耕地边界必然最大限度提升耕地边际收益，使其利用效率最高，最大限度提高粮食单产，从而用更少的名义耕地面积生产更多的粮食，杜绝抛荒，增加粮食总产量。与非市场配置土地资源的条件下，不能控制粮食总产量，只能采取比较粗放的管理耕地面积的方式相比较，市场配置土地资源不会完全依赖不能确保粮食总产量的耕地总量控制。

在市场配置土地资源的条件下，如果完全依赖耕地总量控制，则无法激励耕地效率的提升，无法根治抛荒耕地。耕地面积与粮食总产量之间并无必然联系，粮食总产量红线很可能难以保障。提升耕地利用效率，分享建设用地指标收益，就必须在理论上承认建设用地指标的重要地位，而不是仅满足于实践中对建设用地指标的高度重视。厘清了市场配置资源条件下，耕地利用效率提升的激励机制，就可以让建设用地指标的重要地位名正言顺，明暗两条线的耕地与建设用地地位的悖论才有望得到解决，这是通过给建设用地指标同等重要的位置来摆正耕地与建设用地之间的地位关系。计划配置和耕地总量控制下耕地地位高于建设用地。

（二）粮票制度设计激励耕地利用效率提升

1. 粮票制度设计

实践中让耕地的地位提升，将理论上耕地的较高地位与实践中耕地的较低地位中和，实现耕地地位与建设用地地位的等同，需要设计激励制度。通过设计粮票制度，让粮农根据生产总量获得等额粮票额度。粮票额度可以从指标交易中获得资金补偿。通过激励粮农种地，结余抛荒耕地用于指标交易，粮农单产越高，粮票额度越大，节省的耕地面积越多，激励越多。

2. 制度设计第一阶段

在耕地面积管制的条件下，分析耕地总量控制下的土地利用情况。耕地边界是在耕地总量控制内移动的，因为耕地总量控制规定，耕地总量控制以内的全部土地面积必须用于耕作。如果 AB 代表耕地红线决定的名义耕地的面积，在耕地总量控制内不存在建设用地指标。在耕地总量控制以内不存在耕地边界，耕地边界处于耕地总量控制的尽头 C 点。耕地总量控制内建设用地指标所占比例 $= BC/AB = 0$，耕地指标占耕地总量控制的比例 $= AC/AB = 100\%$，这是耕地总量控制的初始状态。

推进粮票制度设计以后，在逐步提高粮食总产量红线的条件下，允许部分名义耕地（开始主要是抛荒耕地，抛荒耕地治理后，就是耕作土地）转变为建设用地，转变为建设用地的指标，交易资金补偿粮农用于提升单产的投入。

粮票制度设计的第一阶段是抛荒耕地被复垦。抛荒耕地留出一定比例用于粮食生产，增加粮食总产量，其余抛荒耕地作为地票，所获资金补偿粮农耕作的投入。抛荒耕地面积＝耕地总量控制面积×抛荒比例，耕作土地面积＝耕地总量控制面积−抛荒耕地面积＝耕地总量控制面积×（1−抛荒比例），抛荒耕地用于指标交易的比例＝1−抛荒耕地用于粮食生产的比例，抛荒耕地用于粮食生产的面积＝抛荒耕地面积×抛荒耕地用于粮食生产的比例，耕作土地的总面积＝原有耕作面积＋抛荒耕地用于粮食生产的面积＝耕地总量控制面积−抛荒耕地面积＋抛荒耕地用于粮食生产的面积 = 耕地总量控制面积–抛荒耕地面积 + 抛荒耕地面积×抛荒耕地用于粮食生产的比例。

　　抛荒耕地治理可以获取每单位面积耕作土地的收益补偿，激励粮农治理抛荒。一定面积的抛荒耕地转变为建设用地指标，名义耕地面积减少，实现了其余抛荒耕地的全部治理，名义耕地面积虽然减少，但是实质耕作面积增加，增加部分是抛荒耕地的复垦部分，实现了名义耕作面积与实质耕作面积相等。耕地总量控制中一部分抛荒耕地转变为建设用地，耕地边界开始向左方移动到 D 点，AD = 第一阶段结束时的名义耕地面积 = 耕地总量控制面积–转变为建设用地指标的抛荒耕地面积 = 第一阶段结束时的实质耕作面积 = 原有耕作面积 + 抛荒耕地中留作耕地的面积。

　　3. 制度设计第二阶段

　　如果在耕地边界的市场配置下，粮农提高单产，还可以提高粮食总产量，并结余部分地票 ED，激励其进一步提高单产（图 3-3）。

图 3-3　耕地总量控制内耕地边界的移动

　　假定第二阶段结束时的实质耕作面积为 AE，其余部分即激励粮农积极性的地票额度 ED，第二阶段结束时粮食单产需要提升幅度 = 第二阶段结束时粮食总产量/第二阶段结束时实质耕作面积–第一阶段结束时的粮食单产。实践中耕地与建设用地处于平等地位，市场成为配置土地资源用途的决定性平台，实现利益共享，让耕地与建设用地指标配置更加有效。

（三）市场条件下耕地与建设用地的平等地位

1. 市场条件下耕地与建设用地的平等地位分析

　　市场配置土地资源，分配土地两种用途的比例，决定耕地边界的条件下，耕地与建设用地的地位平等，这是人类经历几千年的经济发展所积累的经验的总结。满足食品的需要，离不开足够的粮食，耕地虽然不能直接与粮食总产量挂钩，但却是粮食总产量的一个重要变量。利用市场配置土地资源，最大限度地提高耕地利用效率，一定面积耕地资源可以保障粮食总产量红线稳步提升。理论上，耕地比建设用地重要；实践中，建设用地比耕地重要，耕地往往被建设用地占用。市场配置土地资源条件下，耕地与建设用地同样重要。

2. 耕地与建设用地平等的含义

在经济快速发展的过程中，建设用地指标与耕地指标同等重要。耕地必不可少，建设用地指标同样不可或缺。耕地实现了生存目标，建设用地实现了生存和发展目标。理论上重视耕地，实践中耕地地位很低。

（四）耕地与建设用地的平等地位没有降低耕地地位

1. 市场条件下平等地位是对建设用地地位的提升

理论上，提升建设用地指标的地位，可以消解实践中存在的为了建设用地指标不择手段消解耕地指标的行为。建设用地指标的理论地位和供应建设用地指标的制度安排，是对新型城镇化战略的支持，可以解决实践中存在的建设用地指标暗中消解耕地指标的行为。

2. 市场条件下平等地位是对耕地地位的提升

按照零和游戏思维，理论上提升建设用地指标的地位必然带来耕地指标地位的下降，其实不然。市场配置条件下，建设用地指标不再侵占耕地指标，理论上耕地指标重要，实际上建设用地指标重要的现象得到改观，建设用地指标获得承认，并能够合理提供，实践中耕地被侵蚀的诱因得到缓解，长期可持续的建设用地指标供应会消解耕地指标被侵蚀的源头，最终把理论上耕地指标的重要地位落到实处，使实际上耕地指标得到切实保障。市场配置土地资源条件下，耕地与建设用地的平等地位，既是建设用地指标地位的提升，更是对实践中耕地的较低地位的提升。承认建设用地的重要地位，将带来建设用地指标与耕地指标的双赢。

第二节　耕地收益补偿

一、耕地与城镇建设用地的产值、收益和收益补偿的关系

（一）耕地与城镇建设用地的产值、收益及其关系

1. 耕地的产值概念

澄清耕地的产值概念比澄清城镇建设用地的产值概念更重要。耕地产值很容易与耕地收益相混淆，不加区分很难理解为什么单位面积产值很低的耕地，可以

在市场配置建设用地指标的条件下与建设用地形成均衡的边界，而不会被单位面积产值很高的建设用地指标挤到只剩很少的比例。不加区分，无从引入耕地收益补偿概念体系，没有耕地收益补偿，在非市场配置土地资源的条件下，单位面积产值很低的耕地与建设用地形成的非均衡边界，产生了大面积的抛荒耕地，单位面积产值很高的建设用地指标只占微不足道的比例。

耕地边界均衡状态的条件是单位面积的耕地边际收益＝单位面积的城镇建设用地边际收益。不对耕地产值概念与城镇建设用地产值进行比较，寻找到耕地产值与城镇建设用地产值的系统性差异，无法在产值概念体系下统一耕地的边际产值与城镇建设用地的边际产值，无法在这个框架下找到决定耕地边界均衡状态的一般性规律。在目前的生产力条件下，单位面积耕地边际产值小于单位面积的城镇建设用地边际产值。规模经营大户出现以后，才会有规模经营大户的平均收入不低于农民工的打工收入，甚至不低于城镇中低收入者的平均收入。

目前，尚看不到耕地边际产值不低于建设用地的生产力条件，未来不排除会出现与之类似的现象：单位面积耕地的边际产值≥单位面积的城镇建设用地的边际产值。这时，必然出现城镇建设用地的收益补偿概念，城镇建设用地的边际产值较低，可以与前述框架相反，建立以耕地的边际产值为标准的分析框架，认定耕地的边际产值等于耕地边际收益。

市场配置土地资源，分配土地两种用途的比例，决定耕地边界，建设用地边际产值与城镇建设用地收益补偿之和等于耕地的边际收益：耕地的边际产值＝耕地的边际收益＝城镇建设用地的边际收益＝城镇建设用地的边际产值＋城镇建设用地的收益补偿。

2. 城镇建设用地产值概念

在单位面积城镇建设用地产值高于耕地产值的条件下，基本上不考虑城镇建设用地边际收益与城镇建设用地边际产值概念的区别。城镇建设用地产值概念基本上奠定了城镇建设用地收益概念的基础，城镇建设用地产值是可以衡量的建设用地出产的经济总量。

3. 区别产值与收益概念

收益与产值容易混淆，分析耕地的边际收益与城镇建设用地的边际收益的关系，可以厘清收益与产值的概念，如果耕地的边际收益即耕地的边际产值，城镇建设用地的边际收益即城镇建设用地的边际产值，耕地的边际产值不等于城镇建设用地的边际产值。无论是很少出现的耕地边际产值大于城镇建设用地边际产值，还是比较常见的耕地边际产值小于城镇建设用地边际产值，一般都不会存在耕地边际收益等于城镇建设用地边际收益。

4. 如何区分产值与收益

用收益概念阐述耕地边界的均衡状态的规律是：边际收益相等是耕地均衡状态的要件。耕地边际产值与城镇建设用地的边际产值很难实现完全相等。耕地的边际产值小于城镇建设用地的边际产值，在边际产值不可能相等的条件下，确定耕地边际收益与城镇建设用地边际收益之间的关系，可以无视耕地边际产值远小于城镇建设用地边际产值的实际。在耕地边界均衡状态下，耕地边际收益等于城镇建设用地边际收益，而且可以确定，必须存在边际收益相等，才能实现耕地边界的均衡状态。耕地的边际收益等于城镇建设用地的边际收益，这既是耕地边界均衡状态的充分条件，也是其必要条件。

（二）耕地产值与收益关系

1. 耕地产值与收益

严格区分耕地产值与收益的概念是进一步研究的基础。生活中，产值运用十分普遍，而收益是理论上的一个比较常见的概念，产值是可以明显计算出来的耕地或者建设用地的收入，如耕地的产值就是耕地上种植粮食所出售的货币的表示。例如，一公顷耕地，如果一年出产 15 000 千克粮食，假定每千克粮食单价 2 元，一公顷耕地的年收入是 30 000 元人民币，一公顷耕地的年产值是 30 000 元人民币。这里耕地的产值等于耕地种植粮食的收入。

2. 耕地产值与收益的关系分析

在耕地边际产值低于城镇建设用地边际产值的条件下，耕地的收益与耕地的产值没有太大关系。耕地收益不能离开耕地产值，但绝不局限于耕地产值。如果说耕地边界处于均衡状态下，耕地每年的边际收益是 30 000 元，可能陷入悖论。在均衡状态下，城镇建设用地边际收益等于耕地边际收益，即城镇建设用地边际收益也应该是 30 000 元，耕地边界才能保持稳定状态。耕地边界均衡状态下，一公顷城镇建设用地边际收益不可能仅为每年 30 000 元。在经济发展的增长阶段，城镇建设用地的边际收益可能高于这个水平，一些地区甚至远高于这个水平。

耕地边际产值很难说明耕地收益，需要用城镇建设用地边际产值来说明耕地边际收益，此时的城镇建设用地边际产值远高于耕地边际产值，均衡状态下边际收益就是边际产值较高的土地用途的边际产值。均衡状态下的土地边际收益相等，土地两种用途——耕地与城镇建设用地边际收益相等。耕地的边际收益来自与其相等的城镇建设用地边际产值，只要耕地边际产值不是土地边际产值的最高值，即耕地边际产值低于城镇建设用地边际产值，均衡状态下耕地边际收益（即土边

际收益）必须等于较高的城镇建设用地边际产值。耕地边际产值远低于城镇建设
用地边际产值，不能说明耕地的边际收益的数额。在耕地边际产值低于城镇建设
用地边际产值的条件下，耕地收益与耕地产值没有太大关系。

3. 耕地产值与收益在特定条件下完全相关

耕地产值与收益只在耕地边际产值高于城镇建设用地边际产值的条件下完全
相关。目前条件下，耕地边际产值远低于城镇建设用地边际产值，耕地收益与耕
地产值没有太大关系。

在耕地边界均衡状态下，土地边际收益相等，并且此时土地边际收益等于边
际产值较高的土地用途的边际产值。因为耕地边际产值高于城镇建设用地，因此
不是拿城镇建设用地的边际产值作为土地边际收益，必须使用边际产值较高的耕
地边际产值作为均衡状态时的两种用途土地的边际收益。

耕地边际产值高于城镇建设用地边际产值。耕地边际产值才是均衡状态下耕
地边际收益，城镇建设用地边际收益，在耕地边界均衡状态下，耕地边际产值等
于耕地的边际收益等于城镇建设用地的边际收益。

（三）耕地与城镇建设用地边际产值比较

1. 耕地边际产值高于城镇建设用地边际产值

在城镇建设用地边际产值远高于耕地边际产值的条件下，分析耕地边际产值
高于城镇建设用地边际产值的问题不合时宜。目前，规模经营大户的收入已经远
高于进城打工的农民的收入，证明理论上的分析不仅必要，而且具有深刻的价值。
当时历史条件下不能实现的，往往会在历史条件成熟之后成为必然。粮农收入特
别是规模经营粮农的收入已经远高于进城打工的农民，可以预期，随着历史的发
展，耕地利用效率的提升，耕地边际产值会等于甚至高于城镇建设用地边际产值。

2. 耕地边际产值高于城镇建设用地边际产值的条件

增加耕地单位面积产值，需要耕地利用效率的大幅度提升，提升幅度高于单
位面积产值提升。从历史时期的农户小规模耕作进化到出现规模经营大户，耕地
单位面积产值的提升幅度有限，而单位面积耕地产值提升到单位城镇建设用地产
值的高度，需要更大幅度。建设用地面积拓展后，耕地面积相应减少。为了确保
粮食安全，需要进一步增加耕地投资，提升耕地利用效率，提升单位面积耕地产
值。当耕地的大田种植与实验室种植接近时，耕地边际产值应该不会低于城镇建
设用地边际产值。在土地资源稀缺、经济发展动力强劲、人口压力大及技术发展
比较快的地区，往往把压力与动力结合起来，容易实现耕地边际产值与城镇建设

用地边际产值相等。发展农业技术，推广设施农业，可以使耕地边际产值等于城镇建设用地边际产值。

3. 不必再实施耕地总量控制

耕地边际产值等于城镇建设用地边际产值，使耕地总量控制不再是必需的。一方面，是耕地收益补偿的存在；另一方面，是耕地总量控制制度。耕地总量控制与耕地收益补偿是两个相互对立的范畴。为了尽可能降低耕地收益补偿，需要大幅度提升单位面积耕地产值。等到耕地收益补偿为零，则耕地边际产值等于城镇建设用地的边际产值。耕地单位面积产值很高，基本上不需要耕地总量控制，耕地单位面积产值与现有耕地的乘积大，耕地总产值和粮食总产量可以满足粮食安全的需求。此时的粮食总产值等于建设用地单位产值与耕地面积的乘积，大量的粮食总产值可能超出粮食需求量，实践中需要的耕地面积减少，不再依靠耕地总量控制保护方式解决粮食安全问题。

（四）耕地与城镇建设用地的产值、收益和收益补偿的关系分析

1. 耕地的产值、收益和收益补偿

在耕地与城镇建设用地的产值、收益和收益补偿概念中，收益概念包括产值概念。收益与产值存在差异，耕地收益与产值的差值是耕地的收益补偿。

2. 城镇建设用地的产值、收益和收益补偿

城镇建设用地收益与产值的差值是城镇建设用地收益补偿。如果假设城镇建设用地收益补偿为零，则会简化所有的分析框架，这是聚焦耕地收益补偿的核心环节之一（表 3-2）。

表 3-2　耕地与城镇建设用地的产值、收益和收益补偿概念关系

关系	耕地收益	耕地产值	耕地收益补偿	城镇建设用地收益	城镇建设用地产值	城镇建设用地收益补偿
耕地收益	—	耕地收益大于耕地产值	耕地收益补偿是耕地收益与耕地产值不一致的产物	城镇建设用地边际收益是确定耕地边际收益的指标	城镇建设用地的高边际产值让耕地边际收益以其为指标	为分析简化，城镇建设用地收益补偿认定为零
耕地产值	—	—	耕地产值与城镇建设用地产值的差距产生了耕地收益补偿	城镇建设用地收益不会低于城镇建设用地产值，与耕地产值的差距一直存在	目前城镇建设用地产值高于耕地产值	如果城镇建设用地收益补偿不为零，耕地产值与耕地收益的差距还要更大

续表

关系	耕地收益	耕地产值	耕地收益补偿	城镇建设用地收益	城镇建设用地产值	城镇建设用地收益补偿
耕地收益补偿	耕地边际收益必须等于建设用地边际收益，让其与耕地边际产值之间出现差距	耕地边际产值远远低于建设用地边际产值，必然产生耕地收益补偿	—	城镇建设用地边际收益等于耕地边际收益，而耕地边际产值不高，产生耕地收益补偿	城镇建设用地边际产值高于耕地边际产值部分，产生耕地收益补偿	令城镇建设用地收益补偿为零，有利于简化分析耕地收益补偿
城镇建设用地收益	—	—	—	—	城镇建设用地收益不低于城镇建设用地的产值	令城镇建设用地收益＝城镇建设用地产值，让城镇建设用地收益补偿为零
城镇建设用地产值	—	—	—	—	—	城镇建设用地边际产值比耕地边际产值高，让城镇建设用地边际产值等于城镇建设用地边际收益，从而城镇建设用地收益补偿为零
城镇建设用地收益补偿	—	—	—	—	—	—

二、耕地收益补偿概念分析

（一）粮食的耕地收益补偿

1. 耕地收益补偿概念揭示了粮食作为必需品的特殊价值

耕地收益补偿概念是分析耕地边际产值与城镇建设用地边际产值之间存在不均衡关系之后得出的结论。这个结论解释了粮食作为经典必需品的独特价值，粮食作为一般商品，具有一般商品的单价和质量，单价与质量的乘积就是粮食产值。在耕地边界均衡状态的形成过程中，粮食产值所能够起到的作用十分有限，仅将粮食边际产值与城镇建设用地边际产值相比较，差距很大，难以达到边际产值相等。生产粮食的耕地收益补偿，让粮食作为经典必需品的特殊价值得到量化。

2. 粮食的耕地收益补偿反映了耕地收益与产值的差额

粮食的耕地收益补偿是耕地收益与产值的差额，即耕地收益不足部分。本书之所以引入收益补偿概念，是因为耕地与城镇建设用地的边际收益往往存在差异。在耕地边界均衡状态下，收益是很难从外显的角度观察的概念，产值是可以从外显角度观察的概念。耕地产值是粮食总产量与单价的乘积，城镇建设用地产值是国民生产总值中粮食产值以外的绝大部分产值，出产于建设用地特别是城镇建设用地上。

单位面积城镇建设用地产值高于单位面积耕地产值。在外显的产值关系下，蕴含均衡关系，耕地边界均衡状态必然存在均衡关系，没有边际收益相等的内在规律制约，耕地边界均衡状态是无法实现的，即使侥幸实现，也可能无法长期保持。耕地与建设用地相比，在耕地边界处于均衡状态时，其边际收益与城镇建设用地边际收益相等。在耕地收益实现过程中，没有得到完全补偿。所欠缺的部分收益，必须得到补偿，才能继续维持耕地均衡边界状态，否则耕地边际收益与城镇建设用地边际收益很难实现相等，这部分耕地收益必须通过各种方式（包括耕地总量控制）加以补偿。

3. 粮食的耕地收益补偿反映了耕地生产粮食的收益与产值的差额

粮食的耕地收益补偿反映的是粮食价值，是粮食总价值之中的重要部分。耕地收益补偿首先计算种植粮食的耕地收益补偿，然后把耕地收益补偿落实到耕地出产的粮食产量上。耕地之所以存在收益补偿，主要是耕地生产了一种特殊商品——粮食，粮食作为一般商品交易，通过价格获得货币回报，单价与产量的乘积就是粮食的总价格（粮食产值）。粮食消耗的耕地属于珍稀资源，土地资源完全可以在新型城镇化战略的实施过程中，发挥更加重要的作用，获取更多的产值。粮食作为必需品，生产粮食需要占用土地，造成土地产值下降。粮食生产造成的耕地产值的下降部分属于耕地收益补偿，属于粮食作为经典必需品的特殊价值。

4. 粮食的耕地收益补偿比较

以下从耕地与粮食角度计算粮食的耕地收益补偿。假定 1 公顷耕地每年出产 15 000 千克粮食，假定 1 千克粮食的单价是 3 元，1 公顷城镇建设用地 70 年的产值等于 1500 万元，这 1 公顷耕地的总价值可用 1 公顷城镇建设用地价值来表示：1 公顷耕地的总价值 = 1 公顷城镇建设用地的总价值。假定城镇建设用地的边际收益等于其边际产值：单位面积城镇建设用地收益等于单位面积城镇建设用地产值，1 公顷城镇建设用地价值 = 1 公顷城镇建设用地的总产值。1 公顷耕地 70 年的总产值为 315 万元，总产值低于总价值。从耕地角度来看，耕地收益补偿等于 1 公顷耕地的总价值与总产值的差额：1 公顷耕地 70 年的收益补偿 = 1500 万元–315 万元 = 1185 万元，1 公顷耕地每年的收益补偿为 16.9 万元。从粮食生产的角度来看，1 公顷耕地每年的收益补偿等于 16.9 万元，1 公顷耕地每年出产 15 000 千克粮食，则每千克粮食的耕地收益补偿为：每千克粮食的耕地收益补偿 = 16.9 万元/15 000

千克＝11.3 元/千克。耕地收益补偿是按照耕地计算的，粮食的耕地收益补偿是按照生产粮食的耕地收益补偿与粮食产量的关系计算的，两种方法的角度不同，关注点不一样。

（二）耕地收益补偿

1. 耕地收益补偿度量粮食的价值

粮食地位很高，民以食为天体现了粮食的价值。然而较低的粮价，很难让人相信粮食的高价值。粮食的真正价值到底如何计算？耕地收益补偿概念的独特性在于，把经典必需品的特性量化。以往耕地必须种植粮食，必须保障充足的粮食供应，而充足的粮食供应所需要的耕地面积必须首先保障，剩余的土地才可以用于建设。

粮食的经典必需品的价值很难度量，只能用定性的词语描述耕地面积保护的重要性及粮食种植的必要性，不能确指耕地价值是低于城镇建设用地还是与之相等，甚至有可能超过城镇建设用地的价值。如果耕地边际价值等于城镇建设用地边际价值，可以计算出耕地的具体价值及耕地种植粮食的具体价值。区分耕地的收益和产值的概念，以耕地边际收益与耕地边际产值的差值作为耕地收益补偿，粮食作为经典必需品的价值可以充分体现。

2. 粮食价值分析

耕地收益的概念引入粮食的价值概念。以前很少从耕地边际收益等于城镇建设用地边际收益的角度具体计算粮食的真正价值，现在，可以从耕地边界均衡状态下，耕地边际收益等于城镇建设用地边际收益的前提出发，计算耕地的单位面积收益。以往计算粮食价值的方法不再适用，必须引入耕地收益和耕地收益补偿的概念。以往计算粮食的价值仅满足于以粮食价格计算，结果其实并不是粮食的价值，只是粮食价值的一部分，即粮食产值。价值是与收益等量的概念，粮食价值就是种植粮食的耕地收益。引入粮食价值概念，将粮食价值用粮食收益表述，收益往往是资源的收益，如土地的收益、城镇建设用地的收益、耕地的收益等，粮食收益就是生产粮食的耕地收益。粮食的价值与粮食的产值大相径庭，粮食的产值就是耕地的产值。粮食价值远高于粮食产值，生产粮食的耕地收益＞粮食单价×耕地生产的粮食总产量。

3. 粮食价值计算

粮食收益不等于粮食的产值，粮食的产值低于城镇建设用地产值，耕地的出产物必须按照城镇建设用地收益来衡量，只有这样才能促进耕地利用效率的提升，才能有效提升土地利用效率，才能保障建设用地指标的充足供应。没有充分挖掘耕地生产粮食的潜力，耕地的利用效率不高，粮食总产量很低，形成一种恶性循环：划定更多的耕地以备粮食生产，耕地总量控制越来越严，城镇建设用地指标越来越紧张，抛荒面积越来越多。究其原因还是不能妥善解决耕地收益补偿问题。

（三）粮食的特殊价值与耕地收益补偿的关系

粮食作为必需品的特殊价值必须体现出来，否则，耕地收益补偿很难实现。粮食作为经典必需品的特殊价值与耕地收益补偿之间存在密切的关系，耕地生产粮食产值下降时，必须获得实现的收益补偿部分，来实现耕地总价值在与建设用地比较时的对等。在耕地边界均衡状态下：耕地边际收益等于城镇建设用地边际收益，单位面积耕地收益等于单位面积城镇建设用地收益。粮食与耕地是捆绑在一起的，这是粮食的经典必需品特征的体现。粮食产值决定了耕地产值，粮食较低价格是出现耕地产值低于城镇建设用地产值的重要因素，如果耕地全部种植粮食，则耕地产值等于耕地出产的粮食产值。耕地边际产值低于城镇建设用地的部分，需要以收益补偿的形式得到实现。

（四）粮食收益与产值差额

粮食作为经典必需品具有很高的总价值。这个价值只有一部分被粮食的单价与产量的乘积表现出来，在流通中获得实现。大量的相当于粮食的耕地收益补偿部分的价值没有通过交易方式表现。这部分没有得到表现的粮食价值，其产生过程是独特的。一方面，粮食价格不可能跟一般商品一样定价，为适应不同收入人群所具有的不同购买力，粮食价格一般不会太高。另一方面，粮食是自人类出现以来最经典的必需品，其总价值之高是得到公认的，也是基本不存在分歧的。无论什么历史阶段，无论哪个地区或者民族，都很少能够否定粮食的必需品的价值。即使在流通中，粮食的总价值并没有得到完全实现，提出粮食作为经典必需品的特殊价值概念也不会引发争议。这个概念反映了粮食的产值与粮食的总价值之间的关系：粮食的总产值小于粮食的总价值。而用货币表现的粮食作为经典必需品的特殊价值，实际上就是种植粮食的耕地收益补偿。耕地生产了粮食而出现产值下降，产生了必须获得实现的收益补偿部分，实现耕地的总价值在与建设用地比较时的对等。在耕地边界均衡状态下粮食必须获得实现的收益补偿＝耕地总价值-粮食的总产值。

三、粮食收益与产值差额的根源

（一）耕地与城镇建设用地收益均衡产生差额

1. 产值与收益不能混淆

出现粮食的耕地收益补偿的主要原因是耕地收益的特殊性。讨论城镇建设用地收益与产值关系时，为了计算简便，城镇建设用地收益等于城镇建设用地产值，单位面积城镇建设用地收益等于单位面积城镇建设用地产值，城镇建设用地的边际收益等于城镇建设用地边际产值。因为城镇建设用地与耕地产值存在差异，在假定城镇建设用地收益等于城镇建设用地产值的条件下，耕地收益不等于耕地产值，单位面积耕地收益不等于单位面积耕地产值，耕地边际收益不等于耕地边际产值。如果耕地收益等于耕地产值，单位面积耕地收益＝单位面积耕地产值，耕地边际收益＝耕地边际产值，则不能令城镇建设用地收益＝城镇建设用地产值，单位面积城镇建设用地收益＝单位面积城镇建设用地产值，城镇建设用地边际收益＝城镇建设用地边际产值。市场配置的耕地边界均衡状态下，城镇建设用地边际收益等于耕地边际收益。单位面积城镇建设用地产值高于耕地的条件下，如果城镇建设用地产值等于城镇建设用地收益，城镇建设用地边际产值等于城镇建设用地边际收益，则耕地边际收益大于耕地边际产值。这说明在耕地边均衡状态下，各种条件可能形成耕地收益与耕地产值的差额。为了解释耕地收益与耕地产值的差额，必须引入新变量。

2. 耕地与城镇建设用地存在隔阂

产值与收益不能混淆，是因为耕地与城镇建设用地理想状态和现状之间存在隔阂。耕地边际收益与城镇建设用地边际收益相等，而实际上单位面积耕地产值远低于城镇建设用地产值。耕地与城镇建设用地的现状是耕地边际产值＜城镇建设用地边际产值，单位面积耕地产值＜单位面积城镇建设用地产值。理想状态即耕地边界的均衡状态是，耕地边际收益＝城镇建设用地边际收益，单位面积耕地收益＝单位面积城镇建设用地收益。

现状与理想状态之间存在差距，收益体系摄产值体系，收益和产值之间的差额得到补偿，产生耕地收益补偿与粮食作为经典必需品的特殊价值两个概念，耕地收益补偿既反映了耕地与城镇建设用地的收益差异，也能够反映耕地与城镇建设用地的产值差异：耕地边际收益-耕地边际产值＝耕地收益补偿，城镇建设用地边际收益-耕地边际产值＝耕地收益补偿。粮食是必需品，具有特殊价值。在耕地生产的粮食产值与城镇建设用地收益不同的背景下，粮食的特殊价值使耕地与城镇建设用地收益均衡。

（二）耕地与城镇建设用地收益均衡

粮食的产值不足以表示作为稀缺资源的耕地价值。耕地在与建设用地一起配置资源的时候，本来是用作建设用地以期获得更高的收益，实现耕地边界均衡下的收益相等：城镇建设用地边际收益＝耕地边际收益，单位面积的城镇建设用地收益＝单位面积的耕地收益，这种情况不会自动实现是因为粮食作为经典必需品拥有特殊价值。这种特殊价值的存在使耕地边际产值远低于城镇建设用地的边际产值，从而有单位面积耕地的产值低于单位面积城镇建设用地的产值，但这不影响耕地边界均衡状态的形成，粮食作为经典必需品的特殊价值，表现为粮食的耕地收益补偿，增加了粮食边际产值，生产粮食的耕地边际产值＋粮食作为必需品的特殊边际价值＝城镇建设用地边际产值，城镇建设用地边际收益＝耕地边际收益，其中，生产粮食的耕地边际产值＋耕地生产的粮食作为经典必需品的特殊价值的边际价值＝耕地边际收益。

（三）粮食的耕地收益补偿的其他问题

1. 粮食的耕地收益补偿概念

耕地收益补偿必须反映在粮食上面。粮食可以作为商品实现其价值，而耕地价值不能自动实现，只能通过粮食这种特殊的商品实现价值。生产粮食的耕地收益必须与城镇建设用地收益相等，粮食必须反映这种收益的对等关系。粮食的价格与其必须反映的耕地收益之间存在很大差距。这种差距反映耕地收益补偿，粮食的耕地收益补偿只能通过粮食这种载体来反映。耕地收益补偿可以通过粮食的年总产量及粮食生产中的其他很多要素实现。同样条件与同样面积的耕地，粮食总产量不同，收益补偿也不同。单产高的耕地，单位耕地应该负载的收益补偿低；单产低的耕地，单位耕地应该负载的收益补偿高。

2. 单位粮食的耕地收益补偿

耕地收益补偿要落实到粮食总产量上。每单位质量的粮食应该负载的耕地收益补偿的值比较低，其竞争力比较高；每单位质量的粮食应该负载的耕地收益补偿值比较高，其竞争力比较低。特别是在粮食出口中，因为粮食单产不同而产生的单位粮食的耕地收益补偿不同，让不同地区具有不同竞争力。为了进一步分析，还可以引入基础设施用地的收益补偿概念与必需品生产用地的收益补偿概念。

第三节　耕地与建设用地边界及粮食的价值

一、粮食价值与价格的悖论

（一）粮食的重要价值与偏低的价格

1. 价格与价值的对立

价值比较高的商品往往表现为具有比较高的价格。粮食不同于水、空气这样的纯自然对象，水、空气可以有很高的价值，但是很难说其价格与价值相应。粮食与水、空气这样的自然对象相比较，粮食生产不仅需要大量人力劳动的参与，占用大量农村劳动力，而且占用大量耕地。在民工荒的背景下，粮食生产所占用的农村劳动力具有很高的机会成本，这些粮农如果转而从事非农产业，可以获得的收益远高于粮食生产收益。

粮食生产占用的耕地，可以用来作为新型城镇化战略背景下的城镇建设用地指标。在城镇建设用地指标奇缺的背景下，大量耕地用于粮食生产，提高了耕地的机会成本。在机会成本极高的条件下，粮食产值与价值存在巨大反差，让劳动力与土地资源的配置发生困惑。如果给粮食生产配置足够的劳动力，则在小规模的家庭经营背景下，粮食价格所反映的劳动力收入很难提升，近似于劳动力的低效配置；如果给粮食生产配置足够的耕地，则小规模经营背景下，粮食价格所反映的土地收益很低，近似于土地资源的低效配置。

土地资源在建设用地指标与耕地指标之间进行选择比较困难。面临劳动力资源在耕地与非农产业之间艰难选择的困境，经济发展已经为粮食生产的劳动力资源配置找到一条新路，农民工制度的建立有效配置了劳动力资源，既解决了粮食生产所需的劳动力，也为非农产业的飞速发展提供了更多有效劳动力。

迄今我们仍未能有效解决土地资源的高效配置问题。一边是抛荒耕地，另一边是极度匮乏的建设用地指标，耕地的低效率利用与耕地总量控制并存，粮食的重要价值与低价格并存。我们很难有效激励耕地利用效率的提升，为建设用地指标配置提供空间。

2. 忽视粮食的重要价值

价格是生产者唯一关心的问题，即使对象是十分重要的粮食。粮食生产者离开耕地，这是比较粮食生产收益与务工收益之后的理性选择。要求粮农生产粮食，收入较低而不外出务工获取更高收益，不符合经济规律。把一部分农村劳动力局限于收益比较低的小规模粮食生产，听任其为粮食安全做出奉献不公平。粮农没有必要为属于社会利益的粮食安全保障而忍受较低的个人收益，粮农离开收益很低的粮食生产是符合情理的。

当整个消费者群体以社会的名义要求有人从事粮食生产的时候，必须为生产者的收益考虑。在可以获取较高打工收益的条件下，不会有人生产粮食，即使这样的生产可能给整个消费者群体带来利益，只有价格能够吸引足够的劳动力为整个消费者的利益去从事粮食生产。

价格不能发挥调节劳动力资源配置的作用。价格没有反映粮食生产的价值，包括资源配置中耕地作为土地资源的价值与粮农作为劳动力的价值。耕地资源在经济快速发展的条件下具有较高的机会成本，完全可以在新型城镇化战略的实施中发挥更大的经济价值。较低的粮食价格不仅使小规模经营下的粮农收益很难提高，而且降低了耕地利用效率，使抛荒耕地比例很高。

（二）粮食价值的正确反映

价值与价格背离，很难强求价格完全反映价值。在价值与价格完全背离的情况下，不能否定价格在完全背离价值的条件下，仍然具有资源配置的效应。市场的功能应该是使价格尽可能趋近价值，以便最大限度地配置好资源。价格向价值趋近可能引起争议。资源配置要以价值最大化为目标，两者的趋近是无疑的。有研究者提出粮食生产的社会收益与粮农的个人收益之间的区别，可以从耕地边界均衡状态推导出来。耕地边际收益要求的粮食收益是粮食价值的表现。粮食价值与粮食价格之间的差距尽可能缩小，提高了对粮食生产者的激励，使其收益符合资源配置的要求。粮食价值与价格的趋近，在增加粮农激励的同时，使耕地利用效率提升，粮食价值得到反映，耕地的本来价值获得承认，耕地的利用受到重视，恢复到与建设用地指标同等的地位，耕地利用效率提升有了充足的激励。

二、粮食价值量化

（一）量化粮食价值的意义

粮食的重要性很难量化。如果粮食生产的收益不能完全量化，就需要进一步分析解决粮食的价值与价格之间矛盾的方法，需要把粮食价值与价格之间的差值找出来。不能量化粮食的重要价值很难展开相关研究，量化粮食的重要价值是相关分析的起点。

（二）粮食价格趋近反映耕地资源配置效率的粮食价值

劳动力资源配置效率的粮食价格趋近反映耕地资源配置效率的粮食价值，几乎所有的制度设计都尽可能恢复粮食价值与粮食价格之间的本来关系。一是粮食价格对劳动力资源配置效率的反映。劳动力价格很难完全反映，但是根据价格与投入的劳动数量之间存在关系的论断，粮食价格的存在，反映了粮农的劳动力价值的一部分。二是粮食价值对耕地资源配置效率的反映。粮食价格很难完全反映作为稀缺资源的耕地利用效率，要完全体现出耕地作为稀缺资源的价值，必须寻求新的表述方法。耕地收益很难完全由粮食价格体现出来。

（三）耕地收益补偿量化粮食价值

1. 耕地收益补偿是对粮食价值的量化

耕地收益补偿给出了一种量化指标。通过均衡状态下与城镇建设用地收益的关系，寻找耕地价值没有被价格反映的部分（图3-4）。

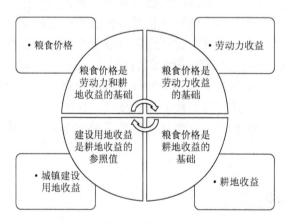

图 3-4　粮食价格、劳动力收益、耕地收益与城镇建设用地收益的关系

2. 耕地收益补偿是粮食生产补贴的重要支撑

耕地均衡边界分析发现了耕地的本来价值及耕地价值所负载的粮食的真正价值，量化了粮食价值。

第四章 土地产值均衡规律

第一节 不均衡的耕地均衡规律

一、耕地与城镇建设用地产值不均衡

（一）耕地与建设用地单位产值不均衡

1. 耕地产值以粮食收益为主

分析耕地必须着眼于粮食安全。为了简化分析框架，不考虑耕地上种植的非粮食作物，单纯考虑作为粮食出产载体的耕地及耕地生产粮食的功能。假定全国绝大部分比例的耕地，几乎全部种植粮食作物，粮食产值就是耕地产值。

2. 按照粮价和总产量计算的粮食产值很低

耕地产值就是粮食产值。耕地产值可以通过计算粮食产值来实现，粮食产值无论是根据国内粮食价格还是在粮食对外贸易中，都按照国际贸易的粮食单价计算。国内粮食单价×粮食总产量＝粮食总产值，国际贸易中的粮食单价×粮食总贸易量＝国际贸易中的粮食总产值。

3. 耕地产值占国民生产总值比例低

恩格尔系数可以衡量一个地区的经济发展水平。我们可以根据粮食消费计算粮食总产值在国民生产总值中的比例。假定一个地区的粮食生产没有出口和进口，或者粮食出口与进口相互抵消，实现动态平衡。本地区的所有粮食消费全部来自本地区的粮食生产，本地区生产的粮食总产值接近地区居民消费的粮食总产值。随着经济发展水平的提升，恩格尔系数逐步下降，本地区居民消费的粮食总产值占消费总量的比例逐步下降，本地区生产的粮食的总产值占国民生产总值的比例也在逐步下降，本地区耕地总产值占国民生产总值的比例逐步下降，耕地产值占国民生产总值比例将会越来越低。

4. 耕地单位产值远低于建设用地

在国民生产总值中,粮食产值以外的部分都在建设用地上出产,都可以看成是城镇建设用地产值。建设用地几乎囊括了粮食产值以外的所有国民生产总值,以比例极低的建设用地,生产比例奇高的国民生产总值,单位面积的城镇建设用地的产值很高。按照粮食单价和总产量计算的耕地总产值十分低下。为了提升耕地产值,可以种植非粮食作物。在耕地有限、土地资源紧张的地区,这样做可以提升单位面积耕地产值,减少单位面积耕地与城镇建设用地产值的差距。考虑到粮食安全的严峻形势和土地资源的紧缺,全部耕地用来种植粮食作物也往往有匮乏之虞,遑论种植非粮食作物了。

(二)耕地与建设用地面积不均衡

1. 耕地面积与建设用地面积悬殊

与大面积的耕地相比,建设用地相对较小。土地面积大、人口稀少的地区,建设用地有限,使用不了太多的土地作为建设用地。如果在建设用地充足保障的条件下,继续扩张建设用地面积,可能出现城镇建设用地边际收益小于耕地边际收益。土地面积紧张的地区,如果人口众多,不能依靠进口粮食满足本地区粮食安全,则必须留出足够的土地作为耕地。此时的粮食价值很高,在紧张的土地资源中,拿出一部分作为耕地,其边际收益很高。如果耕地边界是均衡状态:城镇建设用地边际收益等于耕地边际收益,面积紧张地区的耕地面积与粮食生产能力相适应,往往大于建设用地面积。人口总量不大的城市,建设用地十分紧张,没有多余土地作为耕地,这些地区进口粮食并不会引起国际粮食贸易的波动。

2. 建设用地指标匮乏与耕地抛荒并存

耕地总量控制下建设用地指标匮乏与耕地抛荒并存。耕地大量存在,建设用地单位产值比较高并且指标紧缺。解决单位耕地与城镇建设用地产值之间的巨大差异有两个途径。一是分析存在大面积耕地的原因,找到大量劣质耕地为什么存在且不让其转变为优质土地。二是分析减少耕地面积的途径。既然存在耕地边界的均衡状态,意味着边际收益相等,而实际上存在耕地边际产值与城镇建设用地的边际产值之间的差异,降低这个差异,就是转变劣质土地,增加优质土地,在不均衡中寻求均衡。

二、耕地边界均衡状态的变量

（一）产值、价值和收益比较

1. 产值不是耕地边界均衡状态的唯一变量

即使单位面积的耕地产值很低，产值也不是衡量耕地边界均衡状态的唯一标准，仍然有种植产值很低的粮食的必要，这说明产值是耕地边界均衡状态的一个变量，但不是唯一的变量。

2. 价值是耕地边界均衡状态的变量

产值不是耕地与建设用地边界的唯一标准。价值决定了即使单位面积的耕地产值很低，但耕地的单位产出可以与建设用地的单位产出相均衡，实现这个指标边际量的相等。单位面积的耕地生产的粮食产值等于粮食产量与粮食单价的乘积。边界均衡状态下，最后一公顷耕地用于种植产值不高的粮食，而不是作为建设用地获取较高的国民生产总值。在耕地边界均衡状态下，最后一公顷耕地生产的粮食，其产值固然很低，但是价值高，具有不低于最后一公顷建设用地的价值。

3. 边际收益相等阻止耕地边界自由移动

收益表示价值，是耕地边界均衡状态的重要变量。在耕地边界均衡状态下，最后一公顷耕地生产的粮食，其产值固然很低，但是收益大，不亚于最后一公顷城镇建设用地的收益。这里的"收益"是在耕地边界均衡状态下，最后一公顷耕地能够不被转换为建设用地的耕地意义和价值，此时一公顷耕地的意义完全等同于一公顷建设用地的意义；一公顷耕地的价值完全等同于一公顷建设用地的价值。在耕地边界均衡状态下，要使最后一公顷耕地不被转换为建设用地，耕地的边际收益必须与城镇建设用地的边际收益相等，否则，没有理由可以阻止耕地边界继续移动。没有边际收益相等这个条件，耕地边界的自由移动是势不可挡的，也是任何管制无法起效的，甚至有可能因为管制导致土地资源的低效配置。

4. 耕地收益补偿阻止建设用地比例提升

边际收益分析的视角与关于粮食的一般分析不一致。一般分析默认或者暗示耕地是单位产值较低的土地用途，特别是与单位产值高的建设用地相比，土地资源配置需要提高效率。在土地资源总量一定的条件下，尽可能提高单位产值较高的建设用地的比例和数量，降低单位产值比较低的耕地的比例和数量，可以提高整个土地资源的产出。土地资源的单位产出与耕地和建设用地的单位产值存在密切关系：单位面积土地资源的产出＝单位面积耕地的产出×耕地占土地资源总量的比例＋单位面积建设用地的产出×建设用地占土地资源总量的比例。如果没有单位面积产值比较高的建设用地比例的提高，就没有单位面积土地资源产出的提高。

提高单位面积土地资源的产出必须通过提高建设用地比例来实现。粮食作为必需品的特性，阻止了耕地边界向耕地一方继续移动，使得耕地边际收益与边际产出存在巨大差额，粮食作为必需品的价值量化为耕地收益补偿：粮食作为必需品的价值等于耕地收益补偿。耕地收益补偿的存在阻止了耕地均衡边界点继续向耕地一方移动。收益表示价值，可以合理解释耕地边界的均衡状态。既然产值无法解释耕地边界均衡状态，而意义和价值过于宽泛，收益作为解释耕地均衡边界的一个变量，成为替代意义与价值，统摄一般意义上的产值的一个重要变量。

（二）粮食作为必需品的特征量化

1. 耕地收益补偿量化粮食价值

耕地收益补偿的性质，就是粮食作为必需品的价值。粮食作为必需品的价值，量化为耕地收益补偿：粮食作为必需品的价值＝耕地收益补偿＝耕地的收益−耕地的产值。在耕地边界均衡状态下：耕地边际收益等于城镇建设用地边际收益，粮食作为必需品的价值、粮食耕地收益补偿、城镇建设用地收益等概念，通过粮食的单产与粮食单价联系起来，初步为解释耕地边界均衡状态提供了一个宏观上的分析框架（图4-1）。

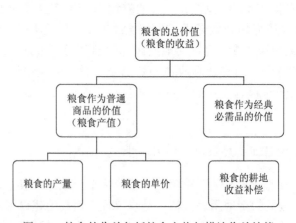

图 4-1　粮食的收益包括粮食产值与耕地收益补偿

2. 粮食价值、粮食产值与粮食总价值

单位质量的粮食作为必需品的价值等于单位质量的粮食的耕地收益补偿。粮食的总价值可以分为两个部分：第一部分是粮食数量与单价的乘积所反映的粮食的产值，粮食的产值具有一般商品的普通特征，可以用货币购买，购买价格就是粮食的产值。第二部分是粮食作为经典必需品的价值。粮食不能等同于普通商品，不仅具有产值这个一般商品都会具有的属性，而且具有作为经典必需品的价值。这个价值的数量很难表示，其数值远高于第一部分粮食产值的数值。粮食总价值即粮食收益。粮食总价值，包括粮食作为普通商品的价值与粮食作为经典必需品的价值两个部分。粮食作为经典必需品的价值表现为粮食的耕地收益补偿，粮食作为普通商品的价值等于粮食的产值。单位质量的粮食的耕地收益补偿＝单位面积城镇建设用地的收益/粮食的单产－粮食单价，粮食的耕地收益补偿＝粮食产量×单位质量的粮食的耕地收益补偿，粮食的总价值＝粮食产量×粮食单价＋粮食的耕地收益补偿。

3. 粮食总价值与耕地收益的关系

粮食总价值等于单位面积城镇建设用地的收益与生产粮食的耕地的面积的乘积。这个结论是分析的重点基础，可以换一种表述方法：粮食的总价值＝单位面积城镇建设用地的收益×生产粮食的耕地的面积＝单位面积城镇建设用地的收益×与生产粮食的耕地等面积的城镇建设用地面积＝与生产粮食的耕地等面积的城镇建设用地的收益。粮食的边际价值可以表示为与生产粮食的耕地等面积的城镇建设用地的边际收益。粮食的总产值跟与生产粮食的耕地等面积的城镇建设用地的收益相差悬殊，这个差异就是生产粮食的耕地的收益补偿部分，也是凸显粮食作为经典必需品的价值的部分。

（三）粮食价值组成部分的比例

1. 粮食产值与粮食的耕地收益补偿

粮食的总价值＝粮食的产值＋粮食的耕地收益补偿。粮食的产值与粮食的耕地收益补偿分别为：粮食的产值＝粮食产量×粮食单价，粮食的耕地收益补偿＝粮食产量×（单位面积城镇建设用地的收益/粮食的单产）－粮食产量×粮食单价。

2. 粮食耕地收益补偿与粮食产值的差值

粮食的耕地收益补偿与粮食的产值的差值：粮食的耕地收益补偿与粮食的产

值的差值＝粮食的耕地收益补偿-粮食的产值＝粮食产量×（单位面积城镇建设用地的收益/粮食的单产）-粮食产量×粮食单价。

3. 粮食的耕地收益补偿的比例较高

粮食的耕地收益补偿相当于粮食价值的较大比例。在粮食的总价值中，粮食产值只占很小的比例，粮食的耕地收益补偿所占比例很高。

（四）收益与产值可以解释耕地边界均衡状态

耕地产值不等于城镇建设用地产值。在耕地边界均衡状态下，耕地与城镇建设用地的收益可以相等。边际收益相等形成耕地边界的均衡状态。无论是耕地边际产值低于城镇建设用地边际产值，还是耕地边际产值高于城镇建设用地边际产值，以及耕地边际产值等于城镇建设用地边际产值，都可以在耕地边际收益等于城镇建设用地边际收益的均衡条件下实现统一。统一耕地与城镇建设用地边际产值的补差工具就是耕地收益补偿或者城镇建设用地收益补偿。目前，耕地边际产值低于城镇建设用地边际产值，统筹耕地与城镇建设用地的边际收益，耕地的边际产值与耕地收益补偿之和就是耕地的边际收益。在未来耕地边际产值高于城镇建设用地边际产值条件下，通过城镇建设用地收益补偿概念的提出，统筹耕地与城镇建设用地边际收益，在耕地边际产值恰好等于城镇建设用地边际产值的条件下，耕地边际收益与城镇建设用地边际收益契合，自然实现两种用途的土地边界均衡条件，不存在提出耕地收益补偿或者城镇建设用地收益补偿概念，以统一两种用途土地的边际产值问题。

三、耕地与建设用地边界的均衡

（一）劣质耕地与优质建设用地的矛盾

劣质耕地是指耕地的单位产值很低，优质建设用地是指建设用地单位产值很高（表 4-1）。耕地单位产值低，却占用巨大面积、极大比例；建设用地单位产值高，却占用很小面积、很少比例。劣质耕地存在大量抛荒，特别是在耕地总量控制的条件下，而优质的建设用地，因为新型城镇化战略的进一步实施，出现越来越紧张的趋势。

表 4-1　劣质耕地与优质建设用地的矛盾

要素	劣质耕地	优质建设用地
产值	单位产值低	单位产值高
面积	面积巨大	面积很小
比例	比例极大	比例很少
紧缺性	大量抛荒	指标紧张

无论是实践中的问题，还是理论上的矛盾，都给进一步分析提供了无限广阔的空间。

（二）耕地边界均衡状态是内在均衡

耕地边界均衡状态存在预示着内部的均衡性。单位耕地与城镇建设用地产值之间也存在一种均衡。如果没有这种均衡存在，很难出现大面积耕地与小面积建设用地并存的状态，这种边际产值不相等的并存状态很难可持续存在。耕地边际产值与城镇建设用地边际产值存在差异，而又能够可持续并存。耕地边界均衡必定有内在规律，必定是收益均衡的反映。收益补偿实现后，耕地边际收益等于城镇建设用地边际收益。边际收益相等条件下，耕地边界处于均衡状态，一公顷耕地都不能减少，一公顷建设用地也不能增加。

（三）耕地与建设用地边界存在大均衡

耕地边界均衡状态是大均衡的反映。大均衡是耕地边界均衡状态在不同条件下确实存在，每一个时间点的均衡状态可能不同，但是总会有每一个时间点的均衡状态存在。永远处于变动状态的耕地边界可能存在，但并不能否定每一个时间点的均衡状态。大均衡是看似变动之中的无数小时间点或者时间段的均衡状态的组合体系，是一种无时不在的均衡状态的组合。没有内在的均衡，耕地边界均衡状态不可能出现，不均衡中必然存在一种大均衡，这就是边际收益必然相等。姑且不论边际收益必须相等的细节，就市场自由配置土地资源的两种用途及其面积比例而言，均衡边界点必然存在。如果没有一种均衡条件使其存在并能够持续是不可能出现均衡边界点的。寻求边际产值不均衡基础上的边际收益相等是一种更高层次的均衡，这也成为统摄边际产值不相等现状的深层次规律。

（四）耕地边界均衡规律统摄了产值不相等的实践

1. 规律统摄实践

看得见的是边际产值不相等的实践，看不见的是边际收益相等的规律。均衡规律制约着并不均衡的实践，这就是隐藏在边际产值差距很大的耕地与建设用地边界点命题中的奥秘。边际收益相等是耕地边界的均衡边界点存在的充分必要条件。没有边际收益相等，不能实现耕地边界均衡状态，没有耕地边界均衡状态，边际收益不相等。只有边际收益相等，才能实现耕地边界均衡状态；只有在耕地边界均衡状态下，边际收益才相等（图4-2）。

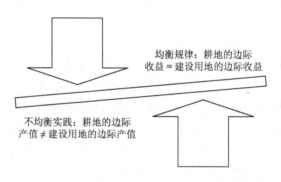

图4-2　边际收益相等规律统摄了边际产值不相等的实践

2. 均衡规律与并不均衡的实践的矛盾

我们要寻求并不均衡的实践与均衡规律之间的矛盾。即使耕地边界均衡状态无所不在，但是只要是任由市场配置土地资源，决定耕地的两种用途的比例，耕地边界点有可能发生变化。不均衡是变动的一种表现形式，是随时可能出现的均衡状态发生变化的外在形式。实践中寻找均衡规律的表现形式，不能回避并不均衡的实践的存在。只有仔细剖析每一个时间段的不均衡变化中的每一个节点的支持因素和条件，才能在不均衡中看到均衡规律的影响。

我们要试图破解并不均衡的实践与均衡规律之间的矛盾。看似并不均衡的实践反映了耕地边界均衡规律，这种矛盾存在于形成耕地边界均衡状态条件的千变万化之中，条件的瞬息万变让耕地边界的均衡状态无时无刻不处于变化之中。在看似十分矛盾的不均衡中，坚持边际收益相等的规律，需要理论上的深入分析及对相关框架的完善。

第二节　耕地总量控制与耕地面积均衡

一、耕地总量控制的背景

　　土地产权不明晰，耕地收益归属不明确，没有市场配置土地资源的平台。只有在市场自由配置土地资源的条件下，才能形成比较合理的耕地边界，不能自动形成耕地边界的均衡点。没有市场机制，耕地边界只能依靠管制来划定红线，在不能形成耕地均衡边界点的条件下，红线成了次优选择。

二、耕地总量控制与均衡状态下耕地面积的协调

（一）总量控制下的耕地面积与均衡状态下的耕地面积

　　耕地总量控制能否形成耕地均衡状态，取决于总量控制下耕地占土地总量的比例与均衡状态下耕地占土地总量的比例之间的关系。如果耕地总量控制设定的红线是科学的，在某一时刻，耕地总量＝土地总面积×耕地的均衡比例。问题是红线是固定的，耕地的均衡比例是随时变动的。怎样解决红线与耕地均衡比例之间的关系呢？如果红线是保底的，在未来一段时间内，处于耕地边界均衡状态下的耕地均衡比例与土地面积的乘积，一直大于耕地红线，这个问题很容易得到解决。

　　假定总量控制下耕地面积的设定周期是未来一定年数，在未来这段时间内，总量控制下耕地面积为一个具体数值。无论耕地边际收益与城镇建设用地边际收益如何变化，形成的耕地均衡边界都能够保证均衡状态下耕地的面积不小于总量控制下耕地面积，总量控制下耕地面积与均衡状态下耕地面积的关系是协调的。

　　假定总量控制下耕地面积可以用 AD 表示，目前耕地边界的均衡点在 C 点，均衡状态下耕地的面积等于 AC。假定未来一段时间内，耕地边界均衡点在 D 点、E 点之间移动。均衡状态下的耕地边界使得均衡状态下耕地面积在公式表示的范围移动：$AE ≥$ 均衡状态下耕地面积 $≥ AD$，均衡状态下耕地面积一定不小于总量控制下耕地面积，则总量控制下耕地面积与均衡状态下耕地面积的关系是协调的（图 4-3）。

图 4-3　耕地边界范围与总量控制下耕地面积的关系

均衡状态下耕地面积不小于总量控制下耕地面积，不能在任意的时间内无限制地存在。主要是耕地均衡边界点是变动的，具有明显的时间性，不可能在无限的时间内永远保证耕地红线不被突破，设定总量控制下耕地面积处于均衡状态下耕地面积之内的时间是十分必要的。

（二）建设用地需求较小条件下的耕地面积

总量控制下耕地面积与均衡状态下耕地面积的协调关系如下。总量控制下耕地面积是计划条件下的产物，均衡面积是市场配置土地资源的产物，两个概念各自存在于一个制度环境下。在市场与计划并存的条件下，两个概念才能统一。在建设用地指标满足之后剩余的耕地面积可以保证红线的需要。完全满足建设用地指标后的耕地面积≥总量控制下耕地面积，这是最宽松的情况。市场配置资源的条件下，均衡状态下的耕地面积总是大于总量控制下的耕地面积。既然建设用地需求量很小，耕地资源比较充分，也就没有必要设置总量控制制度，耕地红线的价值不高。均衡状态下耕地面积低于总量控制下耕地面积的可能性不大。

三、建设用地需求较大时红线与耕地均衡比例不协调

（一）红线设定条件

红线设定的条件往往是可能产生的均衡状态下的耕地面积小于红线，即担心均衡状态下耕地的面积小于总量控制下耕地的面积。政策设计担心的往往是最容易发生的。如果建设用地需求量大，逼近总量控制下耕地面积甚至突破红线，说明总量控制下耕地面积制定不合理，红线高于均衡状态下耕地面积，耕地的利用效率不高。

（二）均衡状态下的耕地面积

如果总量控制下耕地面积被认为是保障粮食安全的底线，均衡面积突破了红线，貌似即将威胁粮食安全，说明耕地利用效率不高。耕地均衡边界是在保障粮食安全的条件下的耕地与建设用地的均衡分界，只有均衡边界点的耕地的粮食产量等于粮食安全所需粮食总量，才能保障粮食安全。

（三）均衡状态下耕地面积低于总量控制下耕地面积的原因

在耕地边界均衡状态下，耕地均衡比例与土地面积的乘积即均衡状态下耕地面积。均衡状态下的耕地面积是确保粮食安全的耕地面积，均衡状态下耕地面积小于总量控制下耕地面积，说明总量控制下耕地面积过大，耕地没有充分利用，耕地的利用效率不高，总量控制下的耕地面积额度的设定不合理。

第五章　耕地与建设用地边界均衡状态的基本理论

第一节　耕地与建设用地边界均衡状态分析框架

一、耕地边界均衡状态的基本理论

（一）耕地边界的核心决策

构建一个简单的决策模型，分析土地拥有者如何分配土地的用途。这个决策模型是本书后文分析的基础，现代社会数亿公顷土地用途的决策，是这个决策模型的进一步拓展。拥有数亿公顷耕地的地区面临土地资源配置的复杂问题。从原始核心决策入手，逐步增加新的要素，可以构建更加复杂的决策模型，得出符合理性的决策结论。土地面积的增加导致决策复杂。一个土地所有者往往只拥有自己可以管理的土地，随着土地面积的增加，很多问题将成几何级数增加，包括粮农耕种耕地与城乡建设的劳动分工、决策更加分散、决策者数量更多、涉及更多利益群体等。如果放松原始核心决策，在其基础上进行合理推论，层层深入，能够得出一些有用的结论，甚至能够将一些很难获得定论的问题弄清楚。利益群体分化导致决策复杂。现代社会土地用途决策比较复杂的根源需要考虑的因素更多，如国家、产权、城镇化等，这些复杂的因素使土地用途的原始核心决策复杂化。

（二）土地资源配置规律

耕地与城镇建设用地边际收益相等，是耕地边界的形成法则。这个法则切中核心，虽然容易误解耕地边际收益与城镇建设用地边际收益并不存在可比性。这需要抛除一切没有得到深入分析的观点，必须基于理性的分析，只有这样才能看到土地资源配置的纷繁表象下面的自然规律。

边际收益相等的规律会引发悖论。从原始核心决策开始，推断出的配置法则在现实生活中很难直接套用，高昂的建设用地边际收益与较低的耕地边际收益差距悬殊，很难让人信服。矛盾的存在使分析更有价值，这是进一步推论的基础，也是进一步分析的契机。

配置法则引出价值补贴概念。粮食价值补贴是根据与建设用地边际收益相等的耕地边际收益计算出的粮食价值与粮食价格之间的差异。价值补贴可以解释土地紧张条件下的粮食进出口问题。对粮食要不要自足这一问题，争议不断。如果引入粮食价值补贴概念，这个问题很容易理解。如果是在土地紧张条件下，粮食出口地区的粮食价值补贴标准很高；如果是在土地均衡条件下，粮食出口地区的粮食价值补贴标准一般；如果是在土地宽松条件下，粮食出口地区的粮食价值补贴标准很低。一个地区给另一个地区出口粮食，实际上是粮食价值补贴的过程，补贴多少与两个因素有关：一是单位质量粮食的补贴标准，补贴标准越高，粮食出口地区给粮食进口地区的粮食价值补贴越多，反之亦然。二是出口地区的出口数量，数量越多，粮食出口地区给粮食进口地区的粮食价值补贴越多，反之亦然。这个推论解释了一个命题：粮食出口具有选择性，一个粮食出口地区，不可以对任意需要进口粮食的地区出口，出口地区是选择性出口粮食。

（三）城乡之间的利益补贴

1. 耕地价值被低估

如果边际产值不相等，又没有实现足额的耕地收益补偿，则耕地与城镇建设用地的边际收益不相等，可能存在耕地价值被低估的情况，即耕地边际产值小于城镇建设用地边际产值。

2. 粮价仅反映部分耕地价值

没有耕地收益补偿的完全实现，仅依靠粮价、单产等要素形成耕地的产值是不够的，特别是在目前经济处于良好发展阶段，城镇化发展速度比较快的阶段，粮价更不能反映耕地的价值。这需要厘清耕地价值与粮食价值两个概念及其关系。单位面积耕地价值即其收益，包括粮食的产值和耕地收益补偿。粮食的收益即价值，粮食的产值只是其收益的一部分，也只是其价值的一部分，另一部分价值体现为粮食的耕地收益补偿。如果把粮食的产值等同于有些研究者提出的粮农的个人收益，则粮食的耕地收益补偿与粮食生产的社会收益比较类似：耕地的收益补偿＝粮食生产的社会收益，粮食的产值＝粮农的个人收益。

3. 粮食补贴与粮食价值补贴均衡

实现的粮食补贴需要与应该实现的粮食价值补贴均衡。目前，国家采取各种方式，加大对粮食生产的补贴力度，耕地收益补偿的数额巨大，但补贴的力度仍不够。

4. 城镇反哺粮农的必要性

城镇以工补农是一条实现耕地边界均衡状态的出路，城镇反哺粮农的数额必须等于应该实现的粮食价值补贴。

二、耕地收益补偿、耕地利用效率与粮农积极性

（一）耕地收益补偿对耕地利用与粮农积极性的作用

1. 耕地收益补偿是耕地充分利用的保障

从耕地资源利用的角度来看，耕地仅仅获得粮食产值，不能满足边际收益相等的均衡状态的条件，不能实现耕地边界的均衡状态，以及耕地利用效率的提升。耕地在获得粮食产值的基础上，进一步获得足额的耕地收益补偿，才能满足边际收益相等的均衡状态的条件，才能实现耕地边界的均衡状态，进而实现耕地利用效率的提升。

2. 耕地收益补偿激励粮农发挥积极性

粮农获得粮食产值，仅仅获得了粮食生产的个人收益，尚不具备足够的粮食生产积极性。粮农只有获得粮食的耕地收益补偿，即粮食生产的社会收益，才具有足够的粮食生产积极性。粮食产值是浅层次的保健因素，耕地收益补偿是深层次的激励因素，粮食产值仅维持耕地的用途，不能实现耕地边界的均衡状态。在耕地总量控制条件下，耕地会出现抛荒。粮农只能够维持温饱，不能使其实现与外出打工等同的收益，部分粮农为了提高收益，离开耕地，失去足够劳动力的耕地，不得不出现抛荒。无论粮价多高，仅依靠有限的粮价，不能实现耕地边界的均衡状态，耕地闲置必然出现，也不能激励粮农的生产积极性，最终不少粮农离开耕地，进一步加剧了耕地的抛荒（图 5-1）。

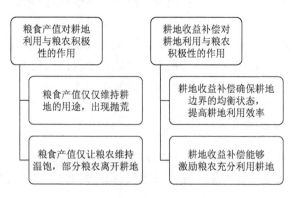

图 5-1　耕地收益补偿对耕地利用与粮农积极性的作用

（二）抛荒来自耕地收益补偿

1. 抛荒是耕地边际收益不相等的必然结果

把抛荒看成是粮农激励不足的必然结果远远不够。粮农依靠粮价提升不能实现提升收益的目标，很难与打工收入相比较。问题更加深入、微妙的地方在于：耕地本身的资源配置是有规律的，耕地属于土地资源的一种形式，与城镇建设用地相比，耕地本来可以有更高的利用价值。在市场配置资源的条件下，完全可以在土地资源的整体框架中进行资源配置。如果耕地边际收益低于建设用地，完全可能在市场条件下，把利用效率不高的耕地配置到建设用地领域，必然存在耕地减少，则抛荒不会存在。

2. 抛荒是耕地利用效率较低的必然结果

在产权完全明晰的条件下，耕地不是没有价值的资源。耕地本身是有价值的，其效率的提升是耕地成本的必然要求，既然耕地本身具有价值，是成本很高的资源，那么充分利用耕地的价值，就与其很高的成本相对应。耕地产权不明晰，耕地本身的成本无从体现，必然出现抛荒现象。在市场配置土地资源、形成耕地与建设用地这两种用途的土地资源均衡边界条件下，耕地是由市场决定面积的。我们应尽可能让耕地边际收益等于建设用地边际收益，此时的耕地面积和比例，才是有效率的资源配置。而在耕地收益补偿不能实现或者不能完全实现的条件下，耕地利用率低于建设用地，必然产生耕地边界向增加建设用地的方向移动。在耕地总量控制条件下，耕地面积不能减少，必然产生耕地抛荒现象。耕地抛荒成为耕地利用效率不高的必然结果。

3. 确保粮食安全必须明晰产权

在市场配置土地资源的条件下，确保粮食安全必须明晰产权。市场配置土地资源、形成耕地与建设用地这两种用途的土地资源均衡边界的条件下，存在确保粮食安全的问题。在产权虚置的条件下，即使采用管制途径，也很难完全实现粮食安全。在市场配置土地资源的条件下，产权必须完全明晰，如果没有耕地总量控制，可能也很难实现粮食安全保障。土地资源本身成本很高，利用率必然提升，粮食安全保障的积极性提高。抛荒与粮农激励不足互为因果。粮农激励不足，离开耕地，离开耕地的粮农，对耕地的重要性评价更低。

（三）规模经营下的耕地收益补偿

规模经营只是提高了粮农的时间利用效率，从而提升了粮农收益。耕地收益补偿与规模经营不完全相关。即使实现规模经营，粮农收益增加，也不能忽视耕地收益补偿问题。在规模经营条件下，如果没有提高单产，仍然需要补偿耕地收益。此时耕地收益补偿的存在条件没有变化：此时耕地收益补偿＝耕地收益-耕地产值＝原有耕地收益补偿。即使在规模经营条件下，粮农收入提升很快，仍然不能忽视耕地收益补偿问题，这就是规模经营条件下继续实行种粮补贴的理论依据。

（四）实现耕地收益补偿的途径

在市场配置土地资源的条件下，需要对耕种粮食的农民实施补贴。在耕地用途管制条件下，更需要实施耕地补贴。补贴形式较多，可以有效补偿耕地收益。

三、耕地边界均衡状态的研究框架

（一）耕地边界确定

政府确定耕地边界是常见的一种方式。政府确定耕地边界，存在信息不对称问题，特别是在粮食价格不能反映粮食供需情况的条件下，根据政府的计划得出粮食供需所需要的耕地面积，更容易偏离市场的均衡。在一个完全竞争的自由市场中，耕地如果不能出产足够的粮食，耕地面积会增加，直到粮食能够满足需求为止，条件是价格能够反映粮食的供需矛盾。如果价格被扭曲，市场不能自动配置资源。

（二）耕地外部边界确定标准

1. 粮食需求总量

在非市场配置土地资源条件下，往往根据粮食需求总量确定耕地面积，粮食需求总量与耕地单产决定了耕地总面积。耕地总面积＝粮食需求总量/耕地总量控制下的单产，耕地单产指在耕地总量控制条件下的粮食单产。没有市场对土地资源的配置，很难形成耕地的合理单产。单产并不能反映市场对耕地资源的合理配置。这样的单产可能没有充分发挥耕地的利用效率。

2. 粮食需求量与耕地边际收益

考虑到粮食需求量的满足，同时利用市场配置耕地资源，提升耕地利用效率，需要综合考虑粮食安全与资源利用效率。这种方式需要解决的问题是市场配置资源如何解决粮食安全保障问题？如果市场可以在资源利用与粮食安全保障两个方面都有所作为，这种决定耕地边界的方式，就可能优于单纯根据粮食需求总量决定耕地边界的方法。

（三）耕地外部边界确定

1. 粮食的耕地收益补偿

粮食的耕地收益补偿必须明确补偿者、补偿对象、补偿方式等。可以是政府提供补偿资金，也可以是建设用地指标获得者提供补偿资金，可以是耕地比例较少的地区补偿耕地比例较高的地区，可以补偿粮农，还可以为耕地比例较多的地区提供整体性补偿，可以通过政府财政支付方式补偿，还可以通过指标交易方式实施补偿。我们要深入分析政府财政补贴的来源，以及指标交易制度设计等。

2. 政府

粮食价格的扭曲往往来自政府对低收入人群的考虑。价格扭曲带有必然性，价格不能反映粮食的耕地收益补偿，粮价低估也不属于特别严重的问题。即使粮价不是受到政府控制，仍然存在严重的粮食总产值低于粮食的耕地收益的情况。

3. 粮价扭曲后果

不能反映市场供需矛盾的粮价，让市场配置土地资源的能力付诸东流。耕地利用效率下降，土地配置失衡，建设用地指标匮乏，新型城镇化战略将难以获得土地指标的保障。

（四）耕地边界确定需要的支撑要素

让市场自如配置土地资源，可以治理抛荒。规模经营是治理抛荒的途径，如果规模经营的制度建设比较完善，可以通过有效手段治理抛荒，让土地资源配置更加合理。

第二节 土地资源配置的相关关系

一、耕地边界均衡状态的基本公式

（一）耕地总收益高于粮食总产值

1. 耕地边界处于边际收益相等的均衡点

耕地边界处于耕地边际收益等于建设用地边际收益的均衡点时：粮食需求总量/

耕地面积＝粮食单产。假定粮食需求总量为 L_{zc}，耕地面积为 S_{gs}，粮食单产为 P_{gd}，则 $L_{zc}/S_{gs}=P_{gd}$，粮食总产值/耕地面积＝单位面积耕地的产值。假定粮食总产值为 Z_{gj}，单位面积耕地的产值为 P_{gj}，则 $Z_{gj}/S_{gs}=P_{gj}$，粮食总收益/耕地面积＝单位耕地面积的收益。假定耕地全部种植粮食，耕地总收益为粮食的总收益，粮食的总收益为 Z_g，单位面积耕地的收益为 P_g，则 $Z_g/S_{gs}=P_g$。在土地资源自由配置市场，边际收益相等时，形成耕地与建设用地的均衡边界。假定建设用地边际收益为 P_{jb}，耕地的边际收益为 P_{gb}，则建设用地边际收益＝耕地的边际收益，即 $P_{jb}=P_{gb}$。

2. 耕地边际收益与单位面积耕地收益

假定耕地的边际收益与单位面积耕地收益有关。单位面积耕地收益与耕地边界的均衡状态下的边际收益有关，在耕地边界均衡状态下，单位面积耕地的收益＝f_1（耕地的边际收益）＝f_1（城镇建设用地的边际收益），此时，种植粮食的耕地收益＝耕地面积×f_1（耕地边际收益）＝耕地面积×f_1（城镇建设用地边际收益）。为了更加明晰地表示耕地边际收益与单位面积耕地收益之间的关系，将公式简化为生产粮食的耕地边际收益×N＝单位面积耕地所生产粮食的收益。其中，N 为常数，表示耕地收益与耕地边际收益之间的关系，$N>1$，$P_g=P_{gb}×N$。

3. 城镇建设用地边际收益与单位面积城镇建设用地收益

城镇建设用地边际收益与单位面积城镇建设用地收益的关系可以表述为：城镇建设用地边际收益＝f_2（城镇建设用地的单位面积收益）。为了更加明晰地表示城镇建设用地的边际收益与单位面积城镇建设用地的收益之间的关系，公式简化为：城镇建设用地的边际收益×M＝单位城镇建设用地的收益。M 为常数，表示单位城镇建设用地的收益与城镇建设用地的边际收益之间的关系，且 $M>1$，假定单位面积城镇建设用地的收益为 P_j，则 $P_j=P_{jb}×M$。

4. 单位耕地收益与城镇建设用地收益

为了能够更加简明地说明单位城镇建设用地的产值与单位耕地面积的产值之间的关系，进一步简化分析，假定 M、N 的取值接近，即单位城镇建设用地的收益与城镇建设用地的边际收益之间的关系系数＝单位耕地的收益与耕地的边际收益之间的关系系数，则 $M=N$，因为建设用地边际收益＝耕地的边际收益，则 $P_{gb}=P_{jb}$，单位面积耕地的收益/单位面积城镇建设用地的收益＝(耕地的边际收益×单位耕地的收益与耕地的边际收益之间的关系系数)/(城镇建设用地边际收益×单位面积城镇建设用地的收益与城镇建设用地的边际收益之间的关系系数)＝耕地的边际收益/城镇建设用地边际收益＝1，单位耕地面积的收益＝单位面积城镇建设用地的收益，$P_g/P_j=(P_{gb}×N)/(P_{jb}×M)=P_{gb}/P_{jb}=1$，则 $P_g=P_j$。

5. 耕地收益与耕地产值差距较大

假定单位城镇建设用地的产值为 P_{jc},单位城镇建设用地的产值>单位耕地面积的产值($P_{jc}>P_{gj}$)。对城镇建设用地来说,收益与产值比较接近,而耕地收益与耕地产值差距较大。假定以城镇建设用地为标准,即认定城镇建设用地的收益等于城镇建设用地的产值($P_j=P_{jc}$)。耕地的收益与产值存在很大差距,$P_g=P_j=P_{jc}$,$P_g>P_{gj}$,单位面积耕地的收益>单位面积耕地的产值。耕地产值不高,不等于耕地收益不高。假定单位耕地面积的收益-单位耕地面积的产值=单位耕地面积的收益补偿($P_g-P_{gj}=P_{gc}$),耕地收益补偿总量为 P_{gcz}:耕地收益补偿总量=单位耕地面积的收益补偿×耕地面积($P_{gcz}=P_{gc}\times S_{gs}$)。

(二)耕地收益、耕地产值、粮食产值关系辨析

1. 耕地边界处于边际收益相等的均衡点

无论按照单位产值,还是按照总产值比较,耕地远低于建设用地,在市场自由配置土地用途的情况下,均衡点一定会出现在边际收益相等的地方。假定耕地边际收益低于建设用地边际收益:$P_{jb}>P_{gb}$,市场会越过原有的耕地边界,向耕地要效率,提升耕地利用率,使其达到极致,耕地面积减少,建设用地面积增加,直到边际收益相等为止。此时,才会实现耕地边界的均衡。相反,假定耕地边际收益高于建设用地边际收益:$P_{jb}<P_{gb}$,市场会越过原有的建设用地边界向建设用地要效率,提升建设用地利用率,使其达到极致,建设用地面积减少,耕地面积增加,直到边际收益相等为止,这时才会实现耕地边界的均衡。

只要边际收益不相等,耕地边界不会处于均衡状态。建设用地边际收益与耕地边际收益相等,才能形成均衡状态,这与一般的观点大相径庭。做一个假设,在市场自由配置土地资源用途的情况下,假定土地所有者拥有土地,可以自由配置不同土地的用途,但是必须通过自己的土地确保自己一家的粮食安全。如果一公顷建设用地的净边际收益为 100 万元,一公顷耕地的净边际收益为 2000 元,为了节省一公顷耕地指标,转化为建设用地,土地所有者甚至可以投资 50 万元,在现有耕地上建立农业实验室,提高原有耕地产量到几倍以上,条件是投入产出比符合预期。土地所有者会想尽千方百计,把现有耕地产量提高到极致,实现自己利益最大化。

耕地利用效率提高到极致,而建设用地指标充分供应。在现有技术条件下,采用包括将实验室产量推广普及到大田的技术,以及一些大幅度增加产量的极高投入的方式,直到耕地面积不能减少为止。

2. 产值与收益差距很大

在一个自由选择土地用途的开放市场，如果任由市场配置土地资源，出现均衡状态后，不会再增加一公顷建设用地，也不会多占用一公顷耕地。之所以不能再侵占一公顷耕地，是因为已经实现耕地的极致产量。如果再减少一公顷耕地，粮食安全受到威胁。耕地的均衡边界就是耕地边际收益等于城镇建设用地边际收益时的边界。

（三）耕地收益、耕地产值与城镇建设用地的收益关系辨析

1. 耕地总收益远高于建设用地总收益

耕地产值不高不等于耕地边际收益不高，相反耕地单位面积的边际收益等于城镇建设用地的边际收益。耕地面积大于建设用地面积，耕地总收益高于建设用地总收益，假定建设用地总收益为 Z_j，则 $Z_j = S_{js}P_j$。假定建设用地总面积为 S_{js}，耕地面积大于建设用地面积（$S_{gs} > S_{js}$）。因为 $P_g = P_j$，所以 $S_{gs}P_g > S_{js}P_j$，即 $Z_g > Z_j$。粮食价格不高，粮食总产值低，耕地的边际收益不低于建设用地的问题值得深思。

2. 耕地总产值远低于建设用地总产值

很少有人相信耕地总收益高于建设用地的总收益。大家相信粮食总产值占国民生产总值比重低，假定耕地只生产粮食，耕地以外的国民生产总值（粮食产值除外）全部在建设用地上生产，城镇建设用地的产值高于耕地总产值。假定建设用地总产值为 Z_{jc}，则 $Z_{jc} > Z_{gj}$，耕地总产值低于建设用地总产值。假定国民生产总值总量为 Z_{gdp}，第二产业、第三产业占比为 Z_{jcb}，第一产业占比为 Z_{gjb}，前者远远高于后者，则 $Z_{jcb} = Z_{jc}/Z_{gdp}$，$Z_{gjb} = Z_{gj}/Z_{gdp}$。因为 Z_{gjb} 很低，$Z_{jcb} > Z_{gjb}$，耕地总产值将低于建设用地总产值。

3. 耕地面积不变时耕地总收益与建设用地总产值正相关

耕地面积不变的情况下，耕地总收益与建设用地总产值正相关。耕地面积不变时，土地面积总量一定，建设用地面积也没有发生变化。国民生产总值中的粮食总产值以外的部分 =（1-粮食总产值所占比例）×国民生产总值。随着国民生产总值的增加，粮食总产值所占比例逐步减少；国民生产总值中的粮食总产值以外的部分增加。经济越发达，国民生产总值越高，国民生产总值中的粮食总产值以外的部分越大。单位城镇建设用地的收益 = 国民生产总值中的粮食总产值以外

的部分/建设用地面积，经济越发达，国民生产总值越高，国民生产总值中的粮食总产值以外的部分越大，单位面积城镇建设用地的收益增加。

耕地的总收益＝耕地面积×单位面积城镇建设用地的收益。经济越发达，国民生产总值越高，国民生产总值中的粮食总产值以外的部分越大，单位面积城镇建设用地的收益增加，在耕地面积不变的情况下，耕地的总收益增加。

4. 耕地产值与建设用地总产值变动的影响

耕地产值与建设用地总产值的变动，是否会影响单位耕地产值与单位面积城镇建设用地产值的关系？如果耕地面积逐步减少，建设用地面积会逐步增加，影响单位面积城镇建设用地的收益。耕地的总收益＝耕地面积×单位面积城镇建设用地的收益。耕地面积与单位面积城镇建设用地收益的变动趋势恰好相反，前提假设是耕地面积受到建设用地需求的影响而逐步减少。建设用地指标因为紧张而逐步提升利用率，单位面积城镇建设用地的收益也会逐步提升，两者之间变动趋势刚好相反。

单位耕地产值＝粮食总产值/耕地面积。假定耕地面积减少幅度为 F_g，则 $P_{gj} = Z_g/S_{gs}$，在耕地总产值不变的情况下：单位耕地新产值＝粮食总产值/［耕地面积（1−耕地面积减少幅度）］，建设用地面积增加为：建设用地新面积＝建设用地面积＋耕地面积×耕地面积减少幅度。因为建设用地总产值的增加导致建设用地面积的增加，耕地面积的减少。耕地面积的减少，必然伴随建设用地总产值增加。

（四）耕地总产值与总收益差值的变动趋势比较

1. 单位面积耕地与建设用地产值的关系

建设用地分为城镇建设用地与农村建设用地两种，城镇建设用地的单位面积产值高于农村建设用地。城镇生产建设用地的单位面积产值可能高于非生产建设用地。耕地的单位面积产值与不同的建设用地指标相比，结果可能完全不同。至少耕地的单位面积产值＞农村宅基地的单位面积产值，城镇部分建设用地的单位面积产值＞耕地的单位面积产值。

2. 单位面积耕地与宅基地产值的关系

如果产权明晰，任由市场配置资源，则会出现农村宅基地面积逐步减少，耕地边界向相反方向推移的趋势。实际上，耕地与农村宅基地的耕地收益补偿也在逐步缩小，直至缩小为零。耕地收益补偿应该逐步收窄，而不是增加。在不能由市场配置土地资源的条件下，如果土地产权模糊，可能存在宅基地的过度占用，本来应该缩小面积的宅基地不断增长，本来应该增加面积的耕地逐步减少。宅基地的单位面积产值本来应该随着面积缩小而逐步增加，实际上却逐步减少。耕地的单位面积产值应该随着面积增加而逐步减少，实际上却逐步增加。日益增加的耕地单位产值与其减少的建设用地单位产值，造成耕地与农村宅基地的耕地收益补偿不是逐步缩小，而是逐步扩大。

　　3. 耕地与城镇建设用地单位面积产值的关系

　　如果产权明晰，任由市场配置资源，则会出现单位面积产值高于耕地的那部分城镇建设用地逐步增长，耕地边界推移的趋势。实际上，耕地与单位面积产值高于耕地的那部分城镇建设用地的耕地收益补偿在逐步缩小，直至为零。耕地收益补偿应该逐步收窄，而不是增加。在不能由市场配置土地资源的条件下，如果耕地边界不能自由配置，耕地单位产值增幅低于这部分建设用地，造成耕地与这部分建设用地的耕地收益补偿不是逐步缩小，而是逐步扩大。在不能由市场配置土地资源的条件下，如果土地产权模糊，可能存在建设用地的过度占用，耕地的单位面积产值随着面积缩小而逐步增加，这部分用途的建设用地的单位面积产值随着面积增加而逐步减少。实际上，耕地与单位面积产值高于耕地的那部分城镇建设用地的耕地收益补偿在逐步缩小，直至缩小为零。这种产权模糊导致的耕地收益补偿的缩小，可能存在滥占耕地问题，并未实现建设用地资源的有效配置，可能存在建设用地利用效率不高的问题。

二、边际收益相等可解释耕地与建设用地边界的推移

（一）耕地面积逐步减少

1. 耕地边际收益提高

　　根据单位面积的产值的增长情况，再结合城镇建设用地边际收益的增加，可以完整地说明耕地边际收益的增加情况。耕地产出的粮食总产量逐步增加，减少的面积与增加的粮食总产量，反映了单产的快速提升，单纯从耕地的单位面积产出来看，产值确实增长了。耕地的单位面积产值增加量 = 增加了的耕地的总产量/减少了的耕地面积−耕地的原始总产量/耕地原始面积。

　　根据耕地单位面积的产值增加情况，可以大致推算出耕地边际产值的增加趋势，耕地边际产值与耕地边际收益具有紧密的同步变化的关系，即耕地边际产值的增加量 = f_3（耕地单位面积的产值增加量），其中，f_3 是一个具有同步变化关系的函数，可以灵敏地反映耕地单位面积的产值增加量对耕地边际产值的增加量的同步变化的影响。如果要说明耕地单位面积的收益变化情况，要在产值增长的基

础上，结合耕地收益补偿部分，才能清晰地发现耕地收益的增减情况，即使可以看到耕地单位面积的产值增加量，但是必须考虑：耕地边际收益的变动量＝耕地边际产值的变动量＋耕地收益补偿的变动量＝耕地边际产值的变动量＋（耕地收益补偿的现有量-耕地收益补偿的初始量）＝耕地边际产值的增加量＋（耕地收益补偿的现有量-耕地收益补偿的初始量）＝f_3（耕地单位面积的产值增加量）＋（耕地收益补偿的现有量-耕地收益补偿的初始量），才能确定是否一定伴随着耕地边际收益的增加。

耕地边际收益变动量的增减主要取决于下列条件，如果：f_3（耕地单位面积产值增加量）＋（耕地收益补偿的现有量-耕地收益补偿的初始量）＞0，f_3（耕地单位面积的产值增加量）＋耕地收益补偿的现有量＞耕地收益补偿的初始量，则耕地边际收益增加了，耕地单位面积的产值增加量＞0，f_3（耕地单位面积的产值增加量）＞0，只要耕地收益补偿的现有量＞耕地收益补偿的初始量，则：f_3（耕地单位面积的产值增加量）＋耕地收益补偿的现有量＞耕地收益补偿的初始量的公式必然成立。

2. 耕地边际收益随城镇建设用地收益同时提高

是否一定存在耕地收益补偿的现有量＞耕地收益补偿的初始量。这个命题是否成立，首先要明白耕地收益补偿的表现形式，耕地收益补偿是一个十分精细的命题。引入耕地收益补偿概念后，耕地均衡边界的规律得到解释。耕地边际收益要等于城镇建设用地的边际收益，必须要找到城镇建设用地边际产值与耕地边际产值之间的差异，才能说明耕地边界能够处于均衡状态的原因。

常见的种粮补贴属于耕地收益补偿的一种表现形式。如果耕地产权是明晰的，建设用地的产权同样明晰，在土地的用途可以自由配置的条件下，所有者之所以愿意将土地继续用作耕地，是考虑到耕地的边际收益＝城镇建设用地的边际收益。对土地所有者而言，土地用作城镇建设用地的边际收益并不比用作耕地更高，用作耕地照样可以获取应该获得的边际收益。粮食的产值并不高，即耕地的边际产值＜城镇建设用地的边际产值。

种植粮食可以获得一定数额的粮食补贴，即使种粮补贴并不能完全弥补耕地的收益补偿，但是从历史发展来看，种粮补贴在逐步增加。种粮补贴作为耕地收益补偿的一部分，一般有种粮补贴的现有量＞种粮补贴的初始量。从这个角度来看，耕地收益补偿是逐步增加的。还有一个角度，可以观察耕地收益补偿的变化情况，粮食出口附加条件是耕地收益补偿的一种反映。这种形式并非耕地收益补偿的主要表现形式，其本质并不是完全为了耕地的收益补偿，其存在的价值具有多方面的意义，确实可以用耕地收益补偿概念来解释粮食出口的附加条件问题。同时这也让耕地收益补偿问题得到进一步的解释。在粮食进出口过程中，附加条件的苛刻程度及其趋势、耕地收益补偿在进出口过程中的增减趋势、由此反映的粮食边际收益等都值得深入分析。

（二）建设用地面积逐步增加

城镇建设用地的边际收益逐步提高。建设用地面积大幅度增加，国民生产总值快速攀升，城镇建设用地的边际收益提高，逼迫耕地的边际收益逐步提高。

第三节　耕地与建设用地边界和机会成本

一、以机会成本分析耕地边界的不足

同样一块土地作为耕地出产的粮食产值不高，作为建设用地往往具有较高收益，特别是在经济发展速度加快的地区。作为耕地的机会成本是以作为城镇建设用地的产值来衡量的。机会成本的概念没有深入阐释为什么耕地在作为建设用地的机会成本很高的情况下，仍然需要作为耕作用途使用。这里也可以加进必需品的概念，即把机会成本概念与粮食作为必需品生产的性质结合起来研究。作为经典必需品的粮食，必须生产足够数量，才能满足需求。作为必需品的粮食生产，必须以牺牲其作为城镇建设用地的产值为代价，必须支付很高的机会成本，生产产值很低的粮食，满足人类的食品需求。

二、机会成本没有明确两种资源利用方式的同等地位

假定土地只有两种用途，耕地与建设用地。耕地的机会成本等于土地作为建设用地而不是耕地的产值，耕地的机会成本是其作为城镇建设用地的产值。机会成本本身以现有用途为核心，以资源的其他用途为参照系分析现有用途。资源的两种用途地位并不对等，机会成本概念是以耕地为单一核心，建设用地只是参照物。通过不同用途的耕地产值，可以计算耕地的不同机会成本：作为 A、B、C、D 用途的耕地的机会成本＝作为 A、B、C、D 用途的耕地的产值。无论是计算耕地作为 A、B 用途，还是 C、D 用途的机会成本，都是以耕地为核心进行分析的，其他用途是作为参照系出现的，不具有与耕地平等的地位。

如果种植粮食的产值与耕地作为建设用地的机会成本相比，有一定差距，土地用于耕作，就是一种不合理的资源配置。耕地的产值 ≠ 耕地作为建设用地的机会成本，并且在经济发展处于上升通道的地区，存在耕地的产值 ＜ 耕地作为建设用地的机会成本。耕地边界必然处于一个均衡点，该均衡点必然是由一种均衡关

系所决定的。

把耕地本身的产值与耕地作为建设用地的机会成本的比较，转化为耕地的边际收益与城镇建设用地边际收益的关系，耕地的边际收益＝城镇建设用地的边际收益。两者的内在关系决定了耕地边界。这样一个比较均衡的关系，超越了耕地的产值低于耕地作为建设用地的机会成本的不等式存在的悖论，解释了耕地边界出现的均衡点的问题。

三、耕地边界是跨越耕地与建设用地的研究

机会成本概念对进一步的分析有很多制约，没有明确把耕地与建设用地两种用途的比较作为并列的研究对象。成本与收益是一个概念的两个要素，即机会成本与粮食收益都属于耕地概念的两个部分：一个是成本；另一个是收益。比较成本与收益，有助于确定土地用作耕作是否合意。

研究耕地边界时，把耕地作为土地资源配置的一种用途分析，耕地只是一种土地利用形式，是与建设用地用途并列的方式之一，是土地资源大系统中的小领域之一，是被一种更大的规律支配而不仅是出于耕地自身利益考虑的配置。这样容易跳出成本收益比较的单核心角度，看清楚是什么因素决定了耕地边界。这种分析类似于企业边界分析中，从企业与市场两种资源配置方式的交易成本的比较出发，分析企业边界所在，而不是从企业配置资源的成本与其收益相比，来分析企业边界的成本，经济学家的分析角度有独到之处。

耕地边界不是研究耕地本身的问题，不是可以用耕地本身收益与成本比较说明的。耕地边界分析与企业边界分析一样，都是跨越领域的分析，需要分析两种资源配置方式的效率，即单位资源在两种资源配置中的效率比较。耕地与建设用地的配置效率比较，既可以比较成本，也可以比较收益，当然比较两种资源配置方式的净收益更加合理。如果两种资源配置方式净收益相等，出现耕地边界的均衡点，此时耕地资源配置方式净收益＝建设用地资源配置方式净收益。

四、耕地与建设用地净收益比较

把土地资源作为一个全域，耕地与建设用地分别是两个子域。通过分析决定两种用途的规律，研究耕地边界的推移和均衡点。在研究过程中，耕地不是唯一核心，必须在耕地与建设用地平等的基础上分析两者相互制约的关系。机会成本强调土地资源作为耕地的成本与收益问题。我们要在土地资源背景清晰的条件下，分析两种地位对等、十分清晰的土地用途之间的相互关系，分析耕地与建设用地

的互动如何影响粮食安全与新型城镇化战略的供地问题。

单核心的机会成本概念必须被更有包容性的概念取代。我们提出种植粮食的耕地收益补偿概念，取代耕地作为建设用地的机会成本的概念，概念内涵有很大拓展，不是简单的机会成本所指的经济损失。耕地补偿收益是作为必需品的粮食的必需特性的货币表示，种植粮食的耕地收益补偿＝耕地作为建设用地的机会成本，收益补偿概念的内涵大于机会成本所指的经济损失的概念内涵。

耕地边际收益补偿与粮食产值之和恰好等于城镇建设用地的边际收益，这成为耕地边界的决定规律。这个规律解释了耕地边界的客观存在及其均衡状态，不再囿于机会成本的狭隘概念，这是在一种失衡状态下进行的分析。

引入的耕地收益补偿概念与企业边界研究中引入交易成本的概念，都解释了不均衡中的均衡现象，是用一般化的表述分析耕地边界问题。我们还可以从种植粮食的耕地收益高于其产值入手，分析粮食生产作为经典必需品对土地资源配置的影响。

第六章　耕地与建设用地边界均衡状态的理论分析

第一节　耕地收益与粮食价值：边际收益相等的均衡状态

一、边际收益相等下耕地与建设用地的边界

（一）自由选择情况下边际收益相等确定耕地边界

1. 新增城镇建设用地收益等于减少耕地的收益

一块土地为一个主体所有，在相对封闭的情况下，所有者对土地的两种用途——开垦为耕地或者作为建设用地——具有完全自由的选择权。该所有者是将全部土地作为耕地，还是将一部分土地作为耕地取决于经济发展水平。几千年前城镇化发展水平不高，市场经济发展不充分，工商业不发达，土地作为建设用地无利可图，所有者可能在权衡利弊后，仅仅留出很少面积作为宅基地，愿意将剩余的所有部分作为耕地。

假定每单位面积城镇建设用地的收益为 P_j，单位面积耕地的收益为 P_g。耕地边界是新增一公顷城镇建设用地的收益等于减少一公顷耕地的收益。耕地边界实现均衡状态时 $P_j = P_g$。如果占用的宅基地面积过小，而增加一公顷建设用地获得的利益高于一公顷耕地的出产，宅基地会扩展，一直扩展到实现均衡状态为止。如果占用的宅基地面积过大，而增加一公顷耕地获得的利益高于一公顷建设用地的效用，宅基地会缩减，一直缩减到实现均衡状态为止。

假定耕地全部用来生产粮食，不考虑耕地的旅游价值、空气改善价值、生态价值等，设全部耕地的总收益为 Z_g，单位面积耕地的粮食收益为 P_g，耕地面积为 S_{gs}，则 $Z_g = P_g S_{gs}$，$P_g = Z_g / S_{gs}$。假定除了粮食之外，所有的价值创造都是在城镇建设用地上产生的，那么假定全部建设用地的收益为 Z_j，单位面积建设用地的收益为 P_j，建设用地的面积为 S_{js}，则 $Z_j = P_j S_{js}$，$P_j = Z_j / S_{js}$。当 $Z_j / S_{js} = Z_g / S_{gs}$ 时，所有者不愿意多占用一公顷耕地作为宅基地。

2. 耕地收益与粮食价值辨析

单位城镇建设用地的产值，往往要比单位耕地的产值高。根据耕地边界的规律，粮食产值不是耕地所出产的粮食的全部收益。根据粮食价格与粮食总产量计

算产值，没有完全表示出粮食的价值。

（二）耕地收益与粮食价值悖论对粮食进口的影响

1. 粮食出口是出口地区对进口地区的净收益补贴

假定单位面积耕地的粮食产值为 P_{gj}，单位面积耕地的收益为 P_g，两者的差值为单位面积耕地的净收益补贴 P_{gc}，则 $P_{gc} = P_g - P_{gj}$。假定耕地全部用来种植粮食，全部耕地的总收益就是种植粮食的总收益，表示为 Z_g，假定全部耕地生产的粮食总产值为 Z_{gj}，两者的差值为全部耕地的净收益补贴 Z_{gc}，则 $Z_{gc} = Z_g - Z_{gj}$。如果全部粮食需要进口，并且出口地区与进口地区面临的耕地和人口形势一样，都属于耕地较少、人口较多的情况，出口地区耕地收益与出口粮食产值的差值 Z_{gc} 是粮食出口地区对进口地区的净补贴 B_{tja}，$B_{tja} = Z_{gc} = Z_g - Z_{gj}$。

如果进口粮食需要进口地区拿出面积为 S_{gjd} 的耕地才能生产出来，则出口地区因为粮食产值与价格之间的净补贴 B_{tja} 而支付的金额为 $B_{tj1} = P_{gc}S_{gjd} = (P_g - P_{gj})S_{gjd}$。耕地与人口禀赋类似的地区之间的粮食进出口，已经不是简单的粮食价格问题，粮食价格仅仅是其中微不足道的部分。随着粮食出口地区耕地的紧张程度加剧，不仅补贴部分大于零，$P_{gc} > 0$，$P_g > P_{gj}$，且补贴部分高于粮食价格部分，$P_{gc} > P_{gj}$。

在一些人口与土地严重失调的地区，极度紧张的耕地，使得补贴为粮食价格的多倍 $P_{gc}/P_{gj} = n$，补贴与粮食价格的比值 n 为一个相当大的正值，这是主张粮食通过国际贸易的人所没有考虑到的。

2. 粮食出口不仅是经济问题

耕地收益与粮食价值悖论具有深远的影响。这从粮食对于一个地区的战略价值可以看出：出口货物，是自由贸易，为了获取利润；但是是否向对方出口粮食，却涉及复杂的政治、社会等战略因素。在国际贸易中，粮食贸易具有特殊的价值。这可能也是国家宁可主要依靠国内土地确保粮食安全的重要原因。一个 13 多亿人口的大国，不能依靠本国之外的力量，包括国际粮食贸易来满足粮食安全，其间必然伴随巨大的利益输入。

（三）不能自由选择条件下管制增加土地自由配置成本

管制是降低土地资源配置效率、提高土地资源配置成本、扭曲土地资源配置、降低农村土地收益的行为。管制在效率配置方面，与市场配置土地资源相反，提出市场在资源配置中起决定性作用，具有深刻的含义。市场在配置土地资源的过程中起决定性作用，这与最严格的耕地保护制度并不冲突，与坚持守住耕地保护红线和粮食安全底线并不冲突，与确保实有耕地数量基本稳定并不冲突。我们甚至可以在市场配置资源的条件下，有效减少抛荒耕地，增加非抛荒耕地面积，确保粮食安全底线。

（四）管制是农村利益向城镇的输出

管制实际上是将农村土地的利益输送给城镇。建立城乡之间的土地利益输送渠道是耕地边界处于均衡状态的关键要素，耕地必须获得耕地收益补偿，必须从城镇化建设中获取利益补偿。否则，很难实现耕地边界的均衡状态。

二、没有市场参与就无法确定耕地的合理边界

（一）耕地的合理边界

土地资源紧张的地区，实行耕地总量控制是常见的方式。耕地总量控制的主体是政府，政府以计划方式而不是市场方式来确定耕地边界。没有市场，政府确定的耕地边界不一定总是合理的。比较收益是耕地边界确定的规律，假定政府确定耕地边界后，耕地面积总量为 S_{gz}、建设用地面积为 S_{jz}，此时的土地总面积为 S_t，三者关系为 $S_{gz} + S_{jz} = S_t$。假定根据市场来确定耕地边界，耕地与建设用地比例与此不同，耕地面积总量为 S_{gs}、建设用地面积为 S_{js}，三者关系为 $S_{gs} + S_{js} = S_t$。

新增一公顷城镇建设用地的收益 P_j 等于减少一公顷耕地的收益 P_g，耕地边界实现均衡状态。这是市场所能合理配置的资源比例，即 $P_j = P_g$。政府很难恰好实现土地资源的最优配置，即 $S_{gz} = S_{gs}$，也就不能实现建设用地指标配置的均衡 $S_{jz} = S_{js}$。无论如何，政府划定的耕地面积只要没有实现市场所需要的均衡，最终收益都不佳，无论政府划定的耕地总量高于还是低于市场需要的耕地面积，都没有实现市场配置可能达到的最优配置。

（二）耕地总量控制浪费土地资源

政府划定的耕地面积高于市场配置的耕地面积。假定在某一时间点，建设用地的产值为 Z_{jc1}，全部耕地的总产值为 Z_{gj1}，Z_{jc1} 是基本确定的，而耕地的总产量必须满足人口需求，产量是固定的，但是单产可以变动，主要是抛荒、复种指数、科技推广等因素制约，单产在不同的资源配置情况下是不同的。假定此时耕地面积为 S_{gs1}，建设用地面积为 S_{js1}，单产为 P_{gd1}，总产量为 Z_{gj1}，寻求关系满足 $S_{gs1} \times P_{gd1} = Z_{gj1}$，

即耕地单位面积收益 = 建设用地单位面积收益。

三、通过粮食需求总量寻求耕地边界

(一)粮食需求总量是寻求耕地边界的条件

从粮食需求总量出发寻求耕地边界的做法最常见,从粮食需求总量出发寻求耕地边界与耕地和建设用地边际收益相等没有冲突。一般关于粮食安全决策,往往是从粮食需求总量出发的,与耕地和建设用地边际收益相等的出发点没有冲突。粮食需求总量只是寻求耕地边界的条件。除了粮食需求总量,建设用地效益总量也是耕地边界分析的条件。城镇建设用地的收益总量是指在一定时期内,城乡建设用地上所产生的所有国民生产总值。粮食需求总量可以计算耕地生产的收益。两个收益的存在,制约了耕地的外部边界划分。

必须满足城镇建设用地的收益总量/建设用地总面积 = 耕地或粮食总收益/耕地面积的条件,才会有合理的耕地边界(图 6-1 和表 6-1)。

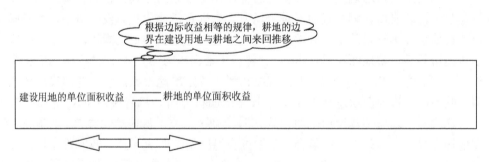

图 6-1　耕地边界寻求动态的平衡

表 6-1　耕地边界划分的条件和规律

条件	建设用地总收益	耕地或粮食总收益
要求	建设用地承载的收益	耕地上生产粮食的收益
规律	单位建设用地面积的收益 = 单位耕地面积的收益	
公式	城镇建设用地的收益总量/建设用地总面积 = 耕地或粮食总收益/耕地面积	
析疑	城镇建设用地的收益就是建设用地上所有收益总和	耕地总收益 = 粮食总收益,粮食总产值 = 价格×产量。耕地总收益≠粮食总产值

（二）寻求耕地边界的方法比较

在满足粮食需求总量的基础上，耕地边界可以自由推移，实现动态的平衡。耕地总收益不等于粮食总产量与价格的乘积，粮食总产量需要通过边际收益相等实现。

第二节　耕地产值与收益辨析

一、耕地总收益与粮食总产量、价格的关系

（一）粮食总产值低于粮食的耕地收益

粮食的耕地收益＝粮食总产值＋粮食的耕地收益补偿，粮价抑制部分＝均衡粮价-现有粮价，粮食总产值＝现有粮价×粮食总产量＝（均衡粮价-粮价抑制部分）×粮食总产量。粮食的耕地收益＝单位面积的耕地收益×耕地面积，单位面积的耕地收益＝单位面积的城镇建设用地的收益，单位质量粮食的耕地收益＝单位面积的耕地收益/单位面积耕地的粮食产量＝单位面积的城镇建设用地的收益/单位面积耕地的粮食产量，粮食的耕地收益＝单位面积的耕地收益×耕地面积＝单位面积的城镇建设用地的收益×耕地面积。

1. 耕地产值低于建设用地的机会成本不会大量减少耕地

耕地产值低于其作为建设用地的机会成本，不会带来耕地面积的减少。耕地产值低于其作为建设用地的机会成本，与耕地边际收益等于城镇建设用地边际收益并不矛盾。耕地产值小于耕地作为建设用地的机会成本，但在市场自由配置土地资源的条件下，不会有绝大部分土地作为建设用地，只留下很少比例作为耕地。

2. 耕地与城镇建设用地的边际产值不能作为耕地边界的均衡条件

耕地边际产值与城镇建设用地边际产值不能作为耕地边界的均衡条件。假定在市场自由配置土地资源的条件下，土地的资源配置完全根据单位面积产值来分配土地用途的不同比例，最终的土地资源分配在耕地边际产值等于城镇建设用地边际产值时达到均衡。在一个人口数量众多、土地面积有限的地区，假定实施新型城镇化战略，且耕地边际产值小于城镇建设用地边际产值，不会出现耕地面积大幅度下降、建设用地面积大幅度上升、即使耕地面积发挥最大潜力也不能生产

出可以保障基本安全的粮食的情况。一个面积很小的城市应按照边际收益原则着力发展具有比较优势的产业。

（二）边际收益与耕地边界的均衡条件

1. 本初粮价概念

即使耕地边际产值很低，也不会出现耕地面积大幅度下降的情况，特别是不会因为城镇建设用地边际产值高于耕地边际产值，出现建设用地占绝大多数比例的情况。在选择土地用途的时候，必须考虑的因素就是最大限度地发挥耕地潜力，将耕地利用到极致之后，出产的粮食必须能够满足需要。耕地利用到极致之后出产的粮食收益＝粮食价格＋粮食作为经典必需品的不可置换价值。现实粮价称为普通粮价，与按耕地收益计算的本初粮价对应。无论是国内还是国外，很少有粮食价格上升为本初价格的，本初粮价属于按照耕地的收益计算出来的其所出产的粮食的价格，即本初粮价＝生产粮食的耕地收益/耕地生产的粮食质量。

2. 本初粮价的计算

当把边际产值置换成边际收益的时候，最终的土地资源分配在耕地边际收益等于城镇建设用地边际收益时达到均衡。生产粮食的耕地收益＝单位面积耕地所生产粮食收益×耕地面积＝生产粮食的耕地边际收益×N×耕地面积，本初粮价＝生产粮食的耕地年收益/耕地每年生产的粮食质量＝单位面积的耕地每年生产粮食收益/单位耕地每年生产的粮食质量。单位耕地每年生产的粮食质量即粮食单产，本初粮价＝单位面积的耕地每年生产粮食的收益/每年粮食单产＝生产粮食的耕地每年的边际收益×N/每年粮食单产＝建设用地每年的边际收益×N/每年粮食单产。鉴于城镇建设用地的边际收益很高，因此单位面积建设用地每年的边际收益大于单位面积耕地的年产值，即单位面积建设用地每年的边际收益×N>单位面积耕地的年产值，单位面积建设用地每年的边际收益×N/每年的粮食单产>单位面积耕地的年产值/每年的粮食单产。因为单位面积的耕地每年生产的粮食的收益/每年的粮食单产>单位面积耕地的年产值/每年的粮食单产，所以本初粮价>普通粮价。

（三）必需品和经典必需品

1. 粮食是经典必需品

必需品可以从不同角度分析。粮食这样的必需品与所有必需品都有所不同。一般的必需品可以发生变化。衣、食、住、行中除了食品之外，几乎所有满足人类需求的产品都可以发生或多或少的变化，衣服的质地、样式等在历史时期变化很大，住房材料、样式等也发生了彻底变化，出行的交通工具更是发生了天翻地覆的变化。唯有粮食，几千年来，变化没有衣、食、住、行中其余三种必需品的变化大，粮食品种没有发生多大变化。粮食品种虽然有增有减，但是一些重要品种几千年来没有发生根本变化，粮食产量提升了，质量改进了，但是重要品种一直是社会必需品。小麦、大米等几千年来都是社会必需品。像粮食这样的几千年来基本没有发生变化的必需品是经典必需品。

2. 粮食作为经典必需品的特征

粮食作为经典必需品，其特征主要表现在两方面。首先，从粮食种类的固定性来说，粮食需求不是对可以先后相互替代的粮食种类的需求，而是对几种相对固定的粮食的持续不断的需求。小麦、大米是不同人群或者地区的特定消费品，不可能被随意替代。替代品在粮食需求中是缓慢发生的，甚至从普遍意义上说，几乎是不能随意改变的。例如，一个喜好小麦食品并且很少喜好其他粮食种类的人，小麦对其是无法被替代的。这种特殊性让小麦成为这个地区人们的经典必需品。这个地区的人们不仅需要一定量的粮食，而且需要的是特定粮食种类——小麦。其次，粮食需求是对特殊粮食种类的可持续性的需求。几千年来，一个地区主要以粮食中的一个种类为主食，任何时期都不能被替代，着重强调时间的可持续性。粮食需求的特征指对一种或者两种粮食种类的持续性消费，并且很长时间内没有出现其他替代品长期作为主食的现象。这样的经典替代品，让小麦、大米等粮食种类在历史时期及可以预期的未来长盛不衰，很少有商品能够具有小麦和大米等粮食种类的战略价值。

3. 民以食为天的经济分析

粮食已经成为亘古不变的必需品。在能够想象的未来几千年，粮食仍然是必需品，虽然粮食的形态不会永远保持不变。民以食为天充分阐述了粮食作为经典必需品的特征，即具有很高的耕地收益补偿。虽然粮食价格在历史时期一定阶段达到很高，但是仍然没有完全反映耕地的全部收益。粮食的价值＝耕地的全部收益＝粮食价格反映的耕地总产值＋数量很高的耕地收益补偿。耕地收益补偿高，体现粮食的重要性。

（四）耕地与城镇建设用地边际收益的内涵

1. 产值与收益不同

与产值相比，收益概念具有广泛含义。耕地收益＝耕地生产的粮食产值＋耕地的粮食安全保障收益。在资源配置过程中，人的选择起了很大作用，边际收益概念是对边际产值概念的修正，耕地价值得到重新评估。

2. 不可置换价值的概念

不可置换价值是与必需品紧密相连的一个概念。不可置换价值就是在生产过程中，假定单位数量的同样的资源 C_{bf}，既可以选择生产必需品 A_{bf}，也可以选择生产非必需品 B_{bf}。在没有限制的条件下，生产非必需品 B_{bf}，往往可能更好地发挥资源优势，产生更佳的资源配置效应，产生更多的产值 D_{bf}；而生产必需品 A_{bf}，则往往只能产生较少的产值 E_{bf}。同样的资源 C_{bf}，用于生产必需品 A_{bf} 与生产非必需品 B_{bf}，产生的价值差值 F_{bf}，称为一般必需品 A_{bf} 的不可置换价值。一般必需品（A_{bf}）的不可置换价值（F_{bf}）＝生产非必需品（B_{bf}）的产值－生产必需品（A_{bf}）的产值。耕地不仅具有市场价格反映的价值，还具有粮食作为经典必需品所反映的价值。市场反映的粮食的价值可以用粮食单价与粮食总产量的乘积表示，粮食作为经典必需品的价值可以用粮食安全保障价值反映，耕地收益＝耕地生产的粮食产值＋耕地的粮食安全保障收益＝粮食单价×粮食总产量＋粮食安全保障价值。粮食安全保障价值是粮食作为经典必需品的不可置换的价值。

3. 一般必需品的价值公式

一般必需品的价值＝必需品的价格＋一般必需品的不可置换价值。一般必需品的不可置换价值是必需品的必需特征的价值，是不能够用替代品置换的特殊价值。

二、必需品分析

（一）必需品的资源收益补偿

粮食是经典的必需品。粮食这样的经典必需品的资源配置规律可以为其他经典必需品生产中的资源配置提供分析思路，特别是对关于必需品所需资源的分析思路提供创新。原有的分析往往从需求出发来判断必需品生产所需要的资源份额。首先确定需要多少必需品，然后分析在现有水平下的单位资源的出产量，根据所需要的资源等于需要的必需品/单位资源的出产量计算所需要的资源份额。这个分析框架看似很有道理，其实可以商榷。这里把现有水平下的单位资源的出产量看成一个常数，存在漏洞。单位资源的出产量很难确定，不能找到一个公认的标准，只有调整分析思路，才能发掘资源利用潜力，不至于因为必需品生产的特殊性，而违背一般性的规律，导致因为思路局限引发的资源配置低效。

即使是在特殊的必需品生产中，边际收益相等规律（生产必需品的资源边际收益＝同一资源生产非必需品的边际收益）仍然起作用。其中，很明显的边际产值不相等的悖论，其原因是存在资源收益补偿：必需品生产所需要的资源收益补偿＝资源收益-资源产值。生产必需品的资源边际产值等于同一资源生产非必需品的边际产值并不存在，根据对粮食生产的分析，可以确定一般必需品生产中资源分配的均衡点。

（二）必需品与一般商品资源利用比较

1. 必需品与一般商品资源利用的关系

必需品占用资源，按照价格计算的资源配置效率下降，出现资源收益补偿。在必需品总量和一般商品总量不变的情况下，随着必需品生产占用资源增加，资源收益补偿增加，其他一般商品的生产资源减少，一般商品的单位资源生产率提升，再次推动必需品的资源收益补偿增加。在必需品总量和一般商品总量不变的情况下，随着必需品生产占用资源减少，资源收益补偿减少，其他一般商品的生产资源增加，一般商品的单位资源生产率降低，必需品的单位资源收益补偿减少。国内市场上，粮食的耕地收益补偿一般通过国家补贴实现，国际粮食贸易中，粮食的耕地收益补偿一般通过出口地区对进口地区的补贴来实现。

2. 粮食的耕地收益补偿复杂

耕地所有者与建设用地所有者的关系比较复杂。粮食的耕地收益补偿让国家补贴耕地所有者成为可能，耕地面积减少符合国家和建设用地所有者的利益。不存在耕地，就不存在粮食的耕地收益补偿，存在耕地就可以获取粮食的耕地收益补偿，耕地面积越大，粮食的耕地收益补偿越多，越符合粮农利益。耕地存在就要对粮食的耕地收益进行补偿，国家承担的越多，国家作为补偿者越不利。国家补偿主要来自耕地以外的建设用地上的产出，间接加重了建设用地所有者的负担。耕地面积增加，减少了可以高效利用的建设用地指标，不符合建设用地使用者的利益。

3. 必需品资源收益补偿使所有者关系复杂

生产必需品需要占用一定资源。必需品的生产占用的资源如果生产一般商品可以产生更多产值，这个产值与必需品的产值之间存在差额，差额即必需品的资源收益补偿。必需品的资源收益补偿让国家补贴必需品的资源所有者成为可能，但是必需品的资源占用减少，符合国家和其他的资源所有者的利益，必需品的资源所有者与其他的资源所有者的关系比较复杂。不存在必需品的资源占用就不存在必需品的资源收益补偿，存在必需品的资源占用，就可以获取必需品的资源收益补偿，并且必需品的资源占用越大，必需品的资源收益补偿越多，越符合必需品的资源占用者利益。

　　存在必需品的资源占用，就要对必需品的资源收益进行补偿。必需品的资源占用越多，必需品的资源收益补偿越多，国家承担的负担越重，国家作为补偿者越不利。国家补偿主要来自必需品的资源占用以外的资源的产出，间接加重了必需品的资源占用以外的资源所有者的负担，必需品的资源占用增加，减少了可以高效利用的必需品的资源占用以外的资源指标，不符合必需品的资源占用以外的资源使用者的利益。

（三）经典必需品的价值公式

1. 不可置换价值的分类

　　对于粮食这类经典必需品，其不可置换价值更加复杂，粮食安全保障价值＝粮食作为经典必需品的不可置换价值＝粮食作为一般必需品的普通不可置换价值＋粮食作为经典必需品的特殊不可置换价值。这区分了必需品的不可置换价值的两种类型，一般必需品的普通不可置换价值及作为经典必需品的特殊不可置换价值。

2. 经典必需品的特殊不可置换价值

　　经典必需品的不可置换价值包括特殊不可置换价值与一般不可置换价值。其中一般不可置换价值是经典必需品与一般必需品相同的部分，特殊不可置换价值是经典必需品在不可或缺性方面的独特表现：经典必需品的不可置换价值＝特殊不可置换价值＋一般不可置换价值。

三、降低耕地收益补偿的方法

（一）降低粮食总产值与总收益差额的方法是减少耕地面积

　　在单位面积的耕地收益等于单位面积的城镇建设用地收益的规律支配下，耕地总收益与耕地面积息息相关，假定建设用地总收益不变，土地总面积不变，只有耕地与建设用地两种用途。

　　耕地总收益＝耕地面积×单位面积的耕地收益＝耕地面积×单位面积的城

镇建设用地收益＝耕地面积×(建设用地总收益/建设用地面积)＝耕地面积×[建设用地总收益/(土地总面积-耕地面积)]。耕地总收益与耕地面积正相关，耕地面积越大，耕地总收益越大。假定耕地总收益与耕地总产值的差值为耕地收益总补偿，则耕地收益总补偿＝耕地总收益-耕地总产值＝耕地面积×[建设用地总收益/(土地总面积-耕地面积)]-耕地总产值＝耕地面积×[建设用地总收益/(土地总面积-耕地面积)]-耕地面积×耕地单产×粮食价格＝耕地面积×[建设用地总收益/(土地总面积-耕地面积)-耕地单产×粮食价格]。

在耕地单产与粮食价格稳定的情况下，耕地收益总补偿与耕地面积正相关。减少耕地面积，可以降低耕地收益总补偿。在其他条件不变的情况下，耕地单产与粮食价格和耕地收益总补偿负相关，通过提高粮食单产和粮食价格，可以有效降低耕地收益总补偿。

(二)为降低耕地收益补偿而减少耕地面积的可行性分析

1. 耕地面积减少要以产量不下降为保证

存在大量的耕地收益补偿的条件下，有两条路可以选择：一是提供耕地收益补偿，让耕地产值与耕地收益持平，让耕地边际产值等于耕地边际收益，提供的全部耕地收益补偿＝耕地的全部收益-耕地的粮食总产值＝耕地面积×单位耕地收益-耕地面积×单产×粮食单价＝耕地面积×耕地边际收益×N-耕地面积×单产×粮食单价＝耕地面积×城镇建设用地边际收益×N-耕地面积×单产×粮食单价。全部耕地收益补偿的数额大，很难完全弥补，为了解决弥补比较困难的问题，往往通过强制性手段，即主要通过耕地总量控制方式来解决。二是提升单位面积耕地产值（包括提升耕地边际产值），让单位面积耕地收益等于单位面积耕地产值，让耕地边际收益等于耕地边际产值，确保单位面积耕地产值＝单位面积耕地收益＝单位面积城镇建设用地产值。

提升单位面积耕地的产值有两种出路：一种方式是在耕地面积不变的条件下，提高粮食总产量。这并不可行，一个地区对粮食的需求是相对稳定的，大幅度提高粮食总产量，对于土地资源丰富的地区是有利可图的，但对土地资源紧张、建设用地匮乏的地区，实现粮食自给自足是合意的选择。另一种方式是在保证粮食安全、确保粮食总产量稳定的条件下，减少耕地面积。

2. 耕地面积减少势不可挡

耕地面积减少与耕地收益补偿增加之间具有相互替代的关系。在耕地边界的均衡状态，边际收益必须相等，边际收益相等要求耕地收益补偿获得实现，耕地收益-耕地产值-已经实现的耕地收益补偿＝0。

实现耕地收益补偿意味着巨大数量的资金支持。而数额巨大的耕地收益补偿很难完全实现，总是存在不能实现的耕地收益补偿，不能实现的耕地收益补偿＝耕地收益-耕地产值-已经实现的耕地收益补偿。如果已经实现的耕地收益补偿数量有限，那么不能实现的耕地收益补偿数额很大。耕地边界很难处于均衡状态，不能通过提升单位面积耕地产值来实现耕地边际收益等于耕地边际产值，就只有采用耕地总量控制的计划方式。不能筹措大量资金实现耕地收益补偿，只能用非市场的方式管制土地用途，实现耕地边界的稳定状态。耕地边界的均衡状态很难自动实现。

四、自动实现的耕地均衡边界与耕地总量控制下的稳定边界比较

（一）耕地收益补偿是否实现

1. 耕地总量控制下如何实现耕地收益补偿

耕地总量控制条件下，很难把耕地的利用效率充分提高。耕地总量控制往往留足超过所需要的耕地面积：市场配置下所需要的耕地面积＜耕地总量控制下的耕地面积，市场配置下耕地的单位面积产值＞耕地总量控制下耕地的单位面积产值，市场配置下耕地的单位面积产值-耕地总量控制下耕地的单位面积产值＝耕地收益补偿的增加部分。耕地收益补偿数额增加，耕地收益补偿需要的补偿资金高。增加后的耕地收益补偿让补贴数额更大。面积巨大的全国耕地依靠政府的粮食生产补贴，很难实现全额补偿。目前存在耕地的边际收益＜城镇建设用地的边际收益，耕地边界没有处于均衡状态，存在耕地利用效率不高的问题。

耕地不能让市场自由配置其可能的用途，耕地边际收益低于城镇建设用地的边际收益，耕地的利用不合算，耕地被闲置很可能出现抛荒。目前面积巨大的抛荒现象就是耕地总量控制与耕地产权虚置共同作用的结果。

2. 市场配置资源最大限度实现耕地收益补偿

市场配置资源需要产权明晰。没有明晰的土地产权，市场很难高效率地配置土地资源两种用途的比例。土地市场是二元的，存在二元分割问题。城镇建设用地可以自由交易，农村耕地可以自由流转，耕地的完全产权并不存在，耕地不能自由交易，不存在耕地的价格问题。

建立城乡统一的建设用地市场，让城乡建设用地在统一的交易市场进行资源

配置是历史性的进步。与城镇建设用地产权相比，耕地产权明晰程度不足，甚至远不如一些地方试点的宅基地的产权明晰程度。耕地产权不明晰，仍然属于集体用地的虚置产权。即使在建设用地市场任由市场配置资源，并且放宽耕地流转的限制，但仍然很难实现二元市场的一元化问题，很难建立耕地与建设用地统一的交易市场。

没有耕地与建设用地统一的交易市场，耕地边界很难由市场配置来确定，耕地的利用效率很难提升，耕地收益补偿很难通过市场最大限度地实现。产权明晰才能让市场自由配置耕地边界的均衡状态。

（二）其他因素分析

状态是否均衡包括自由配置条件下实现耕地边界的自动均衡与耕地总量控制条件下没有实现耕地边界的自动均衡。耕地边界均衡状态的实现成本包括耕地总量控制条件下的交易成本与市场配置下实现耕地边界的交易成本。通过分析耕地边界的稳定性，发现耕地总量控制条件下耕地边界的稳定性比较低，自由配置条件下耕地边界的稳定性比较高。

五、资源禀赋不同地区的粮食价值不同

发达地区单位质量的粮食价值高于不发达地区。不同地区的粮食价格即使货币意义上有可比性，实际价值往往有差别，这是由不同地区的经济发展水平决定的。在完全自由的资源配置框架下，耕地边界的约束条件：农村建设用地的收益/农村建设用地面积 = 城镇建设用地收益/城镇建设用地面积 = 耕地收益/耕地面积。没有交易成本，没有耕地总量控制，产权界定明晰有效，土地资源在耕地与建设用地之间的分配是最优的，粮食安全有保障。

一个经济发达地区与一个不发达地区相比，其新增一公顷建设用地的收益很高，假定两个地区新增一公顷建设用地的收益分别为 P_{j1}、P_{j2}，则 $P_{j1}>P_{j2}$。减少一公顷耕地，会减少粮食出产的收益。假定两个地区一公顷耕地粮食出产的收益分别为 P_{g1}、P_{g2}，因为 $P_{j1}=P_{g1}$，$P_{j2}=P_{g2}$，所以 $P_{g1}>P_{g2}$。假定无论是发达地区，还是不发达地区，一公顷耕地的粮食产量大致相同，分别为 P_{gd1}、P_{gd2}，$P_{gd1}=P_{gd2}$。假定两个地区的单位质量的粮食收益分别为 P_{gz1}、P_{gz2}，一公顷耕地的产值等于一公顷耕地的粮食产量与单位质量的粮食收益的乘积：$P_{g1}=P_{gd1}P_{gz1}$，$P_{g2}=P_{gd2}P_{gz2}$，因此 $P_{gd1}P_{gz1}>P_{gd2}P_{gz2}$，$P_{gz1}>P_{gz2}$。发达地区的单位面积建设用地收益远高于不发达地区，发达地区的耕地所出产的单位质量的粮食收益远高于后者。

六、耕地边界的动态平衡

基本农田不允许改变用途：一是存在转换成本，在满足粮食需求总量的基础上，耕地边界可以自由推移，实现动态平衡；二是复垦更难，动态平衡考验管理能力，存在管理成本，精细式管理要求动态平衡。

第七章　耕地边界与粮食进口安全评估

第一节　耕地边界与粮食出口

一、粮食出口具有援助和补贴的经济效应

（一）土地禀赋的不同类型

1. 土地充分供应地区

确实存在一些地区，即使人均城乡建设用地指标超过世界平均水平，土地供应还是十分充足。这些地区甚至存在大量可以开垦为耕地的土地，城乡建设用地供地指标充足。耕地富余地区，人口相对较少，存在大量储备耕地，可开垦为耕地的面积高于耕地存量。这样的土地与人口禀赋，是土地资源紧缺的地区无法相比的。

2. 土地均衡供应地区

一些地区土地与人口的关系相对均衡。没有可以大量开垦为耕地的闲置土地，但是耕地从来没有匮乏之虞。在人均城乡建设用地指标达到世界平均水平的条件下，土地供应比较均衡，不仅可以满足本地区粮食安全对耕地的需求，而且有足够的粮食可以出口，其城乡建设用地供地指标和耕地面积都相对宽松。这样均衡甚至适度宽松的土地与人口资源禀赋也是土地资源紧缺的地区所难及的。

3. 粮食出口与进口地区的资源禀赋

土地紧张地区的耕地界限十分关键。如果粮食出口地区与粮食进口地区的土地资源和人口禀赋相同，粮食出口地区的土地资源/粮食出口地区的人口数量＝粮食进口地区的土地资源/粮食进口地区的人口数量。出口地区是出口土地资源及其生产力，其补充因素是粮食生产中耕地边际收益等于城镇建设用地边际收益。建设用地的比较收益如果用建设用地的产值表示，单位面积的耕地产值远低于耕地边际收益，城镇建设用地边际收益＝单位城镇建设用地产值，耕地边际收益＝城镇建设用地边际收益，单位城镇建设用地的产值＞单位面积的耕地产值，耕地边际收益＞单位面积的耕地产值。

假定耕地边际收益与单位面积耕地产值的差值为单位耕地的收益补偿，则粮食出口地区是通过提升本地区的建设用地利用效率，节省耕地，生产出口用的粮食。出口地区除在国际贸易中获取根据交易价格计算的资金外，还需要获取因此产生的耕地收益补偿。出口粮食是节省的耕地出产的，出产粮食的耕地都有耕地收益补偿，粮食出口地区往往通过粮食出口加深与进口地区的友谊。

粮食出口地区，出口粮食与出口一般商品具有可比性，寻求国外市场是对国内粮农的有益选择，这也使建设用地效率更高。耕地收益补偿基本上属于一种援助。很少地区在粮食出口的时候要求进口地区支付高于贸易价格的部分货币，但是并不等于没有耕地收益补偿部分，这些部分往往通过附加条件显现，出口粮食多发生在政治关系良好的地区之间，粮食出口往往具有援助和补贴的经济效应。

（二）粮食交易伴随粮食收益补偿的价值馈赠

粮食交易伴随粮食收益补偿在内的价值馈赠，国家的粮食补贴和出口地区的政治附加条件得到了解释。根据核心决策模型，土地所有者对自己土地是耕作还是作为建设用地的决策得出边际收益相等，粮食收益很高的结论。虽然与较低的粮价看似不吻合，实际上与一些研究得出粮食具有社会收益的观点基本接近。

粮食收益补偿的产生，体现了粮食特殊产品交易的特征。卖者对买者、出口者对进口者进行了粮食收益补偿，这说明了国家粮食补贴的必要性，也说明了粮食进口可能产生利益补偿。从粮食进口满足一个地区粮食安全的角度来看，大量粮食进口，意味着大量粮食收益补偿，出口者的损失大。

粮食进口中存在的种种政治因素可以用经济分析解释。世界历史中，粮食出口不像一般商品出口（高科技和涉及国家安全的产品除外），一般商品只要有买家，就可以出口，对于出口者，有国际市场是求之不得的事情，但粮食出口完全不同。向哪个地区出口、出口多少，因素十分复杂，除了政治因素之外，还有经济因素需要考虑。如果出口粮食的地区与进口粮食的地区的资源禀赋类似，假定进口地区人口为 R_j，出口地区的人口为 R_c，进口地区的耕地面积为 S_{gj}，出口地区的耕地面积为 S_{gc}，并且两个地区人口土地资源禀赋符合 $R_j/R_c = S_{gj}/S_{gc}$，且两个地区的经济发展水平一致，经济发展阶段接近，处于城镇化的相同阶段，需要的人均粮食消费接近，需要的建设用地比例接近。出口地区的粮食同样存在耕地收益补贴，用货币表示出口地区的粮食价格与耕地收益之间的差额。这个差额是出口地区放弃城镇化建设所需要的土地指标，转而提升土地利用率，生产多余的粮食用于出口。单位质量的粮食，都有出口地区的耕地收益补贴，出口地区不仅出口粮食，随着粮食出口，大量补贴了进口地区。粮食进出口，已经不是简单的交易价格问题，成为耕地收益补贴问题。在国际粮食贸易价格并不很高的情况下，粮食出口地区一定要选择出口对象，是因为如果把粮食出口到政治上对立的地区，补贴自己的竞争对手，从经济上很难说是划算的。

复杂的政治抉择可用经济要素阐述。不能补贴跟自己地区利益不一致的地区，或尽可能减少补贴这些地区。对友好地区出口粮食，补贴他们就是加深友谊。而在粮食出口中附加的政治条款是对经济补偿的交换条件，耕地收益补贴的粮食出口有成本。

（三）粮食出口的安全条件

粮食出口的安全条件必须得到满足。粮食出口不是一个纯粹的粮食价格问题，粮食出口要么被解读为粮价与政治问题，要么被解读为粮价与出口条件的问题。如果从耕地的外部边界分析，粮食出口更是一个耕地收益补偿问题：出口粮食附加条件的货币价值＝出口粮食总量×单位粮食的耕地收益补偿。出口粮食的总产值与其总收益并不一致，耕地收益补偿部分与粮食出口数量相关，出口粮食越多，耕地收益补偿越多。

二、粮食出口收益分析

（一）粮食出口是资助行为

1. 粮食价格与耕地收益比较

耕地的单位面积产值与单位面积收益之间存在巨大差异。粮食耕地收益补偿的存在就是粮食出口地区的效率损失，粮食出口是一种资助性行为，粮食进口地区仅支付了看得见的粮食价格，而粮食价格仅占生产粮食的耕地收益的很小一部分，粮食进口地区支付的货币＝出口粮食的产值＝出口粮食的对外贸易价格×粮食总量，出口地区用于生产出口粮食的耕地收益＝与生产出口粮食的耕地同样面积的城镇建设用地收益，与生产出口粮食的耕地同样面积的城镇建设用地收益＞生产出口粮食的耕地产值，生产出口粮食的耕地产值＝出口粮食产值＝粮食进口地区支付的货币＝出口粮食的对外贸易价格×粮食总量，出口地区用于生产出口粮食的耕地收益＞粮食进口地区支付的货币。

2. 粮食的耕地收益补偿是粮食出口地区的效率损失

生产粮食的耕地收益中，除掉粮食产值的部分是出口地区的耕地收益补偿，属于粮食出口地区的效率损失。出口地区生产粮食的耕地收益补偿＝生产粮食的耕地收益-出口粮食产值。粮食出口地区支付的成本是生产粮食的耕地收益补偿，出口地区生产粮食的耕地收益补偿高于出口粮食的产值。出口地区牺牲了本可以用作建设用地的机会生产粮食，粮食生产的机会成本很高。机会成本就是生产粮食的耕地收益补偿。粮食出口地区的土地如果可以用作建设用地，生产粮食会降低利用效率。用作建设用地的土地产值与用来种植出口粮食的耕地产值的差额就是粮食出口地区对粮食进口地区的经济补贴。粮食出口不是简单的贸易，是一种地区之间的经济资助行为，是以粮食为载体的粮食与收益的复合出口。

（二）粮食出口的附加条件

1. 粮食出口附加条件是出口粮食的耕地收益补偿

通过对耕地边界的均衡状态规律——边际收益相等规律的分析，发现粮食出口地区，粮食出口价格表现为生产粮食而压缩建设用地指标产生的耕地收益补贴的支付。耕地资源的出口价格，忽视数量更大的耕地收益补贴的支付，会引发粮食安全争议。

进口地区将充分估量进口粮食的全部成本。进口粮食的成本＝进口粮食的价格＋其他成本。其他成本就是生产出口粮食的地区，生产这些粮食时所使用耕地的收益补偿。这些耕地上出产的粮食产值只是耕地收益的一部分，粮食产值以外的部分即这些耕地的收益补偿。

进口粮食的成本＝进口粮食的价格＋生产进口粮食的耕地的收益补偿＝进口粮食的总量×进口粮食单价＋进口粮食所需要的耕地面积×粮食出口地区单位面积耕地的收益。即使忽视生产进口粮食的耕地收益补偿的存在，一般分析者也会注意到，粮食出口并不是简单的经济交易，虽然粮食出口地区为了帮助本地区的出口粮食寻找市场煞费苦心，在粮食出口地区的人口数量和耕地面积的比例与进口地区一致的地区之间出口粮食，但粮食出口都有一些附加条件：进口粮食的成本＝进口粮食的价格＋进口粮食的附加成本。

附加成本十分复杂。进口粮食的附加成本包括进口粮食的政治条件、经济条件、技术条件、军事条件、社会条件和其他条件。

2. 粮食出口附加条件是客观经济补贴的变形

一般意义的进口粮食的附加条件，不能单纯理解为一种粮食出口地区的粮食武器。量化标准是粮食出口地区生产这些粮食的耕地的收益补偿的大小。粮食出口的附加条件是精细计算的结果，可以客观分析，具体量值相当于粮食出口地区生产这些粮食的耕地收益补偿的大小。对耕地边界的分析，可以理解粮食出口地区附加条件的合理性和可度量性。

（三）出口地区对进口地区经济补偿的决定因素

出口地区对进口地区的经济补偿，取决于两个因素。

1. 出口粮食的耕地收益

一个要素是出口地区用来种植出口粮食的耕地收益。耕地收益的计算涉及城镇建设用地的收益。耕地边界处于均衡状态时，耕地的边际收益等于城镇建设用地的边际收益。耕地收益的计算需要用到耕地面积和单位面积耕地收益两个概念，出口地区用来种植出口粮食的耕地收益＝耕地面积×单位面积耕地收益。单位面积耕地收益在耕地边界均衡状态下的边际收益的关系：单位面积耕地收益＝f_1（耕地边际收益）＝f_1（城镇建设用地边际收益）。出口地区用来种植出口粮食的耕地收益＝耕地面积×f_1（耕地边际收益）＝耕地面积×f_1（城镇建设用地边际收益）。

2. 出口粮食的耕地产值

计算出口地区用来种植出口粮食的耕地收益，接着计算用来种植出口粮食的耕地产值。耕地的产值就是耕地生产的粮食产值，也可以近似地看作是粮食的出口价格。

3. 出口地区对进口地区的经济补偿

出口地区对进口地区的经济补偿＝出口地区用来种植出口粮食的耕地收益－出口地区用来种植出口粮食的耕地产值＝耕地面积×f_1｛f_2[(国民生产总值－全部耕地面积×单产×单价)/建设用地面积]｝－粮食出口单价×出口地区用来种植出口粮食的耕地面积×粮食单产。

（四）粮食进口地区的经济考虑

1. 支付耕地经济补偿

鉴于粮食出口的特殊性，出口地区十分在意进口地区的选择，不会主动将补贴随着粮食出口到敌对地区，粮食出口的选择性十分明显。进口地区需要支付的耕地收益补偿，甚至可能超过进口粮食的价格很多倍，粮食进口不是简单的支付问题。资源禀赋相同的地区之间的粮食进口，如果计算进口地区的耕地收益补贴，可能要支付相当大的数额，远非不太高的出口价格可比。

依靠粮食进口保障粮食安全，需要从耕地收益补贴的支付角度计算所需要支付的全部进口成本，也要做好支付较高成本的准备。粮食进口地区中，一些地区经济发展水平不高，经济力量不强，进口一定量的粮食，可以完全支付耕地收益补偿，但是大面积进口粮食，特别是从资源禀赋类似的地区进口粮食，经济负担很重。

不能支付沉重经济负担的发展中地区，往往通过支付附加成本的方式间接支付进口粮食的耕地收益补偿，而进口粮食的附加成本大。进口粮食的附加成本包括进口粮食的政治条件、经济条件、技术条件、军事条件、社会条件及其他条件。过分依赖进口粮食的地区，不得不以政治条件、经济条件、技术条件、军事条件和社会条件等来满足本地区的粮食进口保障。

2. 从耕地经济补偿较低地区进口粮食

不同粮食出口地区的土地资源禀赋不相同。从土地资源比较丰富的地区进口粮食，在其他条件不变的情况下，土地面积越大，则土地面积与全部耕地的面积差额越大，出口地区对进口地区的经济补偿取值越小。其他条件不变的情况下，土地面积越小，则土地面积与全部耕地面积差额越小，出口地区对进口地区的经济补偿取值越大。

选择从土地资源丰富的地区进口粮食合算。如果进口粮食数额大，则要做好进口粮食的选择组合。在进口粮食数额庞大的条件下，往往选择余地很小，不免要从土地资源禀赋类似的地区进口一部分甚至很大一部分粮食，粮食进口地区要做好支付大额度耕地补偿的准备。忽视这种情况，可能导致粮食进口附加条件的产生。进口地区要么选择答应附加条件，要么选择支付大额度的耕地补偿，这也是粮食进出口内涵复杂的原因之一。

三、粮食进出口不是单纯的政治考虑

粮食进口的附加条件是粮食本身价值的体现，粮食本身越来越成为重要的战略物资。粮食进口的综合效应分析需要深化。进口粮食会产生政治效应，一个粮食出口地区不愿意或者尽量避免出口粮食给政治对立或者敌对的地区，不愿意支持或者援助敌对地区，是一种战略意义上的制约敌对或者对立地区的考虑。

基于政治的单纯战略利益的考虑，无疑需要进一步深化。如果把耕地收益补偿纳入分析框架，一个地区不可能在自己承担巨大耕地收益补偿的条件下出口粮食。出口粮食给对方是自己补偿耕地收益与城镇建设用地收益的不足部分，将含有耕地收益补偿的粮食出口给对方是通过粮食出口，支付等量的耕地收益补偿，出口粮食越多，支付的耕地收益补偿越多，出口地区对进口地区援助的经济利益越多。

给对立地区出口粮食，增长对立面的力量和势力，给本地区带来更多的威胁。

出于经济利益的考虑，出口地区不愿意把大量经济利益输送给对立地区。厘清关于粮食进出口问题，才能不至于将包含着丰富经济价值的问题简单化为一个单纯的政治问题。

国际上往往存在一些地区陷入粮食危机的情况，这时一些对立国家不愿意出手相救，盟国却通过出口支持其粮食供应。盟国出口粮食，往往与政治上的考虑、战略利益及其他非经济因素相关。粮食出口中需要输出大量相当于耕地收益补偿的经济利益。把耕地收益补偿输送给友国，既是政治考虑，也符合出口地区的经济利益。

第二节 粮食进口来源选择与支付成本分析

一、粮食进出口地区之间人口与土地资源禀赋的比较

（一）粮食出口与进口地区资源禀赋一致

在粮食出口地区与进口地区的资源禀赋一致且土地质量一致的条件下，粮食出口地区的土地资源面积/粮食出口地区的人口＝粮食进口地区的土地资源面积/粮食进口地区的人口，满足这个条件十分关键。如果不是资源禀赋类似，而是粮食出口地区的土地资源过剩，则粮食出口的性质会发生变化。粮食出口地区急于找到市场，将本地区过剩的大量粮食出售给需要的地区，粮食出口淡化了资源集约利用的色彩，多属于一种寻求更广泛市场的单纯交易行为。如果是土地资源紧张的地区向土地资源丰富的地区出口粮食，情况要复杂得多。土地资源紧张让建设用地面积扩展受到限制，但仍然拿出一部分耕地用于种植出口的粮食，这些用于出口的粮食价格应该比较高。

（二）粮食出口地区高于进口地区资源禀赋的情况

粮食出口地区与粮食进口地区的资源禀赋不一致有两种情况：一种是粮食出口地区的资源禀赋高于粮食进口地区的资源禀赋水平；另一种是粮食出口地区的资源禀赋低于粮食进口地区的资源禀赋水平。粮食出口地区的土地资源过剩是指粮食出口地区的土地资源禀赋相当充裕，在充分并尽可能完全满足本地区建设用地需要的情况下，其余土地作为耕地生产出来的粮食有很多剩余，出口地区急于为这些剩余的大量粮食找到市场。另一种情况是粮食出口地区的土地资源更加丰富，即使充分满足建设用地需求，在粮食充分满足本地区需要，又有大量粮食可

以出口的条件下，仍然有大量土地可以开垦为耕地，甚至这些耕地长期闲置，没有得到利用，有时这些可以作为耕地的闲置土地面积高于现有耕地面积。土地资源禀赋条件类似的地区，排除了土地资源过剩的情况，仅指发生在土地资源禀赋一致的地区之间的粮食进出口。

二、资源禀赋一致地区之间的粮食进出口

（一）资源禀赋一致地区之间的粮食交易

1. 提高土地利用效率出口粮食

粮食进出口往往发生在土地资源过剩的地区与土地资源匮乏的地区之间，很少关注到资源禀赋一致的地区之间的粮食进出口。一般人往往认为，只有土地资源过剩的地区，将其多余的耕地生产力出口给土地资源匮乏的地区，实现了资源在国际市场的均衡配置，很少甚至没有土地资源禀赋一致的地区之间的粮食进出口。如果不是从丰富多彩的粮食进出口实践出发去归纳总结，仅从理论上进行分析，也可以看到这种土地资源禀赋一致情况下相互出口粮食情况的存在及其普及。

在人口数量一致的情况下，经济发展水平高的 A，建设用地上的人口密度更大，单位城镇建设用地的产值更高，城镇建设用地的边际收益高，耕地的边际收益高，耕地的单位面积产值高。如果 A 满足于粮食安全的内部平衡，生产足够自己消费的粮食，既不出口，也不进口，则在粮食消费量一致的情况下，A 需要的耕地面积会低于 B。因为 A 的耕地单位面积产值更高。

在两个地区的土地面积总量一致的条件下，A 需要的耕地面积更少，则留下作为建设用地的土地面积更多。A 的建设用地面积＞B 的建设用地面积，A 的单位城镇建设用地的产值＞B 的单位城镇建设用地的产值，并且 A 的建设用地的总产值＝A 的建设用地面积×A 的单位城镇建设用地的产值，B 的建设用地的总产值＝B 的建设用地面积×B 的单位城镇建设用地的产值，因此，A 的建设用地的总产值/B 的建设用地的总产值 ＝（A 的建设用地面积/B 的建设用地面积）×（A 的单位城镇建设用地的产值/B 的单位城镇建设用地的产值），A 的建设用地的总产值＞B 的建设用地的总产值，且前者与后者的差距大。A 有可能在经济发展暂时利用不了大面积的建设用地的条件下，腾出一部分建设用地的面积作为耕地，生产的粮食用于出口。等到未来经济发展到新的阶段，将这部分耕地陆续投入建设用地市场。一定时期内，A 具有向 B 出口粮食的条件，如果 B 因为耕地的单位面积产值比较低，并且粮食安全不能通过国内或者地区内得到保

障，完全可能存在一定的时期内，土地与人口资源禀赋完全相同的地区之间，相互出口粮食的可能性，而且往往是土地的边际收益更高的地区向收益较低的地区出口。

2. 粮食出口地区单位质量粮食耕地收益更高

出口地区的耕地边际收益很高，出口粮食的价值不菲，不能仅根据国际市场粮食价格来判断进口地区的粮食进口成本，需要全面权衡进口成本。如果边际收益与单位面积的平均收益的关系是线性的，并且在不同地区之间的关系完全一致，则 A 的一公顷耕地的边际收益＝A 的一公顷城镇建设用地的边际收益。

（二）价格是最基本的粮食进出口成本

粮价是进口粮食的可见成本。粮食进出口的单价是表面上进口地区所需要支付的全部成本，引入耕地的收益补偿概念以后，生产粮食的耕地收益，已经不能仅依靠粮食的单价与产量的乘积来支付。生产粮食的耕地收益中，很大一部分需要用耕地的收益补偿来支付：A 的每单位质量粮食的耕地的收益＝A 的粮食单价＋A 的每单位质量粮食的耕地收益补偿，B 的每单位质量粮食的耕地收益＝B 的粮食单价＋B 的每单位质量粮食的耕地收益补偿。单位质量粮食的交易价格叫粮价或者粮食单价。粮价既有国内粮价，还有国际粮价，即 A 国向 B 国出口粮食的粮价。

（三）单位质量粮食的耕地收益与战略性资源

1. 单位质量粮食的耕地收益与必需战略性资源

粮食作为产品或者商品是有价格的，不仅有国内粮价、国际粮价，同样在一个地区内部，也有各个地区在不同时期的粮价。粮食的价格很容易掩盖一个重大的事实，粮食是一种特殊的产品，是利用一种特殊资源所生产出来的特殊商品。把耕地看作是土地的一个普通部分，与建设用地一起自由配置，不会存在任何资源配置的障碍。粮食与耕地的特殊性，使得粮食既不是普通商品，耕地也不是普通资源，粮食是凌驾于普通商品之上的经典必需品，耕地是凌驾于建设用地之上的必需战略性资源。必需战略性资源是指战略性资源中生产经典必需品的资源。战略性资源种类很多，但是能够生产经典必需品的战略性资源比较有限。经典必需品主要是指像粮食一样的必需品，其经典性可以用民以食为天解释（图 7-1）。

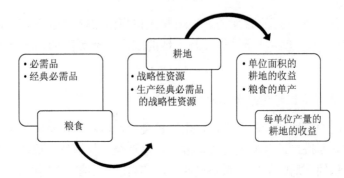

图 7-1　单位质量粮食的耕地的收益与必需战略性资源的概念

2. 粮价与粮食收益

讨论粮食收益的时候，必须区分粮价与粮食收益。粮食收益是生产粮食的耕地收益。如果不区分，对粮价与粮食收益一视同仁会出现悖论：粮食的单价和总产量的乘积，与生产粮食的耕地的收益相比，粮价低于粮食收益。

粮食收益相当于生产粮食的耕地的收益。耕地收益与粮食总产值不相等的问题可以迎刃而解，解决方式是统一耕地收益与粮食收益的概念，严格区分粮食产值与粮食收益，正如耕地收益与耕地产值关系一样，粮食的收益区别于粮食的产值，粮食的收益＝粮食的总产值＋耕地的收益补偿，粮食的总产值＝粮食的单价×粮食总产量，耕地的收益＝粮食的总产值＋耕地的收益补偿。单位质量粮食的耕地收益补偿是为了生产单位质量的粮食所需要的耕地的收益，减去粮食单价以后的部分，可以根据耕地的边际收益计算得出，耕地的边际收益越大，为了生产单位质量粮食所需要的耕地的收益越高。

（四）粮食进出口中耕地收益补偿的跨国转移

1. 耕地进口收益补偿的产生

粮食出口过程中，并不是只需要支付交易价格。只是支付出口粮食的交易价格，低估了出口粮食的本来价值。从表面来看，粮食进口地区需要支付的是产量与出口价格的乘积。根据耕地边界均衡规律，出口粮食真正价值不仅表现在出口的价格，还需要将进口过程中的耕地收益补偿体现出来。

在生产出口粮食的过程中，耕地收益完全体现在耕地所出产的粮食收益上。而耕地所出产的粮食价格，无论是国内交易价格，还是国际交易价格，并不能完全反映出产粮食的耕地收益，粮食的收益＝耕地的收益＞粮食的产量×国内粮食单价，进口粮食需要支付的成本＝粮食的收益＝耕地的收益＝粮食的产量×国内

粮食单价 + 耕地收益补偿。在粮食国际贸易中体现出来的货币支付额度等于出口粮食产量乘以出口粮食单价，粮食国际贸易中体现出来的货币支付额度不足以补偿进出口粮食的收益，不能完全补偿进出口粮食的耕地的收益。在粮食国际贸易中体现出来的货币支付额度与进口粮食需要支付的成本存在差额：耕地的进口收益补偿 = 进口粮食需要支付的成本-粮食进出口贸易中的货币支付额度 = 粮食的收益-粮食进出口贸易中的货币支付额度 = 耕地收益-粮食进出口贸易中的货币支付额度 = 出口粮食的产量×国内粮食单价 + 耕地的收益补偿-粮食进出口贸易中的货币支付额度 = 出口粮食的产量×国内粮食单价 + 耕地的收益补偿-出口粮食产量×出口粮食单价 = 耕地收益补偿-出口粮食产量（出口粮食单价-国内粮食单价）。

2. 耕地进口收益补偿的内涵

耕地进口收益补偿指在引入耕地边界均衡规律概念后，同时引入耕地收益补偿概念。耕地收益补偿概念发现了在粮食的价格之外，粮食作为耕地收益的载体，承载着耕地的全部收益。耕地收益与城镇建设用地收益接近，在耕地边界的均衡状态，耕地与城镇建设用地边际收益相等。耕地的全部收益需要粮食来承载，粮食是耕地收益的唯一载体。在作为耕地的土地上，不允许生产

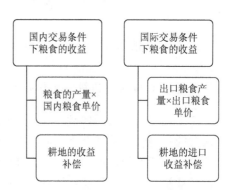

图 7-2　国内与国际交易条件下粮食收益比较

其他可以在建设用地上生产的商品或者服务。粮食的价格已经不足以承载耕地的全部收益，耕地的收益超过耕地生产的粮食的国内价格的部分，就是耕地的收益补偿（图 7-2）。

耕地收益补偿 = 耕地收益-出口粮食产量×国内粮食单价 = 粮食收益-出口粮食产量×国内粮食单价。用国内粮价表示耕地收益补偿，耕地收益补偿是在只有国内交易的条件下，粮食价格以外的耕地收益需要补偿的部分。交易跨越国界，以国内城镇建设用地产值为参照，按照粮食国内交易价格计算。跨国交易后，粮食交易价格引起耕地收益补偿发生变化。按照国际粮食交易价格计算的耕地收益补偿称为耕地进口收益补偿。

3. 耕地收益补偿的转移

耕地的进口收益补偿概念可以解释耕地收益补偿的跨国转移问题。无论是否得到补偿，也无论是否得到重视，粮食的国内交易与国际交易，都会存在耕地收

益补偿问题。在国内按照国内交易价格计算，在国际中按照国际交易价格计算，参照国内城镇建设用地的收益计算出来的耕地收益补偿在粮食的国际交易中体现出来。

如果耕地收益补偿是国内政府予以补贴，转移后的耕地进口收益补偿应该由进口地区承担。进口地区需要支付的补贴：耕地的进口收益补偿＝耕地收益补偿-出口粮食产量（出口粮食单价-国内粮食单价）。耕的收益补偿与耕地的进口收益补偿之间的差额是出口粮食单价与国内粮食单价的差异。在两者相等的情况下，耕地的进口收益补偿＝耕地的收益补偿。当然，并非总是如此。如果出口粮食单价＞国内粮食单价，则耕地的进口收益补偿＜耕地的收益补偿。如果出口粮食单价＜国内粮食单价，则耕地的进口收益补偿＞耕地的收益补偿。耕地的进口收益补偿围绕着耕地的收益补偿左右摆动，多支付粮价，少支付补偿；少支付粮价，多支付补偿。在一定程度上，实现了某种均衡。

（五）进出口地区间的耕地收益补偿差额

1. 进出口地区间的耕地收益补偿差额概念

在土地与人口资源禀赋一致的地区，出口与进口粮食在粮食生产中每单位质量粮食的耕地收益补偿并不相同，其差额是进出口地区之间的每单位质量粮食的耕地收益补偿差额。A、B 之间的每单位质量粮食的耕地收益补偿差额＝A 的每单位质量粮食的耕地收益补偿-B 的每单位质量粮食的耕地收益补偿。

2. 粮食进出口中收益补偿差额让粮食成本更复杂

粮食进出口不是简单的粮食进出口贸易的价格支付问题，也不是每单位质量粮食的耕地收益补偿在进出口地区之间的转移支付问题，还包括进出口地区之间每单位质量粮食的耕地收益补偿差额。这个概念丰富了耕地边界均衡规律的内涵，让均衡的耕地边界规律更加深刻。

3. 资源禀赋一致地区间进出口粮食的附加条件

资源禀赋一致的地区之间进出口粮食的附加条件是粮食进出口贸易中的粮食收益，除掉粮食交易支出以外的部分。这个概念解释了资源禀赋一致的地区之间进出口粮食附加条件的经济来源：资源禀赋一致的地区之间进出口粮食的附加条件/粮食出口总量＝粮食出口地区的每单位质量粮食的耕地收益补偿＋进出口地区之间的每单位质量粮食的耕地收益补偿差额，资源禀赋一致的地区之间进出口粮食的附加条件＝粮食出口总量×（粮食出口地区的每单位质量粮食的耕地的收益补偿＋进出口地区之间的每单位质量粮食的耕地的收益补偿差额）。如果考虑粮食出口地区的每单位质量粮食的耕地收益补偿，深入分析进出口地区之间的每单位质量粮食的耕地收益补偿差额，粮食进出口的附加条件问题就可以解释。

三、粮食出口地区资源禀赋水平低于粮食进口地区

（一）产生条件与基本支付

不同资源禀赋条件下的粮食进出口中的支付成本，有粮食单价、每单位质量粮食的耕地收益补偿和进出口地区之间的每单位质量粮食的耕地收益补偿差额三种。这三种支付成本统称为基本支付。特殊情况是粮食出口地区的资源禀赋低于粮食进口地区的资源禀赋水平，基本支付没有囊括所有的进口粮食成本。土地资源紧张的地区也可能向土地资源丰富的地区出口粮食。假定有两个地区 A、B（图7-3），两个地区的人均土地资源禀赋并不一致，它们拥有同样数量的耕地，但是人口不一致。其中 A 的人口比较多，B 的人口比较少，两个地区的人均耕地条件不一致：A 的土地资源总量＝B 的土地资源总量，A 的人口数量＞B 的人口数量，A 的土地资源总量/A 的人口数量＜B 的土地资源总量/B 的人口数量。虽然 A 的人均耕地面积少，但仍然向 B 出口粮食。这是典型的土地资源紧张地区向土地资源丰富的地区出口粮食。

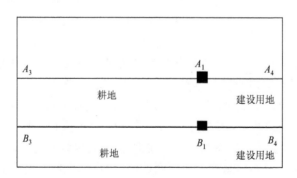

图7-3　土地资源紧张的地区向土地资源丰富的地区出口粮食

图7-3 中，A、B 两个地区的土地资源总量一致，只是人口数量不一致：A 的耕地资源总量/A 的人口数量＜B 的耕地资源总量/B 的人口数量，A 的人均耕地资源数量＜B 的人均耕地资源数量。假定在没有进口也没有出口阶段，两个地区都是自给自足的，它们的耕地比例一致，都用了相等的面积生产粮食。

在没有进出口贸易的条件下，A 在人均耕地资源数量较少的条件下，养活了本地区居民，而 B 在人均耕地资源数量较多的条件下，养活了本地区居民。假定两个地区的人均粮食消费接近，两个地区的单位面积耕地产值不一致：A 的单位面积耕地的产值＝A 的单位面积耕地的产量×A 的粮食单价＝（A 的粮食总产量/A 的耕地总量）×A 的粮食单价＝[(A 的粮食总产量/A 的人口总量)/(A 的耕地总量/A 的人口总量)]×A 的粮食单价＝（A 的人均粮食消费量/A 的人均耕地资源数量）×A 的粮食单价。B 的单位面积耕地的产值＝B 的单位面积耕地的产量×B 的粮食单价＝（B 的粮食总产量/B 的耕地总量）×B 的粮食单价＝[(B 的粮食总产量/B 的人口总量)/(B 的耕地总量/B 的人口总量)]×B 的粮食单价＝（B 的人均粮食消费量/B 的人均耕地资源数量）×B 的粮食单价。

假定 A、B 的粮食单价相同，A 的单位面积耕地产值＞B 的单位面积耕地产值，A、B 两个地区单位面积耕地产值的差额＝A 的单位面积耕地的产值–B 的单位面积耕地的产值。在两个地区的人均国民生产总值一致的条件下，假定其人均城镇建设用地的产值一致，人均城镇建设用地的产值＝人均国民生产总值–人均耕地产值。A 的人均粮食消费量＝B 的人均粮食消费量，A 的人均粮食消费额＝A 的人均消费粮食产值＝A 的人均耕地产值＝B 的人均粮食消费额＝B 的人均消费粮食产值＝B 的人均耕地产值。

A 的人均城镇建设用地的产值＝B 的人均城镇建设用地的产值，在价格可以衡量的条件下，A 的人均城镇建设用地的产值＝A 的人均城镇建设用地的收益＝B 的人均城镇建设用地的产值＝B 的人均城镇建设用地的收益。假定两个地区的耕地的比例一致，用了相等的面积生产粮食。因为土地资源面积相等，两个地区的建设用地的比例一致，用了相等的面积生产除了粮食以外的国民生产总值：A 的建设用地资源总量/A 的人口数量＜B 的建设用地资源总量/B 的人口数量，A 的人均建设用地资源数量＜B 的人均建设用地资源数量。A 的人均城镇建设用地的产值＝B 的人均城镇建设用地的产值，A 的建设用地总产值/A 的人口数量＝B 的建设用地总产值/B 的人口数量。A 的建设用地资源总量/A 的人口数量＜B 的建设用地资源总量/B 的人口数量，A 的建设用地总产值/A 的人口数量＝B 的建设用地总产值/B 的人口数量，则 A 的建设用地资源总量/A 的建设用地总产值＜B 的建设用地资源总量/B 的建设用地总产值。取两边的倒数，则 A 的建设用地总产值/A 的建设用地资源总量＞B 的建设用地总产值/B 的建设用地资源总量，A 的单位城镇建设用地的产值＞B 的单位城镇建设用地的产值。

根据前面对城镇建设用地的产值与城镇建设用地的收益相等的分析：A 的单位城镇建设用地的收益＞B 的单位城镇建设用地的收益。单位面积城镇建设用地的收益与城镇建设用地的边际收益之间的关系是：两者同方向变化，单位面积城镇建设用地的收益越大，城镇建设用地的边际收益越大，单位面积城镇建设用地的收益越小，城镇建设用地的边际收益越小。两个地区的耕地的外部边界处于均衡状态时：A 的城镇建设用地的边际收益＞B 的城镇建设用地的边际收益。根据耕地的外部边界的均衡状态的规律：A 的耕地边际收益＝A 的城镇建设用地的边际收益，B 的耕地边际收益＝B 的城镇建设用地的边际收益，A 的耕地边际收益＞B 的耕地边际收益。

单位面积耕地的收益与耕地的边际收益同方向变化，单位面积耕地的收益越大，耕地的边际收益越大，单位面积耕地的收益越小，耕地的边际收益越小。两个地区的耕地边界处于均衡状态时：A 的单位面积耕地收益＞B 的单位面积耕地收益，B 的两个地区单位面积耕地收益的差额＝A 的单位面积耕地的收益-B 的单位面积耕地的收益，A 的单位面积耕地的产值＞B 的单位面积耕地的产值，A 的单位面积耕地的收益＞B 的单位面积耕地的收益。

（二）特别支付

我们有必要分析作为耕地收益补偿的耕地收益与产值的差额。土地资源紧张的地区，会更加高效地利用土地资源，在建设用地利用方面下工夫，通过提高建设用地的单位收益，尽可能少占用建设用地，提升建设用地单位收益。根据边际收益相等的规律，耕地的单位面积收益提升，粮食总产量也会提升，多余生产的粮食成为出口的源泉。与粮食出口地区的资源禀赋及进口地区的资源禀赋水平一致的情况相比，土地资源紧张地区向土地资源丰富地区出口粮食，要求出口地区利用土地资源的水平更高，耕地的边际收益更高。

特别支付是指与粮食出口、进口地区的资源禀赋水平一致的情况相比，土地资源紧张地区向土地资源丰富地区出口粮食，出口地区的耕地边际产值提高，耕地利用效率提高，单位质量的粮食价格下降，进口地区进口粮食价格下降，低于基本支付的部分，类似出口地区对进口地区的一种支付，即特别支付。每单位质量粮食的特别支付称为特别支付的单价。特别支付的单价＝基本支付的单价-出口地区的耕地边际收益/每单位耕地出产的粮食质量＝（粮食单价＋每单位质量粮食的耕地收益补偿＋进出口地区之间的每单位质量粮食的耕地收益补偿差额）-出口地区的耕地边际收益/每单位耕地出产的粮食质量。进口地区的单位质量粮食的支付成本为：进口地区的单位质量粮食的支付成本＝出口地区的单位耕地面积产值/单位耕地出产的粮食质量＝基本支付的单价-特别支付的单价＝粮食单价＋粮食出口地区的每单位质量粮食的耕地收益补偿＋进出口地区之间的每单位质量粮食的耕地收益补偿差额-特别支付的单价。

图 7-4 中，A、B 两个地区的耕地的初始均衡边界分别在 A_1 点和 B_1 点时，两个地区只是满足自己的粮食安全供应。

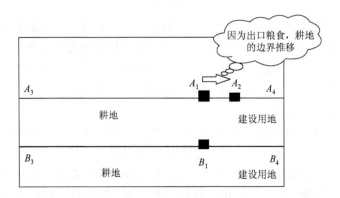

图 7-4　土地资源紧张地区向土地资源丰富地区出口粮食时的耕地边界

当 A 地区向 B 地区出口粮食时，A 地区如果不通过提高耕地利用效率，以增加粮食单产，只是为了生产更多的粮食，配置更多耕地，属于耕地占用建设用地指标。耕地均衡边界点从 A_1 移动到 A_2 点，A 地区的耕地面积增加了 A_1A_2；均衡边界移动后的 A 地区的耕地面积＝A 地区的初始耕地面积＋A 地区的耕地面积增加部分＝$A_3A_1 + A_1A_2$。均衡边界移动后的 A 地区的建设用地面积＝A 地区的初始建设用地面积–A 地区的建设用地面积减少部分＝$A_1A_4 - A_1A_2$。A 地区的建设用地面积必须减少，减少部分为 A_1A_2。为了向 B 地区出口粮食，减少 A 地区的建设用地面积是很难实现的，根据建设用地的单位产值高于耕地的现实分析，对 A 地区不划算：减少 A 地区的建设用地面积所减少的城镇建设用地的产值＞A 地区的耕地面积增加部分新增产值，A_1A_2×单位面积城镇建设用地的产值＞A_1A_2×单位面积耕地产值。目前条件下，无论粮食出口的单价提高多少，公式都成立。在耕地的外部边界不可能发生推移的条件下，土地紧张的地区向土地丰富的地区出口粮食，只能依靠提高耕地利用效率和单产。单产提高幅度为：A 地区单产提升幅度＝A 地区向 B 地区出口粮食总量/(A 地区初始粮食总量＋A 地区向 B 地区出口粮食总量)。A 地区单产的提升，引起复合效应，A 地区生产的粮食的成本降低，单位质量粮食的成本下降，降低了出口价格，B 地区的进口单价下降。下降部分即特别支付。

四、粮食进口地区的成本支付分析

（一）不同资源禀赋条件下粮食进出口的支付成本

向比自己土地资源更加丰富的地区进口粮食，只需要支付粮食单价。考虑用粮食进口来解决本地区粮食安全问题有更加多元化的分析框架（表 7-1）。

表 7-1　不同资源禀赋条件下粮食进出口的支付成本

粮食出口地区与进口地区的资源禀赋的水平比较	高于	一致	低于
粮食单价	√	√	√
每单位质量粮食的耕地收益补偿	×	√	√
进出口地区之间的每单位质量粮食的耕地收益补偿差额	×	√	√
特别支付	×	×	√

向与自己土地资源禀赋一致的地区进口粮食，需要支付粮食单价、每单位质量粮食的耕地收益补偿和进出口地区之间的每单位质量粮食的耕地收益补偿差额。向比自己土地资源更加紧张的地区进口粮食，需要支付粮食单价、每单位质量粮食的耕地收益补偿、进出口地区之间的每单位质量粮食的耕地收益补偿差额和特别支付。

（二）粮食进出口中的支付成本控制

1. 进口地区资源禀赋类型不同

从不同资源禀赋的地区进口粮食存在很大的成本差异。进口粮食的地区从不同类型的地区进口粮食，就是考虑进口成本的问题。一般地，从土地资源更加紧张的地区进口粮食会支付更多的耕地收益补偿成本：出口地区的土地资源总量/出口地区的人口资源总量＜进口地区的土地资源总量/进口地区的人口资源总量。从土地资源丰富的地区进口粮食会支付较少的耕地收益补偿成本：出口地区的土地资源总量/出口地区的人口资源总量＞进口地区的土地资源总量/进口地区的人口资源总量。即使从土地资源相当的地区进口粮食，也需要支付耕地的收益补偿差额：出口地区的土地资源总量/出口地区的人口资源总量＝进口地区的土地资源总量/进口地区的人口资源总量。为了降低耕地的进口收益补偿的支付额度，应尽可能从土地资源丰富的地区进口粮食。

2. 耕地收益补偿不等于粮食价格

进口粮食需要支付成本，不能混淆粮食交易价格与耕地收益补偿两个概念，粮食交易价格＝粮食产量×粮食单价。耕地的补偿收益与此大不相同，粮食交易价格与耕地收益补偿两个概念是耕地收益的组成部分，这两个组成部分不具备必然的相关性，不能说粮食价格越大，耕地补偿收益越大还是越小。进口地区支付的粮食价格，不能说明需要支付的耕地收益补偿的大小，这是两个完全不同的概念（表 7-2）。

表 7-2　粮食交易价格与耕地收益补偿的比较

概念	粮食交易价格	耕地收益补偿
内涵	粮食作为普通商品的货币交易额度	粮食作为经典必需品，是耕地的出产物。耕地必须实现与城镇建设用地的边际收益相等，才能维系边界均衡。城镇建设用地的边际收益确定了耕地边际收益。耕地收益确定了粮食收益。粮食收益不能完全从粮食价格中获得补偿。不能补偿的部分是耕地收益与粮食价格的差值，即耕地收益补偿
数量	在交易市场中形成	根据耕地收益与粮食价格的差值形成
表现	显现	隐蔽
比较	并不相等	并不相等

3. 进口粮食与粮食价格及耕地收益补偿

计算进口粮食成本要比较粮食价格与耕地收益补偿的总和。进口粮食需要支付的成本包括耕地收益补偿。粮食价格观察到的进口成本只是进口成本的一个部分。一个地区向不同地区进口粮食的时候，需要考虑可以明显观察到的粮价，需要比较耕地收益补偿与粮价之和，这样的进口成本比较是全面的。在粮价一样的条件下，需要支付的耕地收益补偿越少，耕地收益补偿转化而来的进口粮食的附加条件就越少，需要支付的粮价越少，整体成本越低。在耕地收益补偿与粮价不一致的情况下，需要计算耕地收益补偿与粮价之和，然后加以比较，两者之和越小，进口成本越低。如果一个地区从 A、B 两个地区进口粮食，A 地区的粮价较高，B 地区的粮价较低；如果 A 地区的耕地收益补偿较低，并且 A 地区的粮食单价＋A 地区的单位质量的耕地收益补偿＜B 地区的粮食单价＋B 地区的单位质量的耕地收益补偿，从 A 地区进口粮食是合意的。

4. 综合考虑粮价和耕地收益补偿

没有耕地收益补偿的存在，单纯考虑粮价是否合意。一旦存在耕地收益补偿，就需要全面考虑进口粮食的成本。粮食进出口贸易中，不会单纯考虑粮食价格，耕地收益补偿是一个重要因素。粮食价格较低，存在较高的耕地收益补偿，粮食出口地区需要更高的附加条件来弥补耕地收益补偿，需要综合考虑两者的总和。如果粮食价格与耕地收益补偿之和比较低，这样的进口地区就是合意的。否则，需要重新考虑。附加条件是普遍存在的，对附加条件的考虑，使得粮食进出口相当复杂。在没有引入耕地的收益补偿概念之前，把附加条件更多地看作是政治条件，忽视了附加条件的经济本质。引入耕地的收益补偿概念以后，附加条件在经济上可以用耕地的收益补偿概念加以解释：不仅解释了附加条件的来源，而且可以定量计算附加条件的具体数值，耕地的收益补偿概念是全面综合考虑粮食进口成本的重要概念。

（三）粮食进口成本的复杂情况

1. 资源禀赋不同地区进口同一地区的粮食

进口粮食是一个综合考虑粮价与耕地收益补偿的命题，简单地比较粮价高低，不足以应对复杂的粮食进出口贸易。粮食价格可以明码标价，耕地收益补偿并不明显，需要比较进出口地区的资源禀赋后进行计算。一个粮食出口地区，其粮食出口价格可能是明码标价，但是最终与不同地区达成进出口协议的时候，成交的全部成本可能仍有区别。不同进口地区的资源禀赋完全不同，不同进口地区与不同出口地区的资源禀赋的关系不同，形成不同的组合。如果 A 属于粮食出口地区，B、C、D 属于粮食进口地区。三个地区进口数量一样的粮食，A 地区作为粮食出口地区，明码标价，出口价格为 A_0，三个地区进口粮食，需要支付的粮食价格都为 A_0。B、C、D 地区的粮食进口成本并不一样，并不存在恒定不变的三个地区统一的耕地收益补偿。耕地收益补偿是两个具体地区之间相互比较之后的量值，即 B 地区与 A 地区相互比较之后的耕地收益补偿，不等于 C 地区与 A 地区相互比较之后的耕地收益补偿，更不等于 D 地区与 A 地区相互比较之后的耕地收益补偿。

同一个地区与不同资源禀赋的地区相互比较，耕地的收益补偿并不一致。B、C、D 地区的土地资源禀赋关系：B 地区的土地资源总量/B 地区的人口资源总量＞C 地区的土地资源总量/C 地区的人口资源总量＞D 地区的土地资源总量/D 地区的人口资源总量，B 地区的土地资源禀赋超过 C 地区，C 地区土地资源禀赋超过 D 地区。

同一个地区向不同资源禀赋的地区出口粮食，需要对方支付的耕地收益补偿并不相同。即使这个粮食出口地区标示的粮食价格一样，对三个资源禀赋完全不同的进口地区，也会有并不相同的三种粮食出口成本。如果将 B、C、D 地区的粮食进口成本分别表示为 B_2、C_2、D_2，$B_2 = A_0 + B_1$，$C_2 = A_0 + C_1$，$D_2 = A_0 + D_1$，$A_0 + B_1 > A_0 + C_1 > A_0 + D_1$，$B_2 > C_2 > D_2$。

2. 同一地区从不同类型地区进口粮食的耕地收益补偿不一致

同一个地区向不同资源禀赋的地区进口相同数量的粮食，也会有不同的耕地收益补偿。进口地区与不同资源禀赋的粮食出口地区之间的相对资源禀赋条件不同，耕地收益补偿不相等。即使这几个粮食出口地区的粮食价格一致，其进口粮食的成本也不同。进口粮食的地区需要在进口粮食价格与耕地收益补偿的总体成本方面下功夫，不仅看粮食价格，更要看耕地收益补偿与粮食价格的总和。粮食价格低，不一定是首选，只有综合成本低，才有考虑的必要。进口粮食的地区，在多元化的进口粮食格局中，需要尽可能增加综合成本比较低的地区的进口比例，降低综合成本比较高的地区的进口比例，实现进口成本最低的目标。

（四）综合进口成本单价分析

1. 综合进口成本单价计算

对一个具体的进口粮食的地区，假定其粮食进口是多元化的。进口粮食不是从一个地区进口，而是可能从不同的粮食出口地区购买粮食。面对多元化的进口格局，进口粮食的综合成本就需要用加权平均值计算的综合进口成本单价。综合进口成本单价是与一般意义上的粮食进口单价相区别的一个概念，是引入耕地收益补偿概念以后的产物，不仅包括一般意义上的粮食进口单价，还包括单位质量的粮食的耕地收益补偿。

不同地区、不同批次进口粮食的数量不同，粮食进口单价不同，而且单位质量的粮食的耕地收益补偿不同。综合进口成本单价，既要考虑不同批次的进口粮食的数量占粮食进口总量的比例，还要根据不同出口地区的粮食进口单价及其单位质量的粮食的耕地收益补偿，计算加权平均值。计算某个粮食进口地区的综合进口成本单价，可以说明进口地区的粮食进口的综合成本，包括一般意义上的粮食价格与耕地收益补偿在内的所有成本。

不同地区进口的粮食总量占全部进口粮食的比例，与从不同地区进口的粮食的综合进口成本单价，加权求和，可以计算出进口地区所有进口粮食的综合进口成本单价。综合进口成本单价包括两个部分：一个部分是单价，是进口地区为了购买粮食，向某一个具体地区支付的综合进口成本单价。另一个部分是比例。综合进口成本单价包括两大块，用 $M_{i1} + M_{i2}$ 表示。M_{i1} 是一般意义上的粮食的出口单价。M_{11} 是从第一个地区进口粮食明码标价的单价，用 M_{n1} 表示从第 n 个地区进口粮食的明码标价的单价，依此类推。M_{i2} 是进口地区向不同出口地区购买粮食时，分别与不同出口地区之间发生的单位质量粮食的耕地收益补偿的跨国转移。单位质量粮食的耕地收益补偿用 M_{i2} 表示。M_{12} 表示从第一个地区进口的单位质量粮食的耕地收益补偿的跨国转移，M_{n2} 表示从第 n 个地区进口的单位质量粮食的耕地收益补偿的跨国转移。

第二部分是进口地区从不同地区购买的粮食占全部进口粮食的比例。用 N_i 表示从某一出口地区进口的粮食占进口地区所有进口粮食的比例，用 N_1 表示从第一个地区进口的粮食占进口地区所有进口粮食的比例；用 N_n 表示从第 n 个地区进口的粮食占进口地区所有进口粮食的比例。对某一个具体的进口粮食的地区，从第一个出口地区购买粮食需要的综合进口成本单价为 $M_{11} + M_{12}$，$(M_{11} + M_{12}) N_1$ 表示该出口地区的综合进口成本单价对进口粮食地区的全部进口粮食的综合进口成本单价的贡献。从第 n 个出口地区购买粮食需要的综合进口成本单价为 $M_{n1} + M_{n2}$，$(M_{n1} + M_{n2}) N_n$ 表示该出口地区的综合进口成本单价对进口粮食的地区的全部进口粮食的综合进口成本单价的贡献。所有出口地区的贡献累加，就是进口粮食地区的全部进口粮食的综合进口成本单价。M_z 表示粮食进口地区的综合进口成本单价：

$$M_z = \sum_{i=1}^{n} (M_{i1} + M_{i2}) N_i$$

2. 降低综合进口成本单价的对策

假定一个具体的进口地区从很多地区都进口粮食，其综合进口成本单价的构成比较复杂。为了降低综合进口成本单价，需要分析进口地区的土地资源禀赋，以及不同地区的粮食进口的综合进口成本单价，分析不同地区进口的粮食占总量的比例，尽可能从综合进口成本单价比较低的地区进口更多的粮食。假定两个地区，没有出口以前，人口、土地面积、人口密度、单产、耕地的边际产值、单位面积耕地收益补偿分别为特定的数值，出口以后，人口、土地面积、人口密度、单产、耕地的边际产值、单位面积耕地收益补偿分别为特定的数值，据此分别计算成本支付。耕地边界理论分析的结论，支持了对粮食生产的补贴。无论是任何形式的粮食生产补贴，都可以归入耕地收益补贴之中。

第八章　耕地的外部边界

第一节　从三元到二元的耕地外部边界

一、统筹耕地与城镇建设用地的边际收益

（一）城镇建设用地占用耕地

1. 耕地与建设用地的边际收益比较

耕地收益一直被认为很低。首先是抛荒现象的存在，证实了耕地的边际收益较低。大面积存在的抛荒影响粮食安全。其次是耕地的收益低于城镇建设用地的收益。大量耕地征用为建设用地体现了不同土地的边际收益存在差距。最后是耕地的收益比进城打工收入低导致耕地利用效率下降。

2. 耕地边际收益较低促进城镇建设用地拓展

耕地的收益是否必然低于城镇建设用地需要具体条件。目前城镇建设用地收益高于耕地，大量耕地被占用，作为城镇建设用地，反映了边际收益的差距。初始状态城镇建设用地的边际收益大于初始状态耕地的边际收益，在没有耕地面积计划的条件下，确实可能出现城镇建设用地的扩展，一直到边际收益相等为止。耕地面积减少，城镇建设用地面积增加。

（二）耕地向宅基地的拓展

1. 耕地的边际收益高于宅基地

在产权明晰的条件下，耕地的边际收益大于宅基地的边际收益。耕地从事粮食生产，可以获得收益，但是宅基地很难获得生产收入。

2. 宅基地边际收益较低促进耕地拓展

农村建设用地，特别是边际收益低的宅基地，在耕地外部边界的自由配置下很快减少。没有耕地面积计划的条件下，确实可能出现耕地的扩展，一直到

边际收益相等为止。此时，耕地扩展后的边际收益等于耕地扩展后宅基地的边际收益。耕地面积增加，宅基地面积减少，耕地扩展后增加的耕地面积＝耕地扩展后减少的宅基地面积，耕地扩展后的耕地面积＝初始状态的耕地面积＋耕地扩展后增加的耕地面积＝初始状态的耕地面积＋耕地扩展后减少的宅基地面积。如果在耕地扩展的过程中，耕地面积增加，导致耕地扩展后的面积超出耕地面积计划，耕地扩展后减少的宅基地面积＞耕地面积计划-初始状态的耕地面积。如果初始状态的耕地面积＞耕地面积计划，则耕地面积计划-初始状态的耕地面积＜0，耕地扩展后减少的宅基地面积＞耕地面积计划-初始状态的耕地面积。如果初始状态的耕地面积≤耕地面积计划，则耕地面积计划-初始状态的耕地面积≥0。

（三）耕地的增加与减少能否均衡拓展

在城镇建设用地与耕地边界均衡状态的形成过程中，建设用地向耕地拓展，耕地在与宅基地边界均衡状态的形成过程中，耕地向宅基地拓展，根据产权明晰程度，如果耕地的外部边界的形成过程是有效的，会出现两种结果。宅基地的减少会很快弥补耕地面积的减少数量，抵消了城镇建设用地突破耕地面积计划的部分，此时可能出现耕地面积计划保护条件下的耕地外部边界的均衡状态，减少的宅基地面积将大于或等于因为城镇建设用地拓展而占用的耕地面积。

（四）均衡边界统筹城乡建设用地指标

1. 城乡建设用地与耕地的均衡边界

宅基地的边际收益远低于耕地。假定压缩 3.467×10^6 公顷宅基地，即减少 3.467×10^6 公顷宅基地作为耕地，耕地所增加的面积为 3.467×10^6 公顷。耕地与城镇建设用地形成的边界，有可能将城镇建设用地加以拓展，城镇建设用地的边际收益远高于耕地。假定因为城镇建设用地的边际收益高于耕地，城镇建设用地面积扩大，耕地面积减少。如果城镇建设用地面积扩大部分等于宅基地面积减少的部分，同为 3.467×10^6 公顷。这部分因占用耕地而增加的土地足以满足城镇建设用地增加的需要。宅基地的减少导致耕地的增加，与城镇建设用地增加导致的耕地占用面积接近，并没有减少耕地面积。

2. 统筹城乡建设用地指标

在耕地的增减的过程中，两次形成耕地的均衡边界（图8-1）。

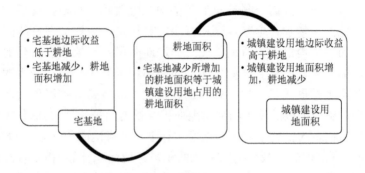

图 8-1 均衡边界统筹城乡建设用地指标

二、形成均衡状态过程中统筹城乡建设用地指标

(一)耕地与宅基地的边界有助于减少宅基地面积

1. 从减少宅基地入手供应城镇建设用地指标

《节约集约利用土地规定(草案)》(征求意见稿)提出,控制建设用地总量,处理好开发建设与保护耕地的关系。要贯彻十分珍惜、合理利用土地和切实保护耕地的基本国策,促进集约节约利用土地,提升土地资源对经济社会发展的承载能力。保障新型城镇化战略实施所需要的城镇建设用地指标来自耕地的余地基本很小。中央推进新型城镇化战略的决心和信心很大,大量城镇建设用地指标的来源成为重中之重。不能从耕地获得城镇建设用地指标,就必须从建设用地总量的结构升级和合理利用入手,改变城乡建设用地指标的不合理结构,实现合理的建设用地指标利用。耕地边际收益高于宅基地,可以把宅基地规模降下来。

2. 城镇人均建设用地指标达到城乡人均水平

2009 年宅基地面积据估计有 1.68×10^7 公顷[61],相当于城市建设用地的 4.6~4.8 倍[62]。假定按照 4.6 : 1 计算宅基地与城镇建设用地的面积比例,则有 3.652×10^6 公顷城镇建设用地。按照城镇户籍人口占比 35% 计算,有 4.55 亿人口,农村户籍人口比例为 65%,有 8.45 亿人口。城镇户籍人均建设用地面积 = 8.059×10^{-3} 公顷/人,农村户籍人均建设用地面积 = 1.988×10^{-2} 公顷/人,全国人均建设用地面积 = 1.573×10^{-2} 公顷/人;全国人均建设用地面积与城镇户籍人均建设用地面积的比值 = 1.95,全国人均建设用地面积几乎接近城镇户籍人均建设用地面积的

2 倍。按照全国人均建设用地面积计算城镇户籍人口应该占用的建设用地面积 = 7.157×10^{6} 公顷。按照全国人均建设用地面积计算城镇户籍人口应该继续占用的建设用地面积 = 3.505×10^{6} 公顷。

即使不计算即将在城镇落户的非户籍常住城镇人口，仅按照目前的城镇户籍人口计算，按照全国人均建设用地面积计算的城镇建设用地面积应该再增加 3.505×10^{6} 公顷，这就是宅基地可以向城镇建设用地输送的指标。

宅基地的边际收益低于耕地，可以通过减少 3.505×10^{6} 公顷宅基地，同时增加等量耕地，形成耕地与宅基地的均衡边界。城镇建设用地边际收益高于耕地，可以通过减少 3.505×10^{6} 公顷耕地，同时增加等量城镇建设用地，形成耕地与城镇建设用地的均衡边界。在形成耕地与宅基地的均衡边界和耕地与城镇建设用地的均衡边界的过程中，可以减少宅基地指标，增加等量城镇建设用地指标。城乡建设用地指标统筹，实现了城乡人均建设用地指标均等，具有战略意义，城镇建设用地指标增量促进新型城镇化战略实施。

3. 由宅基地向城镇建设用地输送指标

下面我们分析目前城镇常住人口的建设用地指标转移。2012 年城镇常住人口，大约为 6.838 亿人。这 6.838 亿人按照全国人均建设用地面积计算，应该占用的建设用地面积为 1.076×10^{7} 公顷。城镇非户籍常住人口需要的建设用地指标 = 3.603×10^{6} 公顷。城镇常住的非户籍人口的城镇化需要把其所占用的宅基地转变为建设用地指标，总量接近目前城镇建设用地面积总量。在耕地与宅基地的边界均衡状态形成过程中，进城趋势明显，宅基地边际收益进一步下降，远低于耕地。

4. 根据每年城镇化比例提升速度可持续供应城镇建设用地指标

按照每年城镇化提升比率 0.8%计算，每年增加人口数量为 0.104 亿人口。按照全国人均建设用地指标，每年城镇化新增建设用地面积 = 1.573×10^{-2} 公顷× 0.104 亿人口 = 1.636×10^{5} 公顷。根据城镇化比例提升的速度，每年可持续供应城镇建设用地指标为 1.636×10^{5} 公顷。在耕地与宅基地边界均衡状态的形成过程中，城镇化成为主流趋势，农村常住人口比率进一步下降，农村户籍人口进一步减少，宅基地空置率更高，宅基地边际收益进一步快速下降，远低于耕地的边际收益，耕地外部边界向宅基地减少的方向移动。在耕地与城镇建设用地边界均衡状态的形成过程中，城镇化战略的地位越发凸显，其顺利实施让城镇化成为吸纳农村居民的重要载体，城镇户籍人口比例提升加快，建设用地指标缺乏，城镇建设用地边际收益进一步提高，远高于耕地，可以每年减少耕地

1.636×10^5 公顷，同时增加等量的城镇建设用地，耕地的外部边界向耕地减少的方向移动。

（二）产权明晰实现耕地的外部均衡边界

1. 耕地的均衡边界可以统筹城乡建设用地指标

耕地外部边界均衡状态的形成过程，需要统筹城乡建设用地指标，实现宅基地与城镇建设用地指标的置换。利用耕地外部边界均衡状态的形成过程是统筹城乡建设用地指标的路径。

2. 产权明晰才能实现耕地的外部边界均衡状态

城镇建设用地的边际收益高于耕地，可以增加城镇建设用地面积，这种机制建立在耕地产权与城镇建设用地产权同等明晰的基础上。如果耕地产权不明晰，城镇建设用地的产权比较明晰，会存在耕地外部边界偏离均衡状态，向耕地一方移动。宅基地的边际收益低于耕地，可以增加耕地面积，如果耕地的产权不明晰，宅基地的产权比较明晰，反倒会出现耕地的外部边界偏离均衡状态，向耕地一方移动，增加宅基地，减少耕地的现象。这正是目前宅基地过度占用的原因所在。

三、统筹城乡建设用地指标形成耕地的外部边界

（一）耕地外部边界的形成是综合、复杂的过程

形成耕地外部边界均衡状态的过程，可以实现城乡建设用地指标的统筹配置，实现土地资源的合理配置。根据耕地与两种土地资源的关系，把耕地外部边界的形成过程分为耕地与宅基地的边界及其形成过程和耕地与城镇建设用地的边界及其形成过程（图8-2）。

图 8-2　耕地与宅基地和城镇建设用地的均衡边界

在耕地外部边界的形成过程中，耕地同时与宅基地和城镇建设用地发生关系，在同时发生的耕地与宅基地、耕地与城镇建设用地、宅基地与城镇建设用地的关系中形成错综复杂的关系网。

（二）城乡统一的建设用地市场对耕地外部边界的影响

1. 耕地外部边界的三元结构

提出建立城乡统筹的建设用地市场理论创新之后，给耕地外部边界的形成过程带来新的变化。没有提出建立城乡统一的建设用地市场之前，耕地外部边界形成过程是三元的，表现为三种相互关系，存在三条边界，即耕地与宅基地的关系及边界、耕地与城镇建设用地的关系及边界、城镇建设用地与宅基地的关系及边界。耕地的外部边界主要关心前两种关系及由此形成的耕地与其他建设用地形成的边界（图8-3）。

图8-3 耕地外部边界的三元结构

2. 城乡统一的建设用地市场对耕地边界的启示

建立城乡统一的建设用地市场之后，首先在实践中打通了城镇建设用地与宅基地之间的沟通渠道，实现了耕地外部边界均衡状态所需要的市场配置资源的要求。

3. 耕地外部边界的形成过程由三元结构变为二元结构

耕地与宅基地及城镇建设用地之间的边界，可以简化为耕地与城乡统一的建设用地市场之间的边界。耕地外部边界的形成过程由三元结构变为二元结构，对耕地外部边界的均衡状态产生深刻的影响。耕地外部边界的形成过程对城乡建设用地指标的统筹功能减弱，耕地的产权明晰决定了耕地外部边界均衡状态是否发生偏离。

四、耕地边界产生的根源

（一）耕地边界的唯一性只有一个

1. 耕地边界与抛荒

耕地的外部边界，即耕地与非耕地的边界。出现耕地的外部边界概念主要是因为耕地内部存在利用率不高的问题，大量耕地抛荒，造成耕地内部出现分化。一部分耕地没有利用，属于抛荒部分，只有部分耕地被有效利用，属于实际耕作土地。虽然抛荒耕地所占比例只有 5%～10%，但是绝对数量较大。耕地内部边界指有效利用耕地与抛荒耕地的边界。如果治理抛荒有效，则耕地内部向外移动，C 点向右移动，最终与 D 重合，实现耕地的内部边界与耕地的外部边界的重合，抛荒耕地面积不复存在，抛荒耕地面积等于 0，实质耕地面积等于名义耕地面积（图 8-4）。

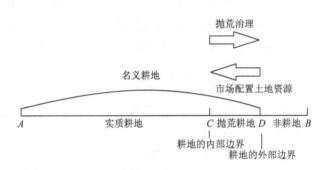

图 8-4　耕地内部边界与外部边界的均衡

2. 内部边界是外部边界未实现均衡的产物

虽然存在大量的抛荒耕地，但并没有影响粮食安全，连续十年粮食产量处于较高水平。如果大量耕地抛荒能够保证未来的粮食安全，用途管制限定的耕地外部边界太大导致抛荒。如果没有用途管制，市场配置耕地的外部边界，一定会落在耕地红线以内，市场配置土地资源条件下的耕地面积小于名义耕地面积。如果市场配置土地资源的条件下，耕地边界的均衡点落在 C 点，即落在耕地的内部边界点，说明抛荒耕地面积 CD 正是因为用途管制产生的被闲置的土地面积。用途管制提高了名义耕地面积，让名义耕地面积高于市场配置土地资源条件下的耕地面积。耕地的外部边界向左边移动，与耕地的内部边界重合，抛荒耕地应该被划入非耕地之列。此时，市场配置土地资源条件下的耕地面积等于实质耕地面积。

（二）耕地内部与外部边界的重合很难通过治理抛荒实现

1. 抛荒的思想根源

粮食生产连续十年处于较高水平，只要粮食总产量没有明显下降，对抛荒耕地治理的需求不会太强，耕地抛荒可能长期存在。粮食生产连续十年处于较高水平，但是国家仍然十分谨慎，不敢有所松懈。粮食高产的基础十分薄弱，对未来的粮食安全保障不敢乐观，宁肯储备大量抛荒耕地，以备不时之需。这种未雨绸缪的思想，从资源配置效率的角度看，无疑存在问题。粮食生产建立在复杂因素综合作用的基础上，需要有所准备，尽可能做好储备，预防不测。以大量抛荒耕地作为储备，在粮食生产中，可能遭遇自然灾害，影响粮食总产量。自然灾害是不可能预测的，自然灾害到来之前的耕作季节，抛荒耕地仍然没有耕作。在自然灾害到来之后，没有耕作的抛荒耕地仍然属于闲置土地，基本上不可能起到储备耕地，以备不虞的粮食安全功能。只要把实质耕地利用好，同样可以应对可能的粮食安全压力。相反，抛荒耕地作为储备，并无必然的效力。抛荒耕地作为应对未来人口增加所需粮食的储备，是听任大量耕地抛荒的一个潜在理由。根据目前中国人口发展的态势，并无必然的理由说明未来人口压力会对粮食安全带来影响。

很快下降的出生率，已经让中国进入人口总量发展的特殊通道。这个担心并不符合目前的人口实际。未来人口压力并不是治理抛荒应该主要考虑的因素。一般人往往认为，随着生活水平提高，人均粮食需求量会大幅提高。严格治理浪费粮食的风气，有可能使人均粮食消费量稳步下降。未来生活水平继续提升，不能必然带动人均粮食消费量的增长。土地需要适当休息，但是目前存在的大量抛荒远超出轮作的要求，属于严重的耕地资源浪费。不能以未来粮食安全保障为理由，容忍抛荒耕地的大量存在（图8-5）。

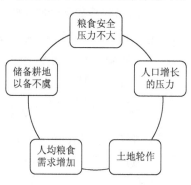

图 8-5　对抛荒耕地暧昧态度的几种思想根源

2. 抛荒耕地治理很难见效

治理抛荒举步维艰。一些省对没有抛荒的粮农进行奖励，但是收效甚微，抛荒仍在部分地区蔓延。

（三）抛荒与粮食安全的关系

1. 抛荒与粮食安全的两种假设、四种类型

一是假设抛荒与粮食安全有关。可以是抛荒影响粮食安全，也可以是粮食安全影响抛荒。二是假设抛荒与粮食安全没有关系。

2. 抛荒影响粮食安全

抛荒是对耕地资源的浪费，降低了粮食总产量，影响了粮食安全。近十年来，抛荒愈演愈烈。

3. 抛荒影响粮食安全的观点

如果没有对抛荒的治理，粮食总产量不可能实现十年高产。这种判断肯定了治理抛荒对粮食安全的作用。局部地区的抛荒治理可能会取得一定效果，很难说抛荒治理有效，也很难得出结论说因为抛荒治理降低了抛荒面积，庞大的抛荒耕地是治理的结果还是治理的压力很难断定。面积巨大的抛荒耕地是抛荒治理很难见效的明证。根治抛荒需要制度创新。

（四）抛荒与粮食安全的关系比较微妙

1. 抛荒对粮食安全的影响不大

粮食高产与大量抛荒同时存在且并行不悖。抛荒严重与粮食高产没有必然关系，在实现粮食高产的十年中政府付出了很多努力，采取了诸多措施，仍然存在大量抛荒耕地，但并没有影响粮食高产。

2. 抛荒很难根治说明抛荒的存在另有原因

一些省为治理抛荒下大力气，采取种种举措，但是都收效甚微。对抛荒听之任之，抛荒更严重。下大力气治理抛荒，抛荒仍然严重。目前条件下，一般认为是激励不足。

图 8-6　抛荒与粮食安全的关系

3. 抛荒形成的耕地内部边界使耕地边界处于均衡状态

抛荒是主观意志不希望存在的现象，抛荒的存在及严重态势违背人们的意志。用途管制条件下，抛荒大量存在形成了耕地的内部边界。耕地的内部边界是市场配置土地资源条件下耕地边界的均衡状态，耕地的外部边界很难与耕地边界的均衡状态契合。粮农通过抛荒形成耕地的内部边界，进一步形成了耕地边界的均衡状态（图8-6）。

第二节　耕地的外部边界与粮食安全底线

一、粮食安全底线的实现方式

耕地边界均衡状态的实现有几个相关因素。首先，粮食安全保障确保在粮食安全的基础上形成耕地边界的均衡状态。其次，耕地利用效率最优，同时使土地利用效率最优。通过市场配置三种土地资源，使耕地、农村建设用地与城镇建设用地的利用效率达到最佳状态。

（一）耕地边界与粮食安全的关系

1. 耕地边界与粮食安全保障

耕地边界的均衡状态是在市场配置资源的条件下形成的，有利于实现资源的最优配置。耕地资源配置效率最优的条件下能够保证粮食安全，耕地边界的均衡状态实现了保障双重目标效率与粮食安全最优。

2. 耕地外部边界均衡状态下粮食单产的增长潜力最大

在市场自由配置耕地资源的条件下，耕地外部边界的均衡状态必然保障粮食安全。要实现耕地外部边界的均衡状态必须使耕地的边际收益等于城镇建设用地的边际收益。要实现耕地的边际产值与城镇建设用地的边际产值相等必须最大限度提升耕地单产。耕地外部边界均衡状态下的粮食单产的最大潜力＝耕地的边际产值/粮食单价＝城镇建设用地的边际产值/粮食单价。在市场配置土地资源的条件下，粮食单产的提升潜力很大。在农业技术提升的支撑下，耕地单产可以实现最优化，这时，人均粮食产量可以实现较高水平。人均粮食产量的最大潜力＝人均耕地面积×粮食单产的最大潜力＝人均耕地面积×（耕地的边际产值/粮食单价）＝人均耕地面积×（城镇建设用地的边际产值/粮食单价）。考虑到城镇建设用地的边际产值比较高，在农业技术提升的支撑下，人均粮食产量的最大潜力得到发掘，确保粮食产量红线的实现。

3. 市场是实现耕地粮食单产的最大推动力量

假定市场是实现耕地粮食单产的最大推动力量。实验室的无土栽培和分层利用光热资源的技术十分发达，只要愿意投资，粮食单产可以得到提升。

（二）粮食生产已经进入需求决定产量的阶段

1. 传统粮食生产模式下粮食生产依靠耕地面积

该种模式是依靠大面积耕地的传统模式，受制于较低的单产，属于劳动力密集、技术和资金投入少的粮食生产模式，是目前普遍存在的大田生产模式。该种模式单产提升有限，要生产同样数量的粮食，必须投入大面积耕地，每单位面积耕地的资金投入较少。

2. 批量粮食生产模式是资金密集型生产方式

该种类型的粮食生产模式是实验室集约粮食生产模式。这种生产模式已经不再是单纯依靠低水平的单产状态，而是主要依靠资金与技术的密集投入，在有限的耕地面积上实现很高的单产水平。该种模式与上一种模式相比，类似于现代化大生产对手工业作坊的超越。该种模式不再依靠大面积耕地、很多的劳动力投入和低水平的单产，需要资金、高科技与高素质劳动力投入，达到很高的单产水平。

3. 批量粮食生产方式节约了大量耕地资源

生产同样数量的粮食可能需要更少的耕地。需要的耕地面积减少，耕地成本投入减少，增加了资金、技术和高素质劳动力的投入，单位面积耕地的投资可能以几何指数增长。很可能批量粮食生产方式下所需投资与传统粮食生产方式下所需投资的差值巨大，往往需要很大投资才能实现传统粮食生产模式向批量粮食生产模式的升级，这也是耕地面积保护在传统粮食生产模式下成为重中之重的核心原因。这可以解释耕地与资金、技术、高素质劳动力之间的相互替代关系。

（三）传统粮食生产方式向现代化集约型批量粮食生产方式转型

1. 传统粮食生产方式转型的制约因素是资金

耕地资源制约粮食生产仍然属于传统的生产方式。类似于现代化大生产出现以前，厂房面积对产量的制约一样。只有到了批量生产阶段，生产技术和生产条件已经完全不能构成对生产的制约，只有需求对产量的制约仍然存在，条件制约型转变为需求制约型。粮食生产也面临这种转型。目前的粮食生产模式，之所以不能从传统的模式转向现代化模式，不是技术的制约，而是资金投入和高素质劳动力投入的制约。目前的农业生产技术已经发展到相当高的水平，实现现代化集约型批量粮食生产方式没有障碍。囿于资金投入的高密度，可以在有限的耕地上试验采用现代化集约型批量粮食生产方式，但很难在大田中普遍实现现代化集约型批量粮食生产方式。

2. 向现代化集约型批量粮食生产方式转型的条件

在大田中普遍实现现代化集约型批量粮食生产方式的条件是转型节省的耕地价值大于等于投入的大量资金。

3. 向现代化集约型批量粮食生产方式转型的动力

耕地外部边界意味着与之相对的城乡建设用地的边界。耕地外部边界决定了城乡建设用地的边界。从建设用地的角度分析，新型城镇化战略的实施使建设用地指标不足，如果统筹城乡建设用地指标，把农村建设用地指标转化为城镇建设用地指标的成本可以忽略不计，则毋庸费尽心力推动传统粮食生产方式向现代化集约型批量粮食生产方式转型。在市场配置土地资源形成耕地外部边界的条件下，如果把农村建设用地指标转化为城镇建设用地指标的成本较高，则需要考虑推动传统粮食生产方式向现代化集约型批量粮食生产方式转型，节省建设用地指标。把农村建设用地指标转化为城镇建设用地指标的交易成本大于推动传统粮食生产方式向现代化集约型批量粮食生产方式转型的交易成本时，推动传统粮食生产方式向现代化集约型批量粮食生产方式转型，节省土地指标，供应建设用地合算。反之，把农村建设用地指标转化为城镇建设用地指标的交易成本小于推动传统粮食生产方式向现代化集约型批量粮食生产方式转型的交易成本时，把农村建设用地指标转化为城镇建设用地指标，统筹城乡建设用地指标，节省农村建设用地指标，供应城镇建设用地合算。

据国家对耕地面积的计划控制，不允许减少耕地面积，控制建设用地总量增加，把农村建设用地指标转化为城镇建设用地指标，统筹城乡建设用地指标，优化建设用地指标结构，节省农村建设用地指标，供应城镇建设用地。

4. 向现代化集约型批量粮食生产方式转型的内在激励

城乡建设用地指标置换涉及宅基地上的农村居民，传统粮食生产方式向现代化集约型批量粮食生产方式进一步转型涉及全体粮农。不可只考虑城镇化的利益，忽视农村居民和粮农的利益。如果在城乡建设用地指标的统筹过程中，农村居民的宅基地被置换成城镇建设用地指标，农村居民丢掉宅基地，丢掉赖以维系生活的基础，这损害了农村居民的利益。在资金充裕的条件下选择传统粮食生产方式向现代化集约型批量粮食生产方式转型是合意的。在传统粮食生产方式向现代化集约型批量粮食生产方式进一步转型过程中，耕地面积减少，需要的粮农数量减少，单位耕地面积需要的资金增大，如果每个粮农拥有的耕地数量未变，粮农需要在数量不变的耕地上投入更多资金。如果粮农拥有的资金不够充裕，粮农很难选择传统粮食生产方式向现代化集约型批量粮食生产方式进一步转型。如果农村居民的宅基地财产性收入能够得到保证，选择城乡建设用地指标的统筹是合意的，农村居民的宅基地被置换成城镇建设用地指标，他们离开宅基地，告别村居生活，进入为进城人口筹集建设用地指标的城镇，开始了城镇生活。即使满足粮食安全需要和粮食生产成本合算的要求，传统粮食生产方式向现代化集约型批量粮食生产方式的进一步转型也不一定自然发生，需要生产力水平发展到一定程度，需要考虑资金支持，需要从农村居民特别是粮农的利益权衡入手，找到转型的内在激励。有了外在动力，加上内在激励，才能形成传统粮食生产方式向现代化集约型批量粮食生产方式的进一步转型。

（四）转型有助于耕地外部边界在新模式下实现均衡

1. 模式转型实现更高效率的土地资源配置

模式转型不仅能为城镇化建设提供建设用地支持，还具有提高土地资源整体配置效率的作用。在耕地面积以外提高土地资源利用效率的方法中，城镇建设用地指标虽然占比最低，但利用效率还有很大潜力可以提升。

土地资源利用效率的提升主要是耕地资源利用效率的提升。传统观点以为耕地面积属于计划控制的范畴，不能动，不敢动，不需要动，不可能动。其实，在统筹利用土地资源，全面提高城镇建设用地、农村建设用地特别是宅基地利用效率的条件下，大幅度提高耕地利用效率意义重大。假定目前的粮食生产基本满足需求。节约粮食会降低人均粮食消费量，生活水平提高可能增加粮食消费，两种因素相互抵消，未来人均粮食消费没有明显变化。高峰期人口比目前人口最多增长 10%，粮食需求量最多增长 10%。目前抛荒比例为 5%～10%，取 5%这个最低值作为计算的标准，这说明目前耕地的 95%满足了目前的粮食安全。

未来人口峰值比目前增长 10%属于最大值，耕地利用效率提高 10%属于最低提升幅度。耕地利用效率的适度提升节省了很多耕地资源，节省的耕地资源面积＝耕地面积总量×节省的耕地资源比例＝$1.217×10^8$ 公顷×5%＝$6.085×10^6$ 公顷。与目前的城镇建设用地面积 $3.652×10^6$ 公顷相比，节省的资源还是很大的。假如拿出其中一半作为城镇化建设，可以有相当数量的城镇建设用地资源，相当于目前城镇建设用地面积的较大比例。35%的城镇户籍人口占用了 $3.652×10^6$ 公顷城镇建设用地，按照这个比例，节约耕地多出的城镇建设用地对应较高比例的城镇户籍人口，可以提升城镇户籍人口比例。

2. 模式转型提升粮食安全保障能力

把节省的资源拿出一部分作为粮食安全保障能力建设，可以有效提高粮食安全水平。假如拿出其中一半作为粮食总产量红线建设，可以有较多数量的高效利用的耕地资源。如果彻底治理好抛荒，提高耕地利用效率的10%，用好这些高效利用的耕地资源，粮食总产量红线是可以安然无虞的。

3. 模式转型形成耕地边界新的均衡

在耕地面积计划条件下，形成耕地新的边界，这种虽然并非市场配置的均衡状态，有效提升了土地资源利用效率，妥善解决了目前比较紧迫的城镇建设用地指标和粮食总产量红线的实现问题，反映了在耕地面积计划背景下的效率改进是一种较好选择。

4. 粮食生产方式转型是粮食安全保障和耕地利用效率提升的关键

任由粮食生产长期处于传统模式状态是一种不可持续的粮食安全保障选择。选择高度的技术密集型和资金密集型生产模式向现代化集约型批量粮食生产方式的转型，这是未来解决粮食安全问题与耕地利用效率的出路。

二、粮食安全的产量目标

（一）粮食安全目标

1. 非目标制

为了实现土地资源利用效率最优基础上的粮食安全保障，很多国家就粮食安全提出可以衡量的目标体系。很少有国家对自己的粮食生产不提出产量目标的，特别是一些人口多、耕地面积少的国家。

2. 目标制

为了切实保障国家粮食安全，人口多、耕地面积少的国家往往提出粮食安全底线。粮食总产量红线和耕地面积计划，其实现方法有所区别。在计划目标之下有计划方法和市场方法两种选择，耕地的市场交易能促进耕地的利用效率提高。

（二）粮食安全的产量目标是核心

1. 粮食总产量红线是核心

实践中把粮食生产条件作为粮食安全保障的基础，为此建立了各种各样的保护红线。为了确保数量足够的劳动力生产粮食，不允许农村劳动力流动，以劳动力数量保障粮食安全是一种典型的条件式红线。资金投入红线、耕地面积红线等无疑都是条件式的红线。在所有的粮食安全底线中，粮食总产量红线是最有价值

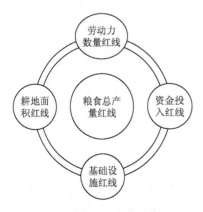

图 8-7　粮食总产量红线为
核心的粮食安全底线保障

的，也是最难量化、最难监督、最考验管理能力的。什么时候能够真正从条件式红线转型为粮食总产量红线，就说明管理能力获得了大幅度提升（图 8-7）。

2. 从条件式红线转型为粮食总产量红线提升管理水平

中央提出确保粮食安全底线和实有耕地数量基本稳定，坚持守住耕地保护红线。红线不仅包括面积，还需要建立耕地利用红线，包括抛荒耕地治理红线和利用效率红线。最关键的是建立粮食总产量红线，在确保总产量稳步提升、最优利用土地资源的条件下，形成耕地外部边界的均衡状态。条件式红线转型为粮食总产量红线，考验各级管理部门对粮食总产量红线的管理能力。不能仅着眼于总产量实现的条件，如劳动力数量、耕地面积等，更需要关注劳动力素质、劳动力经营规模和耕地利用效率、抛荒耕地治理等与粮食总产量红线息息相关的指标的管理与控制。为了把粮食安全战略实践好，进行转型升级势在必行。只有条件式管理，没有从粮食总产量红线本身着手，给耕地外部边界的均衡状态带来障碍。不从粮食总产量红线入手，势必需要从条件入手，劳动力流动已经让劳动力数量红线管制崩溃，只能从耕地面积红线入手。耕地面积红线虽然保护了名义耕地面积，却不能确保实有耕地面积。耕地边界均衡状态的形成过程，可以让各种土地资源的利用效率都获得提升，尽可能高效利用土地资源。在耕地边界均衡状态下，利用效率不高的土地资源得到重新配置，很少存在抛荒等低效利用耕地的现象。耕地面积计划属于非市场配置土地资源的手段，让耕地外部边界的均衡状态失去存在的条件。

3. 市场配置土地资源保障粮食总产量红线

耕地保护红线是双重保护，既包括对耕地条件的保护，又包括对耕地利用的保护。耕地条件的保护有两方面内涵：一是耕地面积的保护；二是耕地质量的保护。耕地质量保护要同时关注土壤、水利、良种、施肥等。耕地利用有两方面内涵：一是抛荒耕地治理，彻底治理大面积抛荒，将耕地闲置率降到零，实现耕地抛荒零容忍；二是耕地产出效率的提升。耕地高效利用有利于保障粮食安全。我们应把粮食安全保障从封闭的小循环中解脱出来，让市场在土地资源配置中起决定性作用。很多地区想尽一切办法，治理抛荒，但见效甚微，甚至抛荒愈演愈烈。没有使市场在土地资源配置中起决定性作用，很难彻底解决粮食安全问题，也很难激励耕地资源高效利用。耕地面积计划只能解决名义耕地的面积问题，对耕地利用效率提升束手无策，更不能必然导致粮食总产量红线的实现。要探讨如何形成耕地边界的均衡状态，让粮食安全保障在动态均衡的耕地边界形成过程中获得实现。

（三）粮食安全的产量目标很难实现

1. 粮食总产量红线的实现要有抓手

粮食安全底线的核心是粮食总产量，与耕地面积计划相比，对管理部门而言，产量红线的监控要比耕地面积计划监控花费更多精力。在市场成为配置土地资源的决定性力量的趋势下，依赖耕地面积计划，保护耕地的低效利用，必须另辟蹊径，找到保护粮食总产量红线的抓手，从粮食产量入手，实现粮食安全。

2. 粮农的粮票制度是粮食总产量红线的微观保障

建立全国联网的粮农生产信息，随时在线统计全国粮食总产量信息，根据全国粮食总产量信息确定耕地利用，实现土地资源市场配置，形成耕地边界的均衡状态，确保粮食总产量红线实现。耕地外部边界根据粮食总产量随时变动，如果粮食总产量下降，耕地外部边界向增加耕地面积的方向移动，同时可以利用提高耕地利用效率、增加单产等方法。如果粮食总产量增加超出需要的粮食产量，耕地外部边界向耕地面积减少的方向移动，同时可以增加建设用地指标供应。粮食总产量信息的统计和联网查询，既可以保证粮食安全管理部门随时监控粮食总产量红线的实施情况，也可以对全国粮食生产起到指导作用。粮票制度应运而生，本书所说的粮票制度是每户粮农生产粮食的额度。这种额度既是交易粮食的额度也是粮食安全监管部门监督粮食生产的计算依据，还是市场配置耕地资源的依据，以及国家补贴粮农的依据。

（四）建立国家粮食安全政策专家咨询委员会

1. 使市场在资源配置中起决定性作用

耕地边界均衡状态的形成意味着土地资源配置效率的提升。耕地边界均衡状态的形成需要使市场在土地资源配置中起决定性作用，但是，目前并不存在可以使市场在资源配置中起决定性作用的耕地市场，耕地的均衡边界很难形成。耕地不是唯一可以脱离市场，让非市场手段配置资源的领域。为了确保使市场在土地资源配置中起决定性作用的改革顺利进行，需要加强顶层设计，确保改革的稳妥、健康、有序、安全。其中最可靠的是建立国家粮食安全政策专家咨询委员会。这是一种通过顶层设计加强市场配置土地资源能力的制度设计。没有国家粮食安全政策专家咨询委员会的顶层设计，任由市场在形成耕地边界均衡状态的过程中发挥决定性作用，可能产生失控的威胁。耕地面积大幅度减少，粮食总产量大幅度下降，影响粮食安全。建立国家粮食安全政策专家咨询委员会，可以在土地、农业、城建等部门之间建立密切联系，确保市场配置土地资源的有效运行，不影响国家粮食安全。

2. 国家粮食安全政策专家咨询委员会的职能

粮食安全是人民幸福、社会稳定、经济发展的前提。只有人民幸福、社会稳定、经济发展，各项事业才能不断推进。粮食安全最重要，影响粮食安全的要素错综复杂，风险增多，关于粮食安全保障的争论也聚讼纷纭。分散在各个部门的粮食安全保障很难形成合力，很难适应新形势下维护国家粮食安全的需要。这就需要搭建一个强有力的平台统筹国家粮食安全工作，加强对国家粮食安全工作的集中统一领导。国家粮食安全政策专家咨询委员会主要是制定和实施国家粮食安全战略，制定国家粮食安全工作方针政策，统筹利用工作资源，研究解决粮食安全工作中的重大问题。国家粮食安全政策专家咨询委员会统筹粮食安全战略的总体设计、统筹协调、整体推进、督促落实，推进涉及国家粮食安全战略的各部门形成合力，高效解决粮食总产量红线的落实问题，统筹土地资源，确保实有耕地数量和粮食安全底线。建立国家粮食安全政策专家咨询委员会，以行政的方式解决耕地边界的均衡状态形成问题，不是向计划方式前进，而是在做好顶层设计的前提下，使市场在土地资源配置中起决定性作用，让耕地受到市场的激励。通过市场配置形成动态均衡的耕地边界，提高耕地利用效率，在提高耕地利用效率的前提下，更好地实现粮食安全。

3. 确保各部门形成合力

耕地边界的形成，涉及土地部门、农业部门和城市建设部门。三个部门之间很难形成合力，耕地转变为建设用地涉及城市建设部门利益，影响农业的发展，而土地部门需要对其核准，三个部门的利益各不相同。城市建设部门与农业部门的利益存在对立，土地部门作为第三者予以权衡，但粮食安全主要是农业部门的职责。土地部门并不是从粮食安全保障责任人的角度来监管土地用途转变。粮食安全不属于土地部门的主要责任，农业部门对耕地的管理权力有限，粮食安全很难落实。建立可以统筹不同部门的国家粮食安全政策专家咨询委员会，把农业、土地、城市建设部门管理耕地与粮食安全的职能凝聚成一股合力，让耕地边界在形成均衡状态的条件下保障粮食总产量红线的实现。

4. 统筹耕地保护红线

市场在资源配置中起决定性作用，可以形成耕地边界的均衡状态。出于部门利益考虑，城建部门扩大建设用地的冲动导致耕地面积大幅度减少，耕地外部边界的均衡状态被扭曲。国家粮食安全政策专家咨询委员会要在市场配置土地资源的过程中，发挥宏观调控作用，利用各种杠杆，既保证能够形成合理的耕地均衡边界，又确保实现粮食总产量红线所需的高效利用的足量的耕地面积。

三、粮食安全保障条件的目标管理

（一）粮食安全保障条件的目标管理体系

1. 粮食安全保障条件的目标管理是一种间接目标体系

条件目标不着眼于粮食总产量本身建立目标体系，而选择容易下手的粮食总产量的支持条件，如耕地面积、劳动力数量等条件或者因素，建立相关的间接目标体系。

2. 粮食安全保障条件的目标管理简单易行

耕地面积计划就是条件目标体系之一。耕地面积的管理简单易行，不需要花费太多精力。耕地面积计划制度的实施，只需要盯着耕地面积的变化，对耕地面积减少或者耕地用途改变的主体予以惩处。不考虑耕地面积的变化与粮食总产量之间的关系，导致目前耕地面积不少，但抛荒耕地很多，耕地利用效率低下。本国粮食供给率仍然不高，最近十年粮食进口率从 6%上升到 13%，中央经济工作会议将确保粮食安全列为首要任务。确保本国粮食供给已经成为中国经济的重要课题[63]。简单易行的条件目标体系，效果并不理想。惩罚改变耕地用途的人，但是并没有激发现有耕地上粮农的种粮积极性，耕地面积计划与粮食总产量红线之间的关系渐行渐远。

3. 粮食安全保障条件的目标管理对管理者要求不高

粮农大面积抛荒，没有有效管理方式，耕地红线管理对管理者要求很低，管理者不需要考虑粮食安全保障的激励机制设计，不需要考虑耕地利用效率提升的制度设计问题。

4. 粮食安全保障条件的目标管理体系是粗放式管理

粮食安全保障条件的目标管理体系是粗放式管理。往往因为耕地的低效利用，一些耕地宁肯抛荒，也不可能被用作更高收益的用途，因为耕地面积计划死死地卡住耕地的多元化高效利用途径，让耕地资源利用效率很低。抛荒耕地的高效利用受到某些部门利益的限制，成为耕地面积计划保护制度处罚的对象，影响了土地资源的高效利用。

（二）条件管理下的耕地外部边界

1. 耕地面积管制很难实现耕地外部边界的均衡状态

耕地外部边界的均衡状态是由市场根据资源配置效率自动形成的，遵循边际收益相等的规律。因为部门利益限制，对耕地保护红线的理解产生偏差，导致本来可以通过市场配置实现的耕地收益提升很难实现，耕地外部边界的均衡状态无法实现。

2. 保护耕地的高效利用

"坚持和完善最严格的耕地保护制度"的内涵是必须保护耕地的高效利用，切实提高耕地利用效率。耕地保护红线既包括有效耕地面积的保护，也包括耕地数量基本稳定基础上的高效率利用。

3. 耕地红线下实际边界与名义边界不能重合

目前一定比例的抛荒耕地没有得到有效利用。在实现耕地边界均衡状态的要求下，抛荒耕地作为值得珍惜的土地资源必须加以充分利用，确保耕地的实际边界与名义边界重合。耕地的名义边界是耕地面积计划所划定的耕地面积，耕地的名义边界确定的耕地面积比例＝耕地的名义面积/(耕地的名义面积＋城乡建设用地面积)＝耕地面积计划划定的耕地面积/(耕地面积计划划定的耕地面积＋城乡建设用地面积)。耕地的实际边界是耕地面积计划所划定的耕地面积减去抛荒耕地以后的有效耕地面积所划定的耕地边界。耕地面积红线减去抛荒耕地后的有效耕地面积有限，城乡建设用地指标应该加上抛荒耕地面积。耕地的实际边界确定的耕地面积比例＝耕地的实际面积/(耕地的名义面积＋城乡建设用地面积)＝(耕地的名义面积-抛荒耕地面积)/(耕地的名义面积＋城乡建设用地面积)＝(耕地面积计划划定的耕地面积-抛荒耕地面积)/(耕地面积计划划定的耕地面积＋城乡建设用地面积)。

4. 确保耕地的实际边界与名义边界重合

粗放式耕地面积计划保护行为是与粮食安全保障需要背道而驰的。其既没有确保国家粮食安全，又没有有效利用耕地资源，与"坚持和完善最严格的耕地保护制度"格格不入。

四、耕地用途管制与农村劳动力用途管制

（一）市场在耕地资源配置中起决定性作用

1. 土地适用于市场资源配置

市场决定资源配置是市场经济的一般规律。健全社会主义市场经济体制必须遵循这条规律，着力解决市场体系不完善、政府干预过多和监管不到位问题。市场在资源配置中起决定性作用同样适用于土地，土地资源的配置应该是市场起决定性作用。建立城乡统一的建设用地市场，在符合规划和用途管制的前提下，允许农村集体经营性建设用地出让、租赁、入股，实行与国有土地同等入市、同权同价。缩小征地范围，扩大国有土地有偿使用范围，减少非公益性用地划拨。完善土地租赁、转让、抵押二级市场。

2. 耕地适用于市场资源配置

耕地属于土地资源中最重要的部分。如果土地资源配置中市场起决定性作用，而唯独耕地采用部分的市场配置方式，耕地与非耕地之间固守藩篱是不完全的市场配置方式。耕地与非耕地之间的隔离降低了耕地利用效率，出现大量抛荒，无益于粮食安全保障。当耕地外部边界不能反映耕地利用的均衡状态时耕地的内部边界就出现了。耕地的内部边界是外部边界的延续和补充，是耕地外部边界不合理时的纠偏。耕地大量抛荒反映了耕地利用率不高，耕地红线的制定存在偏差，耕地红线超出了保障粮食安全所需的耕地面积。

图 8-8 中耕地面积为 AB，用途管制下，耕地的外部边界在 D 点，内部边界在 C 点，AC 表示实际耕作的土地面积，CD 表示抛荒耕地面积，DB 表示非耕地面积，即城乡建设用地面积。用途管制的条件下很难形成耕地外部边界的均衡状态，市场配置土地资源条件下，耕地的外部边界应该在 C 点，则 C 点是耕地外部边界的均衡状态所对应的点。因为用途管制，耕地的外部边界必须设置在 D 点，出现耕地外部边界的均衡点 C 点与实际点 D 互不重合的情况。两者所决定的耕地面积存在差距，差距是抛荒耕地面积 CD。内部边界 C，即抛荒耕地 CD 与实际耕作的土地 AC 的边界，也是实际耕地 AC 与非实际耕地 CB 的边界点。耕地内部边界的存在让耕地的均衡边界点与耕地的内部边界重合，解决了用途管制条件下耕地外部边界点与耕地边界的均衡点不重合的问题。即使存在用途管制，市场仍然在耕地资源配置中起决定性作用，仍然可以形成耕地边界的均衡点 C（图 8-8）。耕地边界的均衡点与抛荒耕地和实际耕作土地的边界恰好重合。即使存在用途管制，市场在资源配置中起决定性作用也同样适用于耕地。

图 8-8　耕地内部边界是对外部边界的纠偏

3. 市场配置耕地资源与耕地保护

推进市场化改革，大幅度减少政府对资源的直接配置，推动资源配置依据市场规则、市场价格、市场竞争实现效益最大化和效率最优化。市场配置耕地资源可以有效提高耕地资源利用效率，提升土地资源利用水平，实现土地资源和耕地资源效益最大化和效率最优化。严格保护耕地与市场在耕地资源配置中起决定性作用并不矛盾，耕地保护不等同于耕地用途管制。

（二）农村劳动力用途管制与耕地用途管制比较

1. 农村劳动力用途管制的历史

农村劳动力用途管制是资源配置效率不高的条件目标体系。农村劳动力用途管制遵循条件目标体系的原则，认为了保障粮食安全，必须有足够的粮农。为了确保足够数量、质量的粮农，将全部农村劳动力禁锢在耕地上，不允许农村劳动力流动。农村劳动力作为人力资源的用途被锁定，实行人力资源用途管制，规定农村劳动力只能从事粮食生产，不能从事粮食生产以外的工作。在 1949 以后长达二十多年的时间内，为了保障粮食安全，从劳动力用途管制入手，以确保劳动力条件为抓手，保障粮食安全。农村劳动力的用途管制以粮食安全为名，对农村劳动力实行公开的身份禁锢，不允许农村劳动力离开耕地。这样做不仅没有保障粮食安全，也没有充分利用劳动力资源。劳动力条件目标管理模式，只有对农村劳动力的用途管制，没有对其进行有效激励，结果是出勤不出力，生产效率很低，不能维持起码的粮食安全。

2. 农村劳动力用途管制的逻辑错误

既然粮食安全需要足够数量的农村劳动力来实现，在种植粮食没有激励的条件下，只能利用户籍和其他管制手段对农村劳动力的用途加以管制，不允许其离开耕地，从事与粮食生产无关的劳动。只要阻止农村劳动力流动，就可以保障粮食安全。粮食安全水平与对农村劳动力的管制效果没有关系，即使控制了农村劳动力的人身自由，将其禁锢在耕地上，将其工作时间严格管制，采取严厉的户籍制度，不允许农村劳动力离开耕地，仍然没有保障粮食安全。为了控制农村劳动力，实行严厉的制度设计，生产的粮食不能够由农村劳动力自由支配，农村劳动力只能获取很少的粮食。人民公社时代的粮食安全保障体制并没有使农村劳动力获得激励，粮食生产徘徊不前，粮食总产量很低。管制对粮食安全水平不能产生正向的影响，管制虽然严厉，粮食安全并没有得到保障。

（三）耕地用途管制与农村劳动力用途管制比较

耕地用途管制与农村劳动力用途管制属于同一个范畴。

1. 两种管制都涉及粮食安全

核心资源应该重点保障，重点保障必须实行用途管制。耕地与劳动力资源是粮食安全的核心保障和核心资源，应该重点保障，但重点保障不等于必须实行用途管制，市场配置资源同样是最有效率的途径。

一般人往往认为劳动力资源与粮食安全相关。通常只关心劳动力数量与劳动力素质，很少关心劳动力的激励机制建设。劳动力用途管制期间，全部劳动力禁锢在耕地上，并没有保障粮食安全。劳动力用途管制期间城镇化发展速度很慢，宅基地占用耕地较少，城乡建设用地占用耕地很少，虽然没有明确提出耕地用途管制，但在当时的背景下，农村劳动力对耕地产权彻底明晰仍然抱有很大期望，不愿意减少耕地面积，类似于实行全民自我约束下的耕地用途管制。劳动力流动开始之后留在耕地上的劳动力数量减少，素质下降，同样保障了粮食安全，连续十年实现粮食高产。原因在于激励机制得到健全。出外打工的劳动力被解除了用途管制，获得流动的自由，可以打工赚钱。农业生产投入增加，机械化程度提升，化肥、种子等投入增加，农业技术水平提高，粮食总产量连续十年处于较高水平，粮食安全得到保障。

耕地资源与粮食安全相关。我们通常只关心耕地数量与耕地质量，很少关心耕地资源的配置效率和机制，即耕地是否能够实现市场配置下的效率最大化。实行耕地用途管制以后，不允许占用红线内的耕地，耕地的外部边界被基本固定。耕地的实际耕作面积下降，形成耕地的内部边界。因为耕地与非耕地之间的流动机制并不存在，粮农不愿意耕作的土地被闲置，耕地的内部边界成为耕地边界均衡点的替代点。真正用于耕作的土地面积减少，用途管制后虽然名义耕地面积没有下降，但是市场配置下的实际耕作面积减少。抛荒耕地是土地资源被用途管制所浪费的部分，这部分土地资源既不能作为建设用地，为新型城镇化战略作贡献，也不会被粮农有效利用。为了粮食安全，需要考虑名义耕地数量和质量，形成市场配置耕地资源的良性机制。耕地内部边界消解了耕地用途管制的效应，通过粮农的自由选择实现了耕地的自由配置。虽然没有实现真正意义上的市场配置耕地资源，却用粮农的自由选择实现耕地的均衡边界点与耕地内部边界的重合。抛荒的出现及抛荒根治困难都是耕地用途管制的必然结果，表现了耕地用途管制对耕地利用效率的破坏和阻碍。用途管制与粮食连续高产重合并不能反映用途管制对粮食安全的必然价值。用途管制以后，耕地面积仍然减少很快，期间粮食安全照样得到保障。耕地用途管制并不是粮食安全得到保障的核心原因。

2. 用途管制很难保障粮食安全

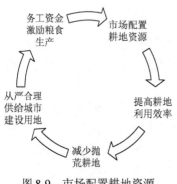

图 8-9　市场配置耕地资源
能够保障粮食安全

耕地是粮食安全的核心资源，粮食安全与劳动力的激励有关。我们应从严合理供给城市建设用地，提高城市土地利用率，在提高城市土地利用率的条件下控制建设用地总量[64]，统筹城乡建设用地指标（图 8-9）。通过市场配置土地资源，可以更好地解决进城人员的就业居住问题，进一步加大城市反哺农村的力度，建立以工促农、以城带乡、工农互惠、城乡一体的新型工农城乡关系，真正让务工人员的资金激励成为粮食生产的重要激励来源。

（四）耕地面积条件目标浪费资源

1. 耕地面积条件目标是对土地资源新的浪费

让抛荒耕地与实际耕作土地的边界成为耕地外部边界的均衡点，实现耕地的内部边界与外部边界重合，说明存在大量抛荒耕地，这是对耕地的极大浪费。在城镇化建设缺乏土地指标的条件下尤其不能容忍耕地用途管制所必然导致的抛荒存在。

2. 市场配置耕地资源可以减少浪费

实现耕地的外部边界与内部边界的重合可以减少并消除抛荒耕地，这需要使市场在耕地资源配置中起决定性作用。使市场在耕地资源配置中起决定性作用是实现耕地外部边界与内部边界重合的必要条件。

五、粮食安全目标体系的实现手段与组合

(一)粮食安全目标体系的实现手段

1. 市场手段

市场手段就是使市场在资源配置中起决定性作用,没有市场的土地资源配置,不仅效率低,而且实际上不能有效保障粮食总产量红线。连续十年的粮食丰收并不能证明必然能在耕地面积计划配置下实现粮食总产量红线。

2. 计划手段

耕地面积计划就是典型的计划手段。没有市场配置耕地资源,耕地的外部边界无法形成均衡状态,耕地内部不存在市场配置资源的空间。

(二)粮食安全目标体系的各种组合

1. 产量目标—市场手段

以粮食总产量红线为核心,使市场在土地资源配置中起决定性作用,这种组合最优,可以实现耕地边界的均衡状态,既体现了效率,又保障了粮食总产量红线。

2. 条件目标—市场手段

不是以粮食总产量红线为核心,而是以劳动力数量红线、耕地面积红线或者资金投入红线等粮食安全的条件为核心。市场在劳动力、土地、资金等资源配置中起决定性作用,不使用计划手段配置资源。劳动力资源、耕地资源、资金资源内部同样使用市场手段配置,这种组合的优势是引入市场配置各种资源,可以实现耕地边界的均衡状态,提高土地利用效率。不足之处是紧盯粮食总产量红线,过分关注条件因素,很难必然保障粮食总产量红线。要达到这种组合,需要在目前的基础上引入市场机制。

3. 产量目标—计划手段

以粮食总产量红线为核心,而市场不能在土地资源配置中起决定性作用,使用计划手段配置土地资源,决定耕地面积。耕地内部同样使用计划手段配置资源,分配而不是交易耕地,这种组合的优势是紧盯粮食总产量红线。不足之处是没有

引入市场配置各种资源，很难实现耕地边界的均衡状态，影响了土地利用效率的提高。实现粮食总产量红线的成本过高，而且不一定能够实现粮食总产量红线。这种组合与目前的组合比较接近。要达到这种组合只需要把目前的条件目标改为产量目标。

　　4. 条件目标——计划手段

不是以粮食总产量红线为核心，而是以劳动力数量红线、耕地面积红线或者资金投入红线等粮食安全条件为核心。耕地内部同样使用计划手段配置资源，分配而不是交易耕地，这种组合不一定能够实现粮食总产量红线，因为实现粮食总产量红线的成本过高。

六、粮食生产与非农业发展的目标实现方式组合比较

粮食生产的管理模式目前还处于前工商业阶段的初级状态。

（一）计划时代农业的经济调控组合

1. 条件目标——计划手段

耕地的外部边界通过耕地面积计划来实现。耕地面积的统计数据为 1.217×10^8 公顷时，耕地面积底线确定为 1.2 亿公顷。此后通过复查发现耕地面积为 1.349×10^8 公顷，据此确定 2020 年的耕地面积底线是 1.2033×10^8 公顷[65]。

2. 实行严格的耕地面积计划

耕地面积计划会出现耕地的低效率利用问题。大量存在的抛荒问题很难根治与耕地资源的市场配置方法缺失有关。实行耕地面积计划，管理水平较低，耕地利用效率低。

（二）与目前的非农产业相适应的农业经济调控组合

1. 产值目标——市场手段

使市场在土地资源配置中起决定性作用，可以实现最严格的耕地保护，能够坚守住耕地保护红线和粮食安全底线，能够确保实有耕地数量基本稳定。我们要合理制定耕地资源配置的目标，慎重选择耕地资源配置的手段。虽然目标的制定带有计划配置土地资源的成分，但是配置耕地资源的手段是市场的。市场手段与计划目标

并不冲突，只有市场才能保证耕地资源利用的高效率。耕地资源利用效率提升，本身就是对粮食安全底线的贡献。制订计划、确定目标，采用计划手段，耕地利用效率不高，粮食安全底线很难守住，在计划目标下采用市场方法配置耕地资源比较高效。

2. 利用杠杆

只要使市场在土地资源配置中起决定性作用，合理利用经济杠杆，完全可以实现耕地资源的高效利用，实现土地资源的自由合理配置，实现耕地的均衡边界，在提高效率的基础上，守住粮食总产量红线。

3. 管理水平的提升

紧盯粮食总产量红线、利用市场配置土地资源，需要管理部门提高管理水平，制定合理的粮食安全政策，通过宏观调控对粮食生产者施加影响，确保粮食安全底线实现。

七、土地制度改革的突破为耕地边界均衡状态的确定提供了基础

土地制度改革涉及的产权特别是宅基地产权问题成为新一轮改革的重中之重。宅基地产权试点推进农民住房财产权抵押、担保、转让，是农村土地制度改革的先导，是耕地产权制度改革的先声。宅基地面积较大，与农村居民的关系密切，具有比较坚实的制度改革的基础。

（一）耕地边界均衡状态的确定条件建立在理想状态

从耕地外部边界的核心问题出发，结合本书提出的耕地收益补偿和边际收益相等的理论框架，分析产权明晰是怎样影响耕地外部边界的均衡状态。理论分析建立在产权明晰、市场自由配置土地资源、确定土地两种用途的比例基础上。

（二）耕地边界均衡状态的确定条件目前很难达到

土地资源现状与理想的市场配置土地资源的条件相去甚远，很难把边际收益相等的理论分析框架生搬硬套在目前耕地外部边界的均衡状态分析上。如今，已在耕地产权制度和市场配置资源方面有重大突破，建立了农村产权流转交易市场及城乡统一的建设用地市场，赋予农民对承包地流转及承包经营权抵押、担保权能，允许农民以承包经营权入股发展农业产业化经营。城乡建设用地市场统一的

目标已经提出，农村产权流转交易市场的目标也已经建立。今后，应完善产权保护制度，健全归属清晰、权责明确、保护严格、流转顺畅的现代产权制度，使市场在资源配置中起决定性作用。

八、耕地产权明晰的制度突破

（一）耕地边界离不开产权明晰

1. 计划目标下采用市场方法配置耕地资源是重大突破

对农村集体经营性建设用地做出部署，在符合规划和耕地面积计划条件下，允许土地出让、租赁、入股，与国有土地同等入市、同权同价。农村集体经营性建设用地的制度突破是土地制度改革的重大成就，具有深远的战略意义。土地制度改革不会就此止步，如果耕地的权能得到充分发掘，实现了农村集体经营性建设用地的权能突破，在符合规划和耕地面积计划条件下，允许土地出让、租赁、入股，与国有土地同等入市、同权同价，则耕地资源利用的效率更高，粮食安全底线能够得到更好的保障。

2. 市场配置耕地资源有望实现耕地边界的均衡状态

在耕地面积计划的指导下，耕地面积被事先确定。只有在市场配置资源的条件下，才能形成耕地边界的均衡状态。要想使市场在资源配置中起决定性作用，必须紧盯粮食总产量红线。具体办法是加强粮食生产者的信息集中、信息分享、信息流通和信息透明，可以随时掌握每户粮农的粮食生产数量，让市场在最快时间做出反馈，以此确定土地用途，决定耕地边界的自由移动，形成耕地边界的动态均衡。

3. 产权模糊的土地不能进入市场交易

要使市场在资源配置中起决定性作用，前提条件是资源的产权明晰。目前，必须考虑耕地、农村建设用地与城镇建设用地等三种土地的产权明晰问题。不明晰的产权，制约了土地资源进入市场进行交易。市场倒逼产权明晰。目前，城镇建设用地产权相对明晰，耕地与宅基地的产权明晰引人注目。

（二）市场交易对产权模糊的土地资源不利

土地资源向产权相对明晰的领域集中，这是土地资源配置的一条规律。这条规律也影响着耕地边界均衡状态的形成。产权相对明晰的宅基地占用了产权相对虚置的耕地，目前条件下宅基地产权比耕地明晰。宅基地与耕地属于同一主体，即村组织集体所有。产权相对明晰的宅基地占用了产权相对虚置的耕地，实现了产权的明晰化，但是同时降低了土地的利用效率。宅基地[61]占原有耕地红线 1.2 亿公顷的 14%，相当于城市建设用地的 4.6~4.8 倍[62]。因耕地产权虚置，仅 1986~1995 年，宅基地超标占用耕地达 3.4×10^6 公顷，是同期城乡非农建设用地占用耕地的 1.72 倍[66]。

宅基地的单位面积产值一般低于耕地的单位面积产值。根据耕地外部边界的均衡规律，无限扩展、无序扩张的宅基地面积让宅基地的边际收益快速下降，与耕地的边际收益差距越来越大。最终，宅基地的边际收益会低于耕地的边际收益，不会形成耕地外部边界的均衡状态。

在耕地产权虚置、宅基地产权相对明晰的条件下，目前形成的耕地与宅基地的边界，不是耕地外部边界的均衡状态，严重背离了耕地资源利用的最佳状态。耕地边界均衡状态下才能实现土地资源（包括耕地、宅基地、城镇建设用地）的利用效率最优化。如果一种或者几种土地资源的最优化利用没有实现，就会导致土地资源利用效率的下降（图 8-10）。

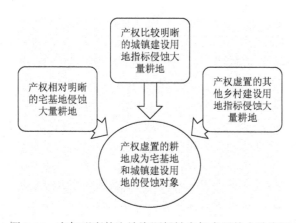

图 8-10　产权明晰的土地资源侵蚀产权虚置的土地资源

（三）土地资源配置需要建立统一的市场

两类土地资源分别是建设用地和耕地。其中建设用地又可以分为城镇建设用地与农村建设用地，建设用地领域的两种资源属于建立城乡统一的建设用地市场的范畴，即把农村建设用地指标与城镇建设用地指标纳入一个完整统一的交易平台，进行资源的统筹配置。其中农村建设用地指标的绝大部分是宅基地，目前这部分土地资源很多。两类土地资源之间具有一定的联系，即建设用地中的农村建设用地领域和耕地同属于建立农村产权流转交易市场的范畴。把两类三种土地资源的配置，分别纳入两个制度框架，建立农村产权流转交易市场及建立城乡统一的建设用地市场（图8-11）。

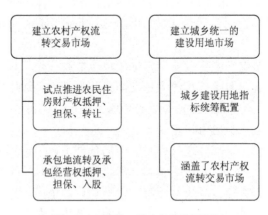

图 8-11　两类三种土地资源配置

1. 耕地边界的均衡状态配置需要建立统一市场

耕地边界的均衡状态的实现需要产权明晰与市场自由配置资源。这两个条件的实现，既不能离开制度突破，又不仅满足于制度突破。建立城乡统一的建设用地市场，而没有建立包括耕地、城镇建设用地、农村建设用地在内的所有三种土地资源的统一的土地市场，远远不能满足耕地边界均衡状态实现的理想条件。耕地边界均衡状态实现的理想条件，至少需要建立耕地、农村建设用地与城镇建设用地在内的所有土地资源的统一市场。这个统一市场能够满足耕地、农村建设用地与城镇建设用地市场的联合交易，是一种包括所有土地资源的自由交易市场。只有三种不同类型的土地资源联合交易，才能自动实现耕地边界的均衡状态。我们尚需在建立城乡统一的建设用地市场的基础上，突破现有思维定式，更新观念，进一步讨论如何建立耕地、农村建设用地和城镇建设用地指标的流动平台建设，实现建设用地与耕地之间的指标互动。

2. 土地资源的配置仍然分而治之

因为耕地面积计划，耕地与建设用地之间的互动实际上并不存在，也不可能存在。在耕地内部建立交易平台，在建设用地内部建立城乡统一的建设用地市场。两个平台互不相通、不能交流，即必须在耕地面积计划条件下，实现两个平台的隔离。分而治之的土地资源配置模式对管理者来说比较方便，但是不能形成统一的土地市场。建立城乡统一的建设用地市场具有历史意义，但与形成耕地边界均衡状态的要求相距甚远，解脱禁锢在土地资源上面的束缚远非一日之功。

（四）建立城乡统一的建设用地市场具有深刻内涵

　　明确土地资源的市场配置途径，开创了土地制度改革的先声，是土地制度改革的起点。建立城乡统一的建设用地市场具有深刻内涵。建设用地市场囊括了城乡建设用地。以往城镇建设用地市场建设比较发达，虽然计划配置资源的方式没有完全退出市场，但是毕竟要比宅基地在内的农村建设用地市场建设更进一步，宅基地市场建设比较落后。建立城乡统一的建设用地市场进一步明晰了宅基地产权，为建设主要使市场在资源配置中起决定性作用的农村宅基地市场奠定了基础。使市场在宅基地资源配置中起决定性作用，将极大地促进农村宅基地市场健康发展。宅基地是农民财产性收入的一个渠道，如果在宅基地市场建设中，任由计划方式配置资源，对城镇化过程中农民筹措资金和新型城镇化建设将产生不可估量的损失。只有在农村建设用地市场建设中，使市场在资源配置中起决定性作用，才能形成城乡建设用地与耕地的资源配置市场化，也才有可能形成耕地边界的均衡状态，否则很难脱离计划方式配置土地资源的禁锢。

九、市场配置土地资源倒逼耕地产权明晰

（一）城乡统一的建设用地市场可能蚕食耕地

　　1. 市场配置宅基地的制度突破有可能导致更大程度地蚕食耕地

　　耕地是最有开发利用价值与最值得关注的土地资源，是土地资源的核心部分。耕地的产权不能明晰，宅基地蚕食耕地的趋势就不能禁止。

　　2. 宅基地成为城镇建设用地市场蚕食耕地的通道

　　耕地产权不明晰使得耕地长期以来成为两种土地资源的侵蚀对象：一种是来自宅基地的侵蚀；另一种是来自城镇建设用地指标的侵蚀。

　　建立城乡统一的建设用地市场，对耕地来说喜忧参半。喜的是此前耕地外部边界要处理两对关系：耕地与农村建设用地的边界及耕地与城镇建设用地的边界。两条边界线纷繁交错，形成比较复杂的局面。现在建立城乡统一的建设用地市场，只需要处理好耕地与统一的城乡建设用地指标的关系即可，两条边界线简化为一条线，关系相对简单。忧的是如果把产权相对明晰的城乡建设用地指标看作是两

只蚕食耕地的老虎，建立城乡统一的建设用地市场，等于是把老虎的数量由两只减少为一只。虽然蚕食耕地的老虎数量减少了，但是新的老虎插上了羽翼；以前城镇建设侵蚀耕地有集体所有制约束，乡村建设占用的耕地无法进入城镇建设用地市场，现在大量被乡村建设侵蚀的耕地在城乡统一的建设用地市场上交易，转变为城镇建设用地。产权相对虚置的耕地，可以通过相对合理的平台继续被侵蚀。其中的奥妙就在宅基地进入城乡统一的建设用地市场，可以自由交易，超出了原来不能自由交易的窠臼，可以兼得集体土地与市场交易的优势，尽可能侵蚀耕地，将大量耕地合法转变为城镇建设用地。

（二）土地产权明晰的优先序

完善产权保护制度，健全归属清晰、权责明确、保护严格、流转顺畅的现代产权制度，不仅包括已经涉及的已有定论的领域，还包括作为制度突破口的土地制度改革领域。土地制度改革领域的产权明晰，不仅包括产权相对比较明晰的城镇建设用地，也包括农村宅基地与耕地。

只有农村建设用地的产权明晰，只强调改革完善农村宅基地制度，没有着力明晰耕地产权，"建立农村产权流转交易市场，推动农村产权流转交易公开、公正、规范运行"的精神就无法落到实处。

十、建设城乡统一的建设用地市场与耕地市场

（一）土地资源的统筹配置

完全明晰的土地资源制度是对市场配置土地产权制度的回归。完全统一的土地市场配置需要在建立城乡统一的建设用地市场的基础上，完全实现耕地、城乡建设用地的统一市场，把耕地与包括宅基地在内的农村建设用地指标、城镇建设用地指标纳入一体化市场，统筹兼顾，让市场配置资源，使市场在耕地、城镇建设用地、农村建设用地等三种土地资源配置中起决定性作用。短期内很难实现耕地边界均衡状态的市场配置条件。城镇建设用地产权最明晰，效率比较高。农村建设用地地产权明晰程度次之，耕地产权最模糊。集体产权属于产权虚置，利用效率最低。耕地产权虚置，利用效率最低，

（二）开启耕地产权明晰与自由交易之路

宅基地由不能自由交易向能够抵押转让迈进是制度的进步，宅基地交易制度

改进开启了耕地自由交易之路，宅基地产权明晰制度改进开启了耕地产权明晰之路。面对纷繁复杂的耕地权益，购买是唯一合理的产权获得方式。只有采取购买耕地产权的方式，才能在城乡之间实现财产权获取的公平合理。建立归属清晰、权责明确、保护严格、流转顺畅的现代耕地产权制度，逐步明晰耕地产权，要通过市场配置资源，使市场在土地资源配置中起决定性作用，以建立归属清晰、权责明确、保护严格、流转顺畅的现代土地产权制度和现代耕地产权制度，建立耕地、农村建设用地与城镇建设用地统一市场。

第九章　耕地边界、市场配置与产权明晰

第一节　耕地边界均衡状态不能在耕地红线下出现

一、自由配置土地用途的条件

（一）历史上市场自由配置土地保障粮食安全

　　虽然目前很难实现土地用途的自由配置，自由配置确实是土地均衡边界点的决定条件。不考虑任何约束条件，在市场自由配置资源的条件下，假定只有一个农户，这个农户不会把全部土地用于建设。没有一个理性的人会把全部土地开发为建设用地，不留下作为耕地的土地指标。这可以以历史时期没有耕地面积计划的漫长时期的粮农的选择作为例证。1949 年以前，耕地产权私有，农户对自己的耕地拥有完全的产权，中国没有实行耕地面积计划。几乎每一个农户都会留足保障自家粮食供应的耕地，才将有限的剩余土地作为建设用地指标。没有发生过因为过分增加建设用地指标，影响粮食安全的情况。

（二）市场配置是提高土地利用效率的基础

　　市场配置土地资源的两种用途必然要求耕地产权明晰。没有明晰的耕地产权，就会出现耕地红线。进一步扩展这个模型，假定一个村没有外来的粮食进口，必须自给自足，满足粮食安全，土地资源可以自由配置。村子不会将过量土地用作建设用地，以至于在生产力发展的最高条件下所留耕地面积也无法保障居民的粮食安全。理性的人不会做出这样的决策，这种决策违背常识。村子可以为了腾出更多建设用地指标，把剩余耕地的潜力发挥到极致，甚至不惜成本地把每单位面积的耕地建设成为实验室状态，可以生产出超过大田数倍的粮食，只要每单位面积耕地的投入，让腾出的建设用地指标配置发挥更大的效率。因为不惜成本地把耕地建设成为高水平种粮实验室多投入的资金小于或等于因为提高耕地单产节省出来的建设用地的价值。假定这个村子有 1000 公顷土地，原来全部作为耕地可以满足村子的粮食保障。因为经济发展，该地土地价值飞涨，每单位建设用地的市场价值是 500 万元。为了获取更多收益,村子把 1000 公顷耕地建设成种粮实验室,

单产提升 100%。种粮实验室是指这样一种状态，耕地不再是大田耕作，而是处于农业科学家的实验室状态，即高投入、高水准设施、高标准管理条件下的耕作状态。实现了实验室状态下的高产优质的最高标准，只需要 500 公顷耕地即可满足全村人口的粮食需求。节省的 500 公顷土地可以全部用作建设用地指标，所能获取的收益为 250 000 万元。只要当初建设 500 公顷种粮实验室的投入低于 250 000 万元，则这桩投资是合意的，否则不划算。即只要建设每公顷种粮实验室的投入低于 500 万元，则这桩投资是合意的，否则不划算。

耕地面积计划属于计划配置资源的方式，市场在资源配置中起决定性作用，耕地当然不能例外。即使为了全体居民共同的粮食安全保障和利益，也必须使市场在土地资源配置中起决定性作用，让市场配置土地资源，决定耕地与乡村建设用地的边界，以及耕地与城镇建设用地的边界。耕地面积计划不能必然保障粮食安全，不能确保耕地利用效率提高，不能必然实现土地资源利益效率提高。

二、耕地面积计划很难实现边际收益相等

耕地面积计划很难实现边际收益相等。城镇建设用地侵蚀耕地的压力很大，耕地与城镇建设用的边界没有自动形成最优。为了避免城镇建设用地占用更多耕地，必须恢复耕地的明晰产权，回到绝对清晰的产权状态，让市场配置土地资源，形成耕地与宅基地的边界，自然会因为宅基地的边际收益较低，逐步挤出更多宅基地转化为耕地。产权明晰而增加的宅基地面积将远大于因为耕地与城镇建设用地的边界推移所减少的耕地面积。耕地面积总量不会减少，反倒会有所增加。目前耕地面积存量＋耕地与宅基地的边界推移所增加的耕地面积－耕地与城镇建设用地的边界推移所减少的耕地面积＞目前耕地面积存量。

三、耕地面积计划下的边界固定状态与边界的均衡状态不同

我们可以采用计划手段在某个很难实现耕地边界均衡状态的点上制止耕地减少，制止建设用地指标增加，用指标管理的方式使非均衡状态下的耕地边界暂时停止移动。我们需要区别耕地的均衡状态与耕地面积计划下耕地边界不能随意移动的状态。耕地面积计划只能看到耕地边界停止移动的状态，看不到耕地边界的均衡状态。随着耕地的边际收益与城镇建设用地的边际收益的此消彼长，其关系是不断发生变化的，很难固定在一个位置而不移动。耕地边界的固定状态也不是完全意义上的固定。在耕地面积计划与红线制度双管齐下、实施土地资源配置的

计划控制条件下，很难保障建设用地指标供应的可持续发展。在城镇化发展的潮流不可阻挡的条件下，会通过各种方式增加建设用地指标，减少耕地面积，最终耕地边界发生变化。耕地边界在固定状态下只是一种政策层面的固定不动，在实践层面上很难完全实现固定不动。

第二节　红　线　体　系

一、耕地面积计划是对耕地收益补偿的替代

（一）计划配置资源的手段是对市场手段的替代

耕地收益远高于耕地产值，存在大量的耕地收益补偿需要弥补。面积巨大的耕地产生的数额巨大的耕地收益补偿，很难一下子完全予以补偿。不能实现耕地收益补偿，让耕地面积计划应运而生。

1. 耕地面积计划是不能获得弥补的耕地收益补偿的替代物

没有获得耕地收益补偿的耕地，其边际产值很难与城镇建设用地的边际收益平衡，耕地边界需要推移，耕地的边际收益低于城镇建设用地的边际收益。耕地边界没有实现均衡状态，需要通过减少耕地面积来实现均衡状态，耕地面积减少是不可阻挡的。如果不能弥补耕地收益补偿，耕地边界很难自动形成均衡，耕地边界继续移动，耕地的面积继续收缩。耕地面积控制应运而生，阻止耕地面积减少。

2. 管制土地用途是减少耕地收益补偿支付的重要途径

采用非市场配置土地资源是一种减少耕地收益补偿的支付方式。一般条件下，没有耕地面积计划的自由交易市场，必须实现耕地的收益补偿等于耕地的收益减去耕地的产值。耕地收益补偿的实现是指在耕地边界实现均衡状态后，耕地的边际收益必须等于城镇建设用地的边际收益。据此决定的耕地单位面积收益与产值存在很大差距，这些差距表现为单位面积的耕地收益补偿，耕地收益补偿数值很大。如果这部分不能通过各种方式得以弥补，即让耕地产权所有者获得必须弥补的耕地收益补偿，耕地单位面积的收益实际上下降，耕地的边际收益也同步下降，最终很难实现耕地边际收益等于城镇建设用地边际收益这一理想状态。耕地面积计划等非经济手段应运而生。让耕地产权所有者获得耕地收益补偿的过程是耕地收益补偿的实现过程，也是耕地收益补偿的弥补过程。在不能实现耕地收益补偿的条件下，耕地面积计划是一种替代方式。耕地面积计划是耕地的实际边际收益

没有获得耕地收益补偿，行政力量成为耕地收益补偿的替代物。耕地面积计划作为一种耕地收益补偿的替代物，具有经济效益。

（二）非市场配置土地资源的交易成本与耕地收益补偿的比较

1. 成本比较是选择耕地面积计划和市场配置的基础

现有土地资源配置的表现形式之一是土地用途的选择。一块既适宜于作为耕地，又适宜于作为建设用地的土地，到底是继续作为耕地，还是作为建设用地？在用途选择的过程中，利用哪种方式配置土地资源，决定具体一块土地的用途，需要比较耕地面积计划和市场配置这两种方式的资源配置成本，做出积极选择。

2. 耕地面积计划的成本与市场配置资源的交易成本比较

就耕地面积计划方式与市场配置资源的方式看，很容易发现管制的交易成本比较高，需要计划、组织、领导、控制等环节，需要大量资金、人力、物力投入。相比较而言，市场配置资源的成本相对比较低。市场的建立和维护，不能没有成本，但与耕地面积计划相比较，成本微不足道，可以忽略不计，需要提及并高度重视的是耕地收益补偿的存在。

3. 耕地收益补偿与国民生产总值比较

在市场配置土地资源的过程中，不仅需要考虑市场交易成本，还需要考虑市场配置土地资源，而市场配置资源需要实现耕地边界的均衡状态。耕地边界均衡状态需要的基础是耕地边际收益与城镇建设用地的边际收益相等。这涉及数额巨大的耕地收益补偿。数额巨大的耕地收益补偿的存在和实现是耕地与城镇建设用地的边际收益相等所需要的物质保障（图9-1）。

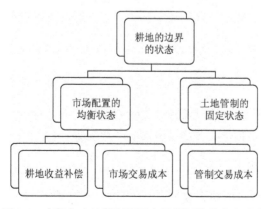

图9-1　市场与土地管制配置土地资源的状态和成本

二、红线的种类

（一）土地红线

1. 耕地面积计划

红线作为一种控制手段，已经成为顶层设计的一部分。最为人关心的是耕地面积计划。耕地面积计划牵一发而动全身，影响建设用地指标和耕地利用效率提升，从而影响土地利用效率提升。

2. 建设用地红线

新型城镇化战略的实施要在保障粮食安全的条件下保障建设用地供应。从这个顶层设计出发，制定与耕地面积计划对应的建设用地红线是十分必要的。只有耕地面积计划，而没有建设用地红线是不科学的。目前主要的经济增长发生在建设用地上，耕地所能带来的收益局限在已有耕地面积之上。

3. 抛荒耕地红线

建立耕地面积计划，就必须建立与之配套的抛荒耕地红线，把抛荒现象抑制在最低程度，尽可能地降低抛荒比例，提升耕地利用效率。

4. 土地利用率红线

只有既控制建设用地的低效率占用耕地，又抑制耕地面积计划保护下的大面积抛荒，同时保证较高利用效率下的建设用地指标供应，才有可能同时提升耕地与建设用地的利用效率，整体提升土地利用效率。

（二）粮食红线

1. 粮食产量红线

仅仅有耕地面积计划是很难有效保障粮食安全的。保障粮食安全的核心指标是粮食产量，更为直接的红线设置是粮食产量红线。

2. 粮食单产红线

粮食产量红线只考虑粮食安全，没有同时考虑到土地利用效率，粮食单产红线实际上比粮食产量红线更有意义，是粮食产量红线的有效补充。粮食单产红可以在保障粮食产量的基础上，提升耕地利用效率，从而为建设用地提供更多指标。仅仅有粮食单产红线不够，必须与粮食产量红线配合使用，才能完全保障粮食安全。

（三）劳动力数量红线

在素质一定的情况下，劳动力数量决定粮食安全。关于劳动力的红线，可以分为两个：一个是从事农业生产的劳动力的最大极限，即从事粮食生产的劳动力数量不能过多，否则会导致劳动力剩余；另一个是粮农的最低限度，即未来从事粮食生产的劳动力不能太少，否则影响粮食安全。

1. 剩余劳动力数量红线

农村劳动力不能超过一定数量，否则规模经营很难推广，土地利用效率很难提升，抛荒等问题很难解决。

2. 粮农数量红线

在粮农数量逐步减少的情况下，一定数量的粮农对未来保障粮食安全十分重要。建立粮农数量红线是为了保障必要数量的粮农从事农业生产。

（四）红线多元化

1. 增加红线组合

并不是所有人都认同红线制度的必要性。红线本身具有计划控制的性质，是一种人为管理资源配置的制度与手段，很容易产生资源配置效率的下降，扭曲资源利用效率。对于红线制度存废的争议，可以采取两种处置办法：第一种是要不要红线的讨论。主张废除红线的一方，坚决不要任何形式的红线。第二种是用红线的多寡来决定红线制度的效应。这种思路相对要现实得多，不管是否愿意，红线已经存在，这是不争的现实，已经无法改变。那么在十分现实的条件下，对冲红线管理风险的办法是通过增加红线，降低原有红线的效力，从而提升其他领域的资源配置效率。

2. 系列红线均衡利用土地

如果以红线的多样性来提升红线制度的效应，对冲已有红线的片面性和不均衡性，那么可以用增加红线的方式来解决红线的不均衡问题。针对耕地面积计划，可以设置建设用地红线，求取耕地指标与建设用地指标的均衡。针对耕地利用效率下降，可以建立约束性的红线体系，如抛荒耕地红线。建立建设用地红线的背景下，建设用地总量增加，可能降低建设用地指标利用效率。针对这一情况，建立土地利用率红线，促进耕地和建设用地效率提升。针对耕地面积计划所具有的间接效果及这种间接性带来的弊端，特别是对新型城镇化战略的阻碍，可以直接建立粮食产量红线；针对粮食产量红线不精细的特点，与土地利用效率提升相结合，建立粮食单产红线。针对解决抛荒问题需要规模经营的大面积推广，降低粮农数量，建立剩余劳动力数量红线，减少沉淀在农村的粮农数量。针对未来可能出现的粮农数量减少，甚至供不应求的情况，建立粮农数量红线。一系列红线相互制约，没有一种红线可以为所欲为，各种红线相互制约，形成合力，纠偏补正，很好地实现粮食安全与新型城镇化战略的有效实施。

3. 增加红线是对红线制度的消解

耕地面积计划很难取消，但耕地面积计划不一定能够有效保障粮食安全，建立一系列红线制度，可以减少耕地面积控制制度的偏差。

三、以耕地面积保障粮食安全

（一）基本农田制度

一定耕地面积的保障，又可以分为两类：一是确定面积；二是动态平衡。要求固定的耕地保障是指目前的基本农田制度，不仅不能突破 1.2033 亿公顷耕地红线，而且 1.2033 亿公顷的耕地要落实到每一块耕地，小到一个农户的具体田块。1.2033 亿公顷是红线总量，每一公顷耕地具体所指都是固定的、可以指证的。

1. 总量固定

红线就是一个底线。底线在一定时期内是稳定的，要求耕地总量一直保持在一个水平点。从短期来看，目前的耕地面积计划制度是一种总量固定的耕地面积计划制度。在规定时间点以前，要求保持在 1.2033 亿公顷；在后续的规定时间点以前，要求保持在 1.2033 亿公顷。

2. 总量减少

从长期来看，目前的耕地面积计划制度实际上是一种总量减少的耕地面积计划制度。2010 年确保不低于 1.212 亿公顷，2020 年不低于 1.2033 亿公顷。

3. 能否确保粮食产量

无论耕地面积计划是否稳定，如果没有产量制度保障体系，很难保障粮食安全。根据是否实现产量保障，可以分为总产量增加、总产量一定、总产量减少和总产量不定几类。无论是具体耕地的保障，还是动态平衡的保障，粮食产量是粮食安全的核心。只有耕地面积保障，没有粮食产量保障，无论是基本农田制度，还是动态平衡制度，都是粗放型的粮食安全保护，不是精细型的粮食安全保障。可以把需要一定量的耕地面积保护制度分为保障产量的耕地面积计划制度和不保障产量的耕地面积计划制度。两者相比，保障产量的耕地面积计划制度较优。

（二）动态平衡的保障

动态平衡保障是指 1.2033 亿公顷耕地总量确定，但是具体到哪一块耕地，可以允许自由组合，只要总量满足 1.2033 亿公顷即可，不拘泥每一块耕地的固定性。例如，甲某一块耕地有 1.2 公顷大小，今年可能属于耕地，在 1.2033 亿公顷耕地之内。但是几年后，市场配置土地资源，耕地变为建设用地，不再属于 1.2033 亿公顷耕地的范畴。多年以后因为发展原因，建设用地被复垦为耕地，又重新进入 1.2033 亿公顷耕地范畴。这是一种动态平衡的耕地面积计划制度，与目前基本农田制度不同。同样动态平衡的耕地面积也可以分为耕地面积增加、固定、减少等。根据是否实现产量保障，每一种分别可以分为总量增加、总量一定、总量减少和总量不定几类。

四、不需要耕地面积保障

不需要一定耕地面积保障的情况包括总产量控制与总产量不控制。总产量控制包括总量固定与总量增加。总产量不控制主要指市场配置耕地面积（表 9-1）。

表 9-1　按照耕地面积是否固定对耕地管理制度的分类

分类		总量是否一定	是否保障产量
需要一定量的耕地面积保障	基本农田固定	总量一定	保障产量
			不保障产量
		总量减少	保障产量
			不保障产量

分类		总量是否一定	是否保障产量	
需要一定量的 耕地面积保障	动态平衡的耕地面积数量	总量一定	保障产量	
			不保障产量	
		总量增加	保障产量	
			不保障产量	
		总量不定	保障产量	市场配置土地资源
			不保障产量	
不需要耕地面积 保障	总产量控制	总量一定	产量红线制度	
		总量增加	增产红线制度	
	总产量不控制	总量不定		市场配置土地资源

五、耕地边界决定主体

（一）耕地边界的确定方式

市场是价格信号的载体，没有市场的平台保障，耕地边界很难实现土地资源配置效率最高。政府不能找到土地资源最佳配置的均衡点，往往过多划定耕地面积，浪费土地资源，降低耕地利用效率。

（二）耕地边界的确定主体

我们要明确确定主体的资格。只有在市场上，由耕地产权所有者根据土地边际收益比较，自由确定耕地边界，才会获取耕地与建设用地的合理配置。土地所有者有权根据耕地与城镇建设用地的边际收益比较，自由做出判断，确定自己的土地用途。

（三）红线必须确保边际收益动态均衡

如果市场自由配置土地资源，均衡点不会凝固不动，会比较剧烈地来回波动。波动的过程总是围绕均衡点，把均衡点作为摆动的中心，在均衡点附近摆动，并且寻求无限逼近均衡点。只要市场自由配置土地资源，用途没有实行管制，耕地边际收益与城镇建设用地边际收益都不会停滞不变，而是经常会发生变化。因此已经形成的均衡，不断被打破，接着又会形成新的均衡，均衡点也在反复发生变化。无论均衡如何形成，也无论均衡点如何变动，均衡是随时进行的动态过程，边际收益相等的规律随时都在发生作用，这个核心规律不会因为均衡的动态形成过程而发生改变。

第三节　产权明晰影响耕地边界的均衡状态

一、耕地边界的均衡状态受到产权的影响

（一）耕地产权虚置让边界向耕地一方偏移

完善产权保护制度，建立城乡统一的建设用地市场，耕地产权属于农村集体所有，农民具有占用、使用、收益、流转、抵押、担保、入股权能。建设统一的包括宅基地在内的农村建设用地和城镇用地市场，让城乡建设用地产权明晰更进一步。

（二）宅基地产权明晰让边界向耕地一方偏移

没有生产收入的宅基地，其边际收益很低。在宅基地与耕地的资源配置过程中，耕地的边际收益高于宅基地，耕地面积增加，宅基地面积减少。在人口数量增加、农户数量增加的情况下，宅基地增加速度更快，超标准占用宅基地面积远超过现有城镇建设用地面积，原因在于产权明晰程度不同。在目前的制度中，农村土地产权虚置，耕地尤甚。宅基地属于农户所有，比同属于集体所有的耕地的产权相对明晰。在产权配置过程中，属于同一主体的土地资源向产权相对比较清晰的领域集中。同属于集体所有的农村土地向产权相对更为明晰的宅基地一方集中，大量耕地违规超标准转化为宅基地是土地资源自动向产权更为明晰的领域流动的结果。

（三）城镇建设用地产权明晰让边界向耕地一方偏移

城镇建设用地产权比耕地明晰，出现大量城镇建设用地侵占耕地的现象。产权明晰直接关系到耕地边界均衡状态不被扭曲。产权明晰程度不均衡，让耕地边界均衡状态发生扭曲。

二、产权明晰程度及其优先序关系到耕地边界均衡状态的实现

（一）需要切实明晰耕地产权

如果不进一步明晰耕地产权，即使有耕地面积计划保护，也很难真正阻止产权虚置的耕地被产权更加明晰的城乡建设用地侵占。

（二）产权明晰需要考虑优先序

产权明晰程度及耕地、城镇建设用地、农村建设用地的产权明晰优先序关系到耕地边界均衡状态的实现。产权明晰程度及其优先序是确保耕地边界均衡状态下，资源配置效率最佳的关键。

第十章　耕地收益补偿的基本理论

第一节　耕地收益补偿的意义与实现

一、耕地收益补偿是对耕地粮食安全价值的量化

（一）耕地的粮食安全价值

1. 耕地的两种属性

耕地收益补偿是一个关键变量。耕地的单位面积产值很低，从经济效益来看生产粮食是一种经济效益不高的土地利用方式。特别是在粮价不高、粮食生产的纯收入很低的条件下，抛荒成为粮农的一种选择，耕地利用效率下降。但耕地具有特殊价值，即耕地具有不可或缺性，这种特殊价值使得一个国家或者地区不得不重视这种土地利用方式，并将其放到很高地位。

2. 耕地指标的特殊价值

耕地的经济效益不高，很大比例的土地资源用于粮食生产，原因就在于耕地生产的是特殊商品，是一种经典必需品。耕地的特殊价值就是耕地的粮食安全价值。粮食作为经典必需品的生产必须首先保障，即使经济效益很低，也必须生产足够数量的粮食。在生产粮食的过程中，虽然粮食生产的经济效益较低，但是考虑到粮食作为经典必需品所具有的特殊价值，不得不投入大量资源用于经济效益较低的粮食生产。

3. 粮食安全价值

粮食安全价值是把土地资源投入粮食生产的核心动力。耕地具有两种收益：一种是耕地的显性收益，其等于耕地的经济效益，即耕地产值带来的经济效益。与很多高回报的建设项目相比，耕地的这个效益低于一般建设用地投资的经济效益。另一种是耕地的隐性收益，即耕地用于粮食安全保障的价值，这是耕地的特殊价值。耕地用于粮食安全保障的价值大于耕地的经济效益，耕地的隐性收益大于耕地的显性收益。

（二）耕地收益补偿是对耕地粮食安全意义的量化

1. 耕地粮食安全价值的一般化解释

耕地用作建设用地之后的较高经济收益与粮食生产的较低经济效益之间的差值是耕地的粮食安全价值。耕地的粮食安全价值是粮食生产的关键动力，也是最核心、最重要的耕地的价值。

2. 耕地指标的粮食安全意义量化

耕地的隐性价值就是耕地的全部价值与耕地的现实经济效益的差值。在耕地边界均衡状态下，耕地的边际收益与城镇建设用地的边际收益相等。单位面积耕地价值被低估的部分等于单位面积耕地作为建设用地的经济收益减去单位面积耕地的经济收益，评估耕地的价值要以与其边际收益相等的建设用地作为参照。耕地价值被低估的部分就是耕地的全部价值与耕地的经济收益之间的差值，是耕地作为建设用地的全部价值与耕地的经济收益之间的差值，是单位面积耕地作为建设用地的经济收益与单位面积耕地的经济收益的差值，即耕地收益与耕地产值的差值。耕地的隐性价值与耕地价值被低估的部分相同，都等于耕地收益补偿。

3. 耕地指标的粮食安全价值与耕地和城镇建设用地产值的差值

耕地的特殊价值等于单位面积的城镇建设用地的产值减去单位面积的耕地产值，也等于单位面积的耕地收益补偿。耕地的特殊价值与耕地的经济收益之和等于建设用地的经济收益。

（三）耕地收益补偿是核算耕地粮食安全价值的基础

1. 耕地的粮食安全价值远高于耕地产值

要衡量单位面积耕地的粮食安全价值，需要对单位面积的耕地收益补偿进行计算。两种用途土地的单位面积的经济效益的差值等于单位建设用地的经济收益减去单位耕地的经济收益。在经济快速发展阶段，两种用途土地的单位面积的经济效益的差值大于单位耕地的经济收益，即耕地用于粮食安全保障的价值大于单位耕地的经济收益，耕地用于粮食安全保障的价值一般可能高于单位耕地的经济收益。

2. 耕地收益补偿体系是核算耕地粮食安全价值的基础

要对耕地的粮食安全价值进行量化，只需要引入耕地收益补偿体系，就可以十分便捷地计算出耕地的粮食安全价值。耕地收益补偿是耕地隐性价值的计算标准，也是耕地的粮食安全价值的计算标准。

二、耕地收益补偿的实现

（一）耕地收益补偿实现的内涵

1. 实现就是补偿

耕地收益补偿的实现是通过各种方式让耕地边际收益等于城镇建设用地的边际收益，把耕地的边际产值与城镇建设用地的边际收益的差值部分予以实现。

2. 补偿就是兑现

实现耕地收益补偿必须向利益方兑现这部分资金。如果这部分资金不能兑现，市场条件下耕地边界的均衡状态很难实现（图 10-1）。

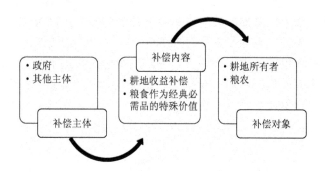

图 10-1　耕地收益补偿的主体、内容与对象

（二）耕地收益补偿的补偿对象分析

1. 土地所有者

在市场配置土地资源、决定土地两种用途的比例、确定耕地边界均衡点的条件下，不存在非市场配置土地资源。土地所有者可以自如决定其土地的使用方式：多少比例用于建设用地，多少比例用于耕地；其决策权并不会受到干预。如果其把一部分土地投入农业生产，作为耕地使用，其决策依据是必须实现两种土地的边际收益相等。用于建设用地部分的土地边际收益等于其用于生产粮食的土地的边际收益。如果没有实现耕地收益补偿，或者没有完全实现耕地收益补偿，往往很难出现把一部分建设用地作为耕地使用的情况，此时，必须实现耕地的收益补偿。

2. 耕地所有者

对于非市场配置土地资源条件下的耕地所有者，因为不能自如决定其土地的用途，选择权受到制约，很难将耕地转变为建设用地。这时为了激励耕地所有者充分利用耕地，生产更多的粮食，需要实现耕地收益补偿。如果实现了的耕地收益补偿低于理论上的耕地收益补偿，则会出现大面积抛荒行为。这是抛荒大量出现的原因之一。

（三）耕地收益补偿的主体分析

在产权明晰的条件下，在市场自由配置土地用途的条件下，耕地收益补偿是其他主体对耕地所有者的补偿。

（四）历史时期耕地的均衡边界

我们可以通过历史时期耕地产权私有条件下的相关分析说明市场配置条件下的耕地边界的规律。在土地产权私有的条件下，可以把历史时期的建设用地分为生产建设用地和非生产建设用地两个部分。生产建设用地主要是可以产生收益的工商业用地，非生产建设用地主要是宅基地和城镇住房用地。生产建设用地产生收益，非生产建设用地往往并不直接产生收益。耕地如果用于粮食生产则必然产生收益。

第二节　耕地边界的终极位置与耕地收益补偿的缩小

一、耕地收益补偿存在的历史性及其价值

（一）耕地收益补偿的存在是一种历史现象

耕地收益补偿是耕地利用效率低下时代的一种历史现象。这可以与劳动力的二元结构相比，劳动力的二元结构是历史时期长期存在的粮农收入与其他劳动力的收入差距很大的现象。几千年来粮农与其他劳动力的收入差距长期存在。粮农收入小于其他劳动力的收入，只有到了农业现代化阶段，粮食生产的规模经营实现以后，才能实现劳动力的一元化。劳动力的一元化是粮农的人均收入与其他劳动力的收入水平相等，不存在粮农收入低于其他劳动力的现象。即使目前条件并不具备，也不意味着未来不会实现耕地与城镇建设用地的边际产值相等的可能性。

把城镇建设用地的边际产值大于耕地的边际产值的状态称为土地的二元结构状态。在土地的二元结构状态下，一定存在耕地收益补偿，边际耕地收益补偿等于城镇建设用地的边际产值减去耕地的边际产值。只有边际耕地收益补偿为零，城镇建设用地的边际产值减去耕地的边际产值等于零，城镇建设用地的边际产值等于耕地的边际产值时，才会实现土地的一元结构状态。土地的一元结构状态不仅是耕地边际收益等于城镇建设用地边际收益，而且耕地边际产值等于城镇建设用地边际产值，不存在耕地边际收益补偿。目前存在的耕地收益补偿只是一种历史现象，是耕地利用效率低下的表现。

（二）耕地收益补偿存在的价值

耕地收益补偿是经济发展并不均衡的产物。因为耕地的生产力低于建设用地的生产力，因此长期存在耕地收益补偿。一旦耕地生产力得到高度开发，耕地的收益补偿不复存在，土地产值的二元结构才会转型为一元结构。耕地的收益补偿是历史性产物。

二、耕地收益补偿的未来趋势

（一）耕地收益补偿最终将会消失

如果长期不能实现耕地收益补偿，耕地边界的均衡状态不能实现。如果存在单位面积已经实现的耕地收益补偿小于单位面积耕地收益补偿的理论部分，那么单位面积已经实现的耕地收益补偿与单位面积耕地的产值总和，低于单位面积耕地收益补偿的理论部分与单位面积耕地的产值总和。在市场配置土地资源、分配土地两种用途的比例、决定耕地边界的条件下，耕地边界的均衡点向建设用地增加的方向移动，即耕地面积和比例减少。这是耕地面积计划出现的前提条件，也是在耕地面积计划的条件下，出现抛荒耕地的重要原因之一。

（二）耕地收益补偿的消失意味着耕地产值极大提升

耕地的收益补偿消失以后，耕地产值极大提升，耕地利用效率大大提高，耕地面积巨大，全部耕地的产值提升总量十分巨大。

第十一章 耕地边界与土地二元结构统筹

第一节 耕地与建设用地的二元结构分析

一、土地的二元结构是城乡二元结构的资源布局基础

城乡二元结构既可以指农民与市民之间的关系，也可以指农业与非农产业之间的关系。为了分析更加简明扼要，把土地从总体上分为耕地与建设用地。本书分析与粮食安全保障相关的耕地及与新型城镇化战略供地相关的建设用地。

（一）城乡统筹是以土地资源为基础的

土地资源承载着经济社会发展的全部要素。目前的城乡统筹不仅表现为城市和农村的经济发展的统筹，也反映了城乡居民的居住地统筹，更是劳动力和土地资源的城乡统筹。没有耕地作为基础，就没有农村粮食生产的进一步保障。除此之外，农村发展必须要有农村建设用地作为基础。农村建设用地是粮食生产的主体，农村劳动力的居住地是农村发展的基地，也是粮食生产基地，农村建设用地具有特殊价值（图 11-1）。

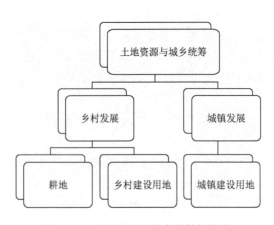

图 11-1 土地资源是城乡统筹的载体

（二）国民生产总值是以土地资源为基础的

经济发展表现为国民生产总值的增加。国民生产总值的生产需要以土地资源为基础，国民生产总值包括粮食与粮食以外的国民生产总值。粮食主要出产于耕地，耕地是粮食这种特殊的经典必需品的生产载体。建设用地特别是城镇建设用地生产了大部分国民生产总值。如果引入耕地的收益补偿，粮食的耕地收益补偿足以让生产粮食的耕地边际收益与城镇建设用地边际收益相等。这样的两分法既凸显了粮食及耕地的重要价值，也凸显了建设用地特别是城镇建设用地的重要价值，在研究粮食安全的过程中更加凸显了土地资源的整体价值（图 11-2）。

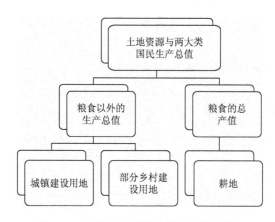

图 11-2　土地资源是国民生产总值的载体

（三）农村土地资源的特殊性

农村建设用地存量很大，其高效利用关系到粮食安全。城镇建设用地与农村建设用地指标统筹可以为未来新型城镇化建设战略提供很大的空间。就农村建设用地的出产看，耕地的粮食生产需要居住在宅基地上的粮农的经营。农村建设用地中的宅基地是粮农的居所，是粮农生产粮食的载体，应该属于粮食生产的土地资源。农村建设用地中有一部分并不是宅基地，这部分农村建设用地可能与粮食生产有关，也可能与粮食生产不相关。其中与粮食生产不相关的部分，其出产可以归入非粮食类的国民生产总值。农村土地资源出产了两大类国民生产总值，一部分是粮食，另一部分是非粮食类的国民生产总值。

（四）农村建设土地资源的效率提升

农村建设用地资源利用具有重要意义，但其利用效率不高。大部分农村建设用地生产粮食以外的国民生产总值，这部分土地资源利用效率不高。宅基地主要是作为耕地的附属部分，作为粮农的居住地，大面积宅基地空置，更使得城乡建设用地指标的内部结构不合理。土地二元结构的统筹不仅是现在，也将会是城镇化完全实现以前的核心命题。土地资源的二元化是一种不发达状态的体现，大量耕地的平均产值远低于建设用地的平均产值。

二、以市场作为资源配置的基础

（一）市场自由配置土地资源的必要性

1. 需要建立系统的解释框架

目前的土地资源配置很难确定其效率高低。主要原因是没有一个系统的框架可以解释和深入分析土地资源配置的均衡状态，找不到土地边界的均衡状态，不了解耕地边界的可能性与存在前提，甚至把外在力量作为耕地边界均衡状态存在的唯一条件。

2. 土地资源自由配置完全可行

土地像任何资源一样，都可以通过市场进行自由配置。不能自由配置的资源是不存在的。无论是建设用地还是耕地，在一个可以自由配置的市场中都可以得到合理配置，确保自给自足状态下的粮食安全。认为耕地的外部边界不可以自动形成的观点是没有市场自由配置土地的背景下必然出现的推论，因此，我们无需担心耕地边界的均衡状态不能自动形成。

（二）土地资源自由配置是形成均衡边界的前提

1. 没有通过市场自由配置形成的耕地边界

耕地边界本身就是一种动态的序列。均衡状态下的耕地边界是可以随时变化的。

2. 耕地边界的自动形成是效率提升的动力

为了避免过度占用耕地，往往设定一个红线，其客观上降低了耕地利用效率。

虽然耕地利用效率较低的现状不完全是耕地面积红线造就的，但是耕地面积红线对耕地利用效率下降的贡献是很突出的。建设用地的利用效率不高也是耕地面积红线的间接后果。有了耕地面积红线后，建设用地指标紧张，主观上希望提升土地利用效率，客观上却降低了土地资源利用效率，因为指标管制的交易成本没有被充分考虑。土地资源数量大，管理成本和监管成本十分高昂。土地指标管理的交易成本大大降低了土地资源的利用效率。

3. 耕地边界的自动形成可以降低土地资源的配置成本

未来的新型城镇化战略实施是集中利用土地资源进行城镇化建设的最集中的阶段，是前所未有的土地资源利用的伟大实践。不仅需要大量的建设用地指标，更需要建设用地指标的高效、低成本配置。过去的城镇化之所以与未来的新型城镇化战略相区别，不仅表现为耕地资源配置的低效率和建设用地资源配置的高成本，而且表现为整个土地资源配置的低效率和高成本。耕地边界的自动形成是新型城镇化战略实施的重要保障。新型城镇化战略需要降低土地资源配置成本。耕地边界的自动形成可以降低土地资源配置成本，统筹解决粮食安全、土地管理、城镇化发展、城乡统筹等领域的问题。若没有耕地边界自动形成的机制，土地管理成本就会高昂，进而会降低土地资源利用效率，阻碍新型城镇化战略的顺利实施。如果能够很好地解决耕地边界的自动形成机制，土地管理部门完全可以从计划经济的事无巨细的管理中解脱出来，省去更多的管理事务，服务而不是管理土地资源的高效利用。

第二节　耕地边界的自由形成是未来经济增长的重要动力

一、耕地边界的自由形成

（一）耕地边界的自由形成机制

耕地是重要资源，完全可以任其自由配置，自由形成耕地边界。自由配置耕地资源有效确保了粮食安全。

（二）耕地边界的自由形成完全必要

资源的自由配置和充分的自由流动可以充分发掘经济增长的潜力，形成经济增长的巨大推动力。

二、耕地边界的自动形成成本很低

（一）降低土地资源配置成本

土地资源的配置方面花费的成本较高，高昂的土地资源配置成本，让土地成为配置效率最低、配置成本较高的重要资源之一。现在有关部门往往是管理土地资源，而不是为土地资源高效、低成本配置服务。土地资源的高效低成本配置，将成为未来新型城镇化战略实施的重要动力，推动中国经济发展。

（二）新型城镇化战略的强大动力机制

新型城镇化战略是未来经济发展的强大动力之一。新型城镇化战略的动力是耕地边界的自动形成机制，没有这个机制，土地资源的配置成本奇高。没有这个机制，很难实现新型城镇化战略所需要的土地资源配置的高效率。新型城镇化战略的新特点是土地资源配置效率下降，甚至不再需要交易成本。目前土地资源配置的成本高于预期，土地资源配置效率不能完全适应新型城镇化战略的需要。没有土地资源配置效率的降低，没有耕地边界的自动形成机制，新型城镇化战略很难体现出新的特质。新型城镇化战略建立在土地资源高效和低成本配置的基础上，没有实现耕地边界的自动形成机制，不能高效、低成本配置资源。耕地抛荒和建设用地指标紧张同时存在，土地资源资源配置机制低效，这是新型城镇化战略不能容许的。

三、人口红利与土地红利

我们将人口红利的概念平移到土地资源配置领域，命名为土地红利，提出土地红利陷阱概念。

（一）人口红利与土地红利的比较

人口红利的特点是经济发展阶段刚好遇上劳动力供应充足、每个劳动力人均需要赡养和抚养的人口数量最少的时代。与此形成鲜明对比，土地红利是经济发展阶段正好遇上土地资源需求旺盛、每单位土地资源可以创造的国民生产总值最高的时代（表 11-1）。

表 11-1 人口红利与土地红利的比较

要素	人口红利	土地红利
移动性	人口可自由流动	耕地边界有移动性
供应数量	供应丰富	供应增加
需求数量	需求较大	需求旺盛
资源配置方式	市场配置	市场配置
收益、获利数量	收入提高	获利最大
负担、成本数量	负担最少	交易成本最低

与人口这种可以增加或减少的资源相比,土地资源总量基本固定,很少有增加或者减少的余地。土地这种不可以自由流动的资源,也具有可以自由移动边界的特质。通过耕地边界的自由移动,可以实现耕地比例与建设用地比例的动态变化。既然土地的增加基本上没有余地,那么土地利用的潜力发挥可以从两个方面分析。首先是供应与需求方面,土地供应丰富,只能通过耕地边界移动,在两种用途中实现此消彼长的均衡。土地资源的潜力发掘主要还是集中在需求上面。土地需求高涨的时段是土地资源高效利用的阶段,错失土地需求高涨的时代,就会陷入土地红利陷阱。土地红利陷阱是在经济有可能快速发展的阶段,土地资源配置处于低效率高成本状态,很难由市场自由配置,形成耕地边界的均衡状态,导致经济的可持续发展受到影响。我们要适应经济高速发展对土地的大量需求,有所为有所不为。有所为就是让市场自由配置耕地边界,让两种类型的土地资源实现低成本、高效率的配置。有所不为是大幅度降低土地资源配置的成本,减少各种不利于土地资源配置的交易成本,减少对土地资源市场自由配置的干预,让土地这种具有自动配置功能的资源实现有效率的配置。其次,单位土地资源的获利最大。土地红利的交易成本最低,资源配置方式最佳,在旺盛的土地需求下,获利最大。市场配置劳动力资源与耕地边界是过去几十年经济发展的重要成就,也是未来几十年经济发展的重要动力。让耕地边界由市场确定,可降低交易成本幅度。

(二)土地红利陷阱是土地资源配置与经济快速发展阶段的错位

在长期的土地管制条件下,新型城镇化战略在高成本、低效率的土地资源配置下运行,最终形成土地红利陷阱。判断土地利用效率的标准是耕地边界均衡状态的形成机制。如果耕地边界是在市场上自由形成的,那么土地的利用效率就高,如果耕地边界不是在市场上自由形成的,是外力强迫形成的,那么土地的利用效率不高,还有大量的开发利用的潜力。只要由市场自由配置耕地边界,不会存在粮食安全问题。土地红利是未来新型城镇化战略的主要凭借。土地红利是经济增长的动力，是统筹解决新型城镇化战略的用地问题、耕地效率提升和抛荒问题、粮食总产量红线问题的关键环节。统筹分享土地红利为未来经济增长提供了可持续发展的动力。共享土地红利不是只有利益没有责任的，资源优化配置是土地红利共享的关键。

四、耕地面积计划不能找到耕地边界的均衡状态

（一）试验验证

1. 非市场配置土地资源的基础

发挥市场在资源配置中的决定性作用，在耕地面积计划领域的重要性更显著，能打破关于土地用途配置的计划经济模式。无论出于任何目的的考虑，非市场配置土地资源都不属于市场配置土地资源的方式。指定一块土地的用途，不允许其转化用途，不是市场自由配置土地用途的方式，是计划方式对土地在耕地与建设用地两种用途之间的配置，厘清非市场配置土地资源的讨论基础十分重要。

2. 非市场配置土地资源讨论的必要性

市场成为土地资源用途配置的决定因素，不仅是为了实现耕地边界的均衡状态，也有实践效应。土地资源的两大分类是耕地与建设用地。耕地是保障粮食安全的基础，耕地面积保障不一定指向粮食总产量保障。仿照耕地面积计划提出的粮食总产量红线是对耕地面积计划的补偏。我们要有一定数量的耕地面积以保障粮食总产量红线，没有一定数量的耕地面积，粮食安全很难保障。在目前对耕地利用效率的管理比较粗放、只固守耕地用途管理的条件下，耕地面积红线不一定能够保障粮食总产量红线。耕地利用效率低下对建设用地指标总量造成重要影响。耕地利用效率低下产生的抛荒耕地属于耕地范畴，很难把抛荒耕地与建设用地指标联系起来。在市场配置土地资源用途、土地资源总量有限的条件下，耕地利用效率下降是建设用地指标配置的重要制约因素。因为耕地利用效率低下，需要更多的耕地去保障粮食总产量红线，挤压了本来可以用于新型城镇化战略需要的建设用地指标。如果使市场在土地资源的用途配置中起决定性作用，本来被抛荒的耕地完全可以作为新型城镇化战略实施中的建设用地指标。抛荒耕地占用了本来属于城镇建设用地指标的份额，出现这种挤压关系的原因在于两种资源配置方式的区别。精细化管理条件下统筹耕地与建设用地指标，不会出现这种低效率利用土地资源的情况。只有在粗放式土地资源管理条件下才会出现这种低效率利用耕地的现象（图11-3）。

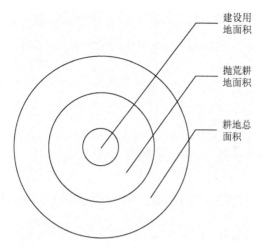

建设用
地面积

抛荒耕
地面积

耕地总
面积

图 11-3　抛荒耕地面积与建设用地面积之间的关系

（二）市场与计划两种方式并行

在全国实行耕地面积计划的条件下，可在部分地区试点市场配置土地资源的制度，让市场决定耕地的均衡边界。

第三节　新型城镇化战略与粮食安全战略融合

一、建设用地指标不是粮食安全保障的附庸

经济发展领域特别是新型城镇化建设领域对建设用地指标特别重视。建设用地指标是新型城镇化战略的支撑，是未来经济增长的基础。如果在研究中引入粮食安全保障框架，往往过度抑制建设用地指标的理论地位，忽视实践中建设用地指标的高价值和重要意义。这种思路存在的问题是理论与实际不统一，忽视生存与发展的关系。如果妥善解决了生存问题，发展问题就尤为重要。落实到一些具体的政策制定上也是千方百计保障新型城镇化战略所需的建设用地指标，为地方经济发展提供平台。在没有遭遇粮食安全以前，实践中建设用地指标的合理定位是很高的。以粮食安全的名义行粗放式管理耕地之实，是导致建设用地指标位置错位的根源。粮食安全本质反映在建设用地指标上就是耕地利用效率的提升问题，应建立切实可行的制度保障，为建设用地指标与耕地指标建设公平配置的平台，在提升耕地利用效率的前提下，适度供应新型城镇化战略所需的大量建设用地指标，同时从增加供应的建设用地指标中，拿出适当比例的资金收益，鼓励补偿耕地利用效率的提升。没有统筹考虑建设用地指标

配置与粮食安全的关系，非市场配置土地资源只能是两败俱伤的零和游戏。耕地面积保护严格规定，建设用地指标不能占用一公顷耕地，建设用地指标来源有限，或者成本极高，耕地只有面积保护制度，没有耕地利用效率激励制度，抛荒面积越来越大，耕地利用效率下降。将建设用地指标看作粮食安全保障的附庸是出现这种状态的根本所在。

二、新型城镇化战略地位等同于粮食安全战略地位

新型城镇化战略与粮食安全战略都属于顶层设计，也都具有持久性。两个战略的紧迫性不完全一致。粮食安全战略是几千年来的立国之本、生民之命，是永远具有战略意义的顶层设计。粮食安全战略与新型城镇化战略相比紧迫性稍逊一筹。经济增长动力不足，已经成为目前中国经济转型的关键瓶颈。新型城镇化战略承载着增强经济增长动力的关键性顶层设计，必须在未来若干年内确定决定性成就。没有适应中国特色的新型城镇化战略的实施，只有粮食安全保障，中国的经济发展很难走出可持续发展的困境。新型城镇化战略实施失当与粮食安全保障战略出现问题同样是灭顶之灾，要解决粮食安全保障与新型城镇化战略实施中的土地指标配置问题。一个建设用地指标配置充足、耕地利用效率提升、粮食安全与新型城镇化战略完美实施的综合性提升战略，才是解决土地用途配置的双赢之举。

三、建立建设用地指标配置战略

实践中建设用地的地位很高，但是战略层面很难看到理论突破。建设用地指标配置的制度建设，其解决之道是建立与粮食安全战略地位等同的建设用地指标配置战略。

（一）粮食安全战略及其支持战略

耕地保护实际上是耕地面积保护。而耕地面积保护与粮食总产量红线保护是不完全相同的，甚至即使有耕地面积保护，也不一定能够保障粮食总产量红线。只要充分激励粮农积极性，提高耕地利用效率，完全可以在精细管理的条件下，稳步提升粮食总产量红线。在耕地与建设用地指标的边界问题上，不再是耕地面积计划一统天下，建设用地指标被耕地面积决定的计划经济思想被打破，市场成为配置土地用途的平台，土地资源的利用效率因此提高。

（二）新型城镇化战略及其支持战略

新型城镇化战略的地位不亚于粮食安全保障战略。城乡统筹建设用地指标在实际操作中存在障碍。没有城镇建设用地指标，进城人口无处安置，违背了新型城镇化战略的顶层设计。旧模式中建设用地指标配置采用计划经济模式。在实有耕地面积超过耕地红线的条件下，建设用地指标实行审批制。占补平衡条件下，既有计划经济的资源配置方式，也允许市场经济的资源配置方式。旧模式中耕地面积计划是计划审批建设用地指标的依据，也是在市场上交易的建设用地指标的源泉。耕地面积计划可以催生计划经济的土地资源配置方式，也可以催生市场经济的土地资源配置方式。如果耕地面积计划制度加以改进，则会产生更有效率的土地资源配置方式。需要改变耕地面积管制的计划经济思路，精细管理粮食总产量，不拘泥耕地面积，紧盯粮食总产量红线标准，才能实现粮食安全与建设用地指标配置的双赢。新模式中，新型城镇化战略的子战略是建设用地指标配置战略，粮食总产量红线下的建设用地供应是其支持战略。统筹城乡建设用地指标和统筹土地用途是其运行制度（表 11-2）。

表 11-2　不同城镇化战略比较

要素	城镇化的原有模式	新型城镇化战略新模式
层级	非顶层设计	顶层设计
子战略	耕地保护战略的附庸	建设用地指标配置战略
支持战略	1.2033 亿公顷耕地以外实行审批制，统筹城乡建设用地指标	粮食总产量红线稳步提升下的足量建设用地供应
运行制度	计划指标审批与市场交易指标	统筹城乡建设用地指标和统筹土地资源的两种用途
目标	很难确保粮食总产量目标；建设用地指标配置低效率，供应不足；城镇化与粮食安全都没有切实保障	粮食安全与建设用地指标配置的双赢

四、粮食安全战略与新型城镇化战略完美结合的综合提升战略

我们要把建设用地指标配置作为战略目标，带动耕地利用效率提升，而明确耕地面积计划的战略目标是粮食总产量红线。废除粗放式管理的耕地面积管制，展开更加精细的粮食总产量红线管理，转变管理方式，提升管理水平，提高土地

资源利用效率,让土地资源在最大限度发挥效益的条件下充分保障两个顶层设计:粮食安全战略与新型城镇化战略。政府不再是资源配置的主体,政府回归对粮食总产量红线的监控和管理职能。市场成为建设用地资源配置制度的监督者,而不是资源配置者。耕地不再处于低效率利用状态,抛荒大面积减少。城镇建设用地指标大幅度增加,新型城镇化战略顺利实施。以城镇建设用地的收益补偿耕地利用效率提升,粮票制度可以最大限度地监控粮食生产总量。

第四节　耕地面积减少的可能性分析

一、土地资源配置的两种方法

(一) 耕地收益比较

耕地收益一直被认为很低。一般人往往认为粮食作为必需品,必须满足一定量的粮食需求。这一定量的粮食生产逼迫人类不得不拿出较高比例面积的土地来生产粮食,甚至有人认为土地是主要生产粮食的,建设用地只是附属的或者不是主要的土地类型。一般人认为人类需要的粮食需求总量是一个常数,根据这个常数和单产,留足耕地面积后,才会考虑建设用地指标。这个思路值得商榷。人类的主要国民生产总值是在建设用地上生产的,耕地上生产的国民生产总值比例只有很少一部分。既然与建设用地的较高收益相比,耕地收益低,就可以把收益较低的耕地利用到极致,充分发挥其潜在利益,提高单位面积收益。抛荒普遍,耕地利用率低,耕地利用潜力没有发掘。不能单维度地从人类的粮食需求去考虑耕地面积问题。耕地与粮食总产量不是简单的关系。足够多的耕地,如果利用率低,完全可能陷入粮食安全危机。如果耕地面积有限,耕地利用潜力被激发,完全可以保护粮食安全。耕地利用效率比较关键。在土地资源自由配置的条件下,耕地被与建设用地同样看待。一般建设用地往往是被决定的,耕地则是决定一般建设用地的首要因素。

(二) 按照土地收益配置土地资源

在一个完全自由的市场上,土地资源配置最后形成均衡,即在没有管制的背景下,实现了粮食安全的封闭市场,最终耕地边界被确定,包括耕地总量、质量等,此时不会增加一公顷建设用地,因为这样粮食不够,也不会减少一公顷建设用地,因为此时浪费了土地。自由配置土地资源的市场背景下,耕地与建设用地实现了边际收益的均衡。均衡就是不能减少一公顷耕地，不能增加一公顷建设用地，耕地的边际收益等于城镇建设用地的边际收益。

（三）按照边际产值配置土地资源

如果边际收益不相等，会进行重新配置，耕地减少，增加建设用地比例，一直增加到单位面积耕地的产值等于单位城镇建设用地的产值为止。

二、耕地产值与恩格尔系数

（一）按照耕地产值计算的耕地面积比例等于恩格尔系数

假定粮食总产值为 Z_{gj}，耕地总面积为 S_{gs}，土地总面积为 S_t，根据恩格尔系数的理论，假定恩格尔系数为 $ENGx$，假定全部国内生产总值为 GDP_t，$ENGx = Z_{gj}/GDP_t$。单位面积耕地的产值 = 耕地总产值/耕地总面积 = 粮食总产值/耕地总面积 = 单位城镇建设用地的产值 = $(GDP_t-粮食总产值)/(土地总面积-耕地总面积)$，$Z_{gj}/S_{gs} = (GDP_t-Z_{gj})/(S_t-S_{gs})$，整理得 $S_{gs}/S_t = ENG_x$，耕地总面积（S_{gs}）占土地总面积（S_t）的比重恰好为恩格尔系数。

（二）按照人均产值相等计算耕地比例

耕地的面积未来将不可避免地下降，下降幅度视耕地承载的劳动力密度与建设用地承载的劳动力密度的比例而定。在均衡条件下，耕地上的产值/耕地上承载的劳动力 = 人均产值 = 建设用地上的产值/建设用地上承载的劳动力。

三、按照耕地收益计算的耕地面积比例

按照耕地收益计算的耕地面积比例大于恩格尔系数。如果按照收益计算，均衡状态下的耕地面积高于按照产值计算的比例。目前恩格尔系数比较低，耕地面积只有现有土地面积的很低比例。要实现粮食安全，耕地面积不能低到恩格尔系数的水平，计算收益均衡状态下的耕地面积比例要用到耕地的极致单产概念。

耕地的极致单产是指耕地单产的极限。耕地的极致单产要考虑成本，如果采用昂贵的代价可以实现耕地单产很高的目标，但是如果收益减去成本，净收益低于普通状态下的净收益则并不划算。目前一公顷耕地产量 30 000 千克，在使用最先进技术的条件下，一公顷耕地上建立农业实验室，单产可以接近 150 000 千克，

成本提升 15 000 000 元。如果成本提升后，收益超过成本，可以采用这种技术；反之，不能采用这种技术。

四、耕地面积比例与土地承载的劳动力密度

（一）粮农比例最终会接近恩格尔系数

1. 粮农比例的未来趋势

劳动力流动的均衡状态是指农村劳动力充分流动以后，粮农的收入水平等于城乡全部劳动力的平均水平，粮农的人均收入等于城乡劳动力的平均收入，粮农生产的粮食产值可以近似地用粮食的消费来代替，其占全部商品消费的比例即恩格尔系数，等于粮农数量占全部城乡劳动力数量的比例，即粮农数量/全部城乡劳动力数量 = 粮食的产值/全部商品的产值。

2. 粮农比例的变化趋势分析

在现代化农业实现以前，很难想象粮农比例占全部劳动力的比例降低到接近恩格尔系数，接近第一产业的产值占国民生产总值的比例，即粮农比例 = 粮农数量/全部城乡劳动力数量 = 恩格尔系数 = 粮食的消费总值/全部商品的消费总值 = 第一产业产值/国民生产总值。目前的发展中经济体逐步在劳动力流动的影响下，减少粮农比例，增加第二、第三产业从业人数和比例。发达经济体已经基本实现这一比例，在粮农的人均产值接近甚至等于所有城乡劳动者的人均产值水平的条件下，粮农比例等于第一产业占国民生产总值的比例。

（二）粮农比例变化与耕地面积比例变化比较

耕地面积比例也会像粮农比例一样，在未来某一阶段降低。随着城镇化的发展，粮食总产量稳步增加，意味着单产在稳步提升。在粮食总产量和单产增加的同时，粮食产值占国民生产总值的比重稳步下降，没有实现规模经营的粮农的人均收入与全部劳动力的人均收入的比重也在稳步下降。随着规模经营的推广和农业技术的提升，粮农比例会持续下降。假定在一个封闭的区域内，有 100 公顷土地，这些土地只有两种类型：耕地与建设用地。几千年以前，工业化、城镇化都没有开始，几乎全部土地都拿来作为耕地，只有 0.01 公顷土地作为建设用地。这符合边际收益相等的规律。此时的耕地边际收益等于城镇建设用地的边际收益。如果耕地的边际收益高于城镇建设用地的边际收益，则会自动缩减建设用地面积，

直到不能再缩减为止。只要耕地的边际收益仍然高于城镇建设用地的边际收益，建设用地的比例还会继续减少，耕地的边际收益与城镇建设用地的边际收益相等才能保障粮食安全。城镇化条件下陆续扩大建设用地比例，最终拿出 1 公顷土地作为建设用地，其余 99 公顷土地作为耕地。

（三）耕地面积比例将会大幅度下降

如果任由耕地产值无限逼近耕地收益，即在耕地的补偿收益为零的情况下，不存在耕地收益与耕地产值的差额，则在耕地的均衡边界处，耕地总面积占土地总面积的比例等于耕地总产值占国民生产总值的比例，接近恩格尔系数。

（四）耕地比例降低到恩格尔系数的原因

只有耕地收益补偿为零，耕地面积比例才会接近恩格尔系数。解释耕地均衡边界的关键性概念——耕地的收益补偿必须减少，甚至降低到零。作为耕地均衡边界的核心概念，耕地的收益补偿可以很好地解释耕地边界的规律。耕地必须被作为必需品来加以解释，耕地边界必须用更特殊的理论加以解释，一般性解释很难说明为什么在耕地边际产值低的条件下，竟然能够保持耕地边界的均衡。引入耕地收益补偿的概念十分必要，其也是耕地边界规律一般化的重要环节。耕地收益补偿为零的假定，颠覆了耕地收益补偿的概念。边际收益不相等很难实现耕地边界的均衡状态，要有外在的非经济的力量才能确保在边际收益相差悬殊的条件下，实现耕地边界的强制性均衡。耕地边界的自平衡状态是不存在的，必须要在非经济的外在力量的强制下，才能实现耕地边界的均衡。这种均衡是非自然的，是不符合经济规律的伪均衡。

五、农业资源比例均衡的历史考察

（一）民以食为天的丰富内涵

民以食为天包含着丰富的内容。粮食的重要性体现在耕地种植粮食的边际收益等于城镇建设用地的边际收益，耕地均衡边界所决定的耕地面积占全部土地面积的比例很高，粮农的数量占全部劳动力的比例很高。

1. 历史时期耕地边际收益等于城镇建设用地

耕地均衡边界的规律在现代与历史时期都会发生作用。历史时期严格控制建设用地比例，也是按照边际收益相等的规律在配置土地资源的两种用途。在土地总面积一定的条件下，尽可能减少建设用地的面积，尽可能多地增加耕地面积。土地两种用途的边界均衡状态下边际收益相等。随着经济的发展，耕地的产值与收益的差距越来越大，耕地收益补偿越来越高。

2. 历史时期粮农比例与粮食产值占国民生产总值的比例

历史时期粮农比例在逐步下降。随着粮食产值占国民生产总值的比例大幅下降，生产力得到发展，粮农比例下降到一个微不足道的比例，粮农比例与粮食产值占国民生产总值的比例最终趋同。

3. 历史时期耕地比例与粮食产值占国民生产总值的比例

在科学技术没有实现高度发达之前，耕地比例下降低，速度缓慢。粮食产值占国民生产总值的比例大幅下降，需要生产力的发展，而且发达的生产力将使得耕地比例跟粮农比例一样最终与粮食产值占国民生产总值的比例趋同。

（二）耕地收益与产值之间的差额永远存在

耕地上的人口密度远低于建设用地上的人口密度。粮农人均收入等于全部劳动力的人均收入之时，耕地上的人口密度减少很快。

六、三种用途土地的边际收益相等

历史时期耕地产权私有，土地所有者可以根据市场规律配置土地资源的不同用途，确定耕地与建设用地的比例，以及建设用地内部居住型与生产型建设用地的比例。具体决定条件依据耕地边界的均衡状态规律，即耕地的边际收益等于用于居住的土地的边际收益，也等于用于生产的土地的边际收益。三种用途的土地都适用耕地边界的均衡状态规律。在每一种土地用途的边际收益相等的条件下，土地才不会发生相互侵蚀。历史时期三种用途的土地比例变更，实际上是不同用途的土地边际收益变动的结果。边际收益比较低的土地用途，其所占比例下降，一直下降到其边际收益等于另外两种用途的边际收益。三种用途的土地资源的配置最终会实现所有用途土地的边际收益相等。

第十二章 本书结论

第一节 主要研究内容

一、概念拓展

（一）粮食的耕地收益补偿

本书从耕地边界的决定规律出发，阐述耕地收益补偿的存在，以及耕地收益补偿的较大数额。耕地收益补偿的存在使耕地边际产值不等于城镇建设用地的边际产值。边际产值不相等给土地资源的用途配置带来很多问题，耕地边界的均衡点寻求困难。耕地的收益补偿的存在让粮食补贴成为一种必然的政策取向，补贴是为了弥补耕地的收益补偿部分。无论是政府的补偿，还是出口粮食的地区对进口粮食的地区补偿，政府都成为耕地收益补偿的主要承担者。粮农必须成为接受补贴的主体。耕地边界的配置与粮食产值不高有关，粮食安全的困境与粮农收入不高有关，耕地收益补偿与对粮农的收入补偿一起，成为耕地边界与粮食安全保障面临的共同问题。寻求均衡点是平衡耕地收益与城镇建设用地收益的过程，耕地收益补偿如果合理，可望在耕地资源配置与劳动力配置方面实现均衡。

（二）粮食作为经典必需品的特殊价值

耕地收益补偿与粮食作为经典必需品的特殊价值都是概念拓展。概念从粮食的性质出发，解释了粮食的耕地收益补偿来源。粮食作为经典必需品，具有特殊价值，需要从耕地中获取收益补偿，因此才会存在耕地的产值与城镇建设用地的产值的差额。粮食作为经典必需品的特殊价值是耕地收益补偿的来源，耕地收益补偿是粮食作为经典必需品的特殊价值的表现。

（三）一般必需品的资源收益补偿

粮食作为经典必需品具有特殊价值。一般必需品的特殊价值等于生产一般必需品的资源收益补偿。因其作为一般必需品具有特殊价值，需要从资源中获取收益补偿，才会产生生产一般必需品的资源的产值与这种资源用作其他生产时的产值的差额。其作为一般必需品的特殊价值是其生产资源收益补偿的来源，生产一般必需品的资源收益补偿是其作为一般必需品的特殊价值的表现。

二、角度拓展

（一）确定耕地边界的分析标准

　　耕地边界是市场自由配置的结果，不是计划的结果。传统的研究方法是首先计算粮食需求量，其次根据单产，计算所需的耕地面积，最后得出耕地边界，以此划定建设用地的额度。即使是粮食这样的必需品生产，也遵循土地资源的用途分配，遵循不同产出的边际收益相等的规律。粮食作为必需品，其生产所需要的耕地与其他物品生产所需要的建设用地之间存在某种规律，如果不同产品的生产，边际收益不同，土地资源的用途配置不会形成均衡，耕地的边际收益低于建设用地的边际收益，会有更多土地转变为建设用地，耕地的边际收益高于建设用地的边际收益，会有更多土地转变为耕地，直到耕地的边际收益等于城镇建设用地的边际收益。耕地边界遵循规律，表面看耕地的单位面积产值低于建设用地的单位面积产值。如果肯定边际收益相等这一最根本的规律，产值的巨大差异反倒成为研究的突破口。在均衡点上，单位面积收益相等与单位面积产值不相等之间存在反差。深入分析找到耕地收益补偿的存在根源、影响、补偿主体和补偿对象，以此为出发点，分析更多粮食安全命题，得出有价值的结论。边际收益相等是土地资源用途配置的核心规律。耕地与城镇建设用地的边际产值并不相等，粮食进口存在耕地收益补偿问题。

（二）市场配置土地资源

　　我们可从经济角度分析非市场配置土地资源的价值和意义。在耕地收益补偿难以实现，或者几乎无法完全实现的条件下，非市场配置土地资源是对耕地收益补偿的替代，是具有经济价值的资源配置方式，这种资源配置方式与耕地的产权相关。土地资源向产权相对清晰的领域集中，宅基地面积增加很快，超标准占用耕地面积超过现有城镇建设用地面积，大量耕地被违规超标准转化为宅基地，是土地资源自动向产权更为明晰的领域流动的结果。产权明晰程度及耕地、城镇建设用地、农村建设用地的产权明晰优先序，关系到耕地边界均衡状态的实现。产权明晰程度及其优先序是确保耕地边界均衡状态下，资源配置效率最佳的关键。

（三）统筹城乡建设用地指标

耕地边界的均衡状态成为统筹城乡建设用地指标的有效路径。根据占补平衡规定，要实现宅基地与城镇建设用地指标的交换，统筹城乡建设用地指标。利用耕地边界均衡状态的形成过程，统筹城乡建设用地指标，实现宅基地与城镇建设用地指标的置换是一种创新。

（四）有助于耕地边界在新模式下实现均衡

传统粮食生产方式向现代化集约型批量粮食生产方式的转型，有助于耕地边界在新的模式下实现均衡。传统粮食生产方式向现代粮食生产方式转型，有助于在耕地总量控制条件下形成较优的耕地均衡边界。耕地边界新的均衡状态的实现，倒逼生产方式的转型，可以节省大量的土地资源，提高土地资源利用效率。

（五）从条件式红线转型为粮食总产量红线

建立粮食总产量红线，关心耕地面积与粮食总产量，更要建立包括抛荒耕地治理红线和耕地利用效率红线在内的耕地利用红线。确保总产量稳步提升、最优利用土地资源，形成耕地边界新的均衡状态，建立全国联网的粮农生产信息，在线统计全国粮食总产量信息，并根据信息确定耕地利用，实现土地资源市场配置，确保粮食总产量红线实现。粮价补贴可以解释在耕地与人口关系紧张的情况下，粮食安全自保的经济意义。

三、量化耕地的粮食安全价值

（1）本书确认了耕地较低的经济效益与较高的粮食安全价值并存。耕地经济效益不高，但仍然被用于粮食生产，说明除了较低的经济效益，还有一种特殊价值使资源配置向耕地倾斜。这种特殊意义就是耕地的粮食安全价值。

（2）本书量化了耕地的粮食安全价值。耕地的粮食安全价值比较模糊，尚未量化，耕地收益补偿是对耕地的粮食安全价值的量化。

（3）本书确定了耕地的粮食安全价值量化指标与耕地收益补偿之间的关系。耕地粮食安全意义的量化指标与耕地收益补偿相等，是单位面积的耕地收益与单位面积城镇建设用地收益的差值。

（4）本书验证了粮食的两部分产值与粮食生产的两种收益的关系。粮食的产值类似于粮农的个人收益。

四、分析拓展及其启示

（一）分析拓展

（1）分析耕地边界十分必要。开辟新的角度，从简单的案例入手分析，建立严密的逻辑体系，才有可能在分析过程中得出一些有价值的结论，印证或者加深对一些结论的理解。

（2）要在真实世界的决策中，寻找耕地边界，并认为边际收益相等是耕地边界的配置规律，以此解释粮食出口的附加成本问题、非市场配置土地资源的价值问题等经济现象。

（3）研究得出具有拓展性的结论。边际收益相等是耕地边界的配置规律，提升粮食的单位收益与目前低粮价形成鲜明对比。粮食价格只是粮食交易的度量，是伴随粮食收益补偿在内的价值馈赠。耕地收益补偿是作为经典必需品的粮食的特殊价值，这一结论有助于重新考虑粮食进口战略。

（二）对一般必需品的启示

粮食作为必需品具有耕地收益补偿现象。耕地收益与粮食产值不一致，需要耕地收益补偿，补偿方式是国家补贴本地区粮农，出口地区补贴进口地区。一般必需品也存在资源收益补偿，同样需要补偿收益。无论是作为经典必需品的粮食，还是作为一般必需品的其他产品或者服务，其所需要的资源，可以用于更有价值的非必需品的生产，必需品的性质，使其资源必须用于其生产。资源因此减少的产值是必需品的特殊价值。

第二节　研　究　结　论

一、理论观点

（一）粮食进口的选择性

我们应从耕地收益补偿较低的地区进口粮食，确保进口粮食的综合成本最低，而不是单纯考虑粮食价格。从资源禀赋类似的地区进口粮食，存在大量耕地收益补偿及其他没有反映在粮食价格当中的成本，要重新评估依赖目前的粮食价格计算粮食进口成本的客观性。即使不考虑进口粮食的来源及其数量，也应把耕地收益补偿计算进去，根据本地区能够支付的耕地收益补偿的能力，调整对预期进口粮食数量的评价。

（二）耕地总量控制的阶段性

既然在经济发展的一定阶段，耕地收益补偿不能支付或者不能完全支付，那么作为其替代物的非市场配置土地资源就是一种有可能实现暂时的耕地边界固定而非均衡的方式。这种方式具有一定有效性，但不能依赖这种取代耕地收益补偿的替代物，特别不能长期依赖这种经济方式的行政替代物。引入耕地收益补偿概念，可以认识到耕地总量控制的存在原因和经济替代价值。通过与市场配置土地资源相比，可以进一步理解土地资源管制对形成均衡的耕地边界的影响。

（三）提高耕地资源配置水平有助于提供建设用地指标

一个土地资源紧张、人口众多的地区，既要满足粮食安全，又要保证城镇化战略的建设用地指标，应根据耕地边界均衡状态下边际收益相等的原则，尽可能降低耕地收益补偿，缩小耕地边际产值与耕地边际收益的差距，提高耕地边际产值。重视耕地资源利用效率的提升，不管制耕地面积是合意的政策选择。这可以解释粮食总量红线与耕地面积保护的关系，可以为有保障的建设用地指标配置提供源源不断的支持。

（四）耕地总量控制条件下耕地收益补偿不能治理抛荒

耕地总量控制条件下，耕地所有者不能自由选择土地用途，只能在生产粮食的条件下使用土地，不能将没有实现耕地收益补偿的土地转变为建设用途。耕地所有者选择降低劳动力投入，抛荒面积增加，粮食安全受到威胁。

二、应用研究结论

可以通过集约利用耕地获取建设用地指标。

（一）率先试点市场配置土地资源

市场配置土地资源，有利于建设用地供应。坚守耕地红线与从严供应城镇建设用地之间存在一定张力，较好地平衡耕地与城镇建设用地的关系具有重要意义。研究耕地与城镇建设用地的边界，应从土地资源配置角度出发，寻找耕地边界的均衡点。从耕地与城镇建设用地的边际收益相等的关系出发，分析耕地与城镇建设用地配置的规律。从耕地的边际产值与城镇建设用地的边际产值的关系中，提炼出耕地收益补偿概念。粮食作为必需品的特殊价值就是耕地收益补偿的来源。耕地用途管制具有耕地收益补偿价值，粮食进口必须考虑耕地收益补偿。

（二）复垦抛荒耕地增加建设用地指标

市场配置下耕地与城镇建设用地的关系，是粮食安全战略和新型城镇化战略实施的重要命题。既要保护耕地红线，又要从严供应城镇建设用地，需要从理论上分析土地资源的配置规律，找到耕地与城镇建设用地的边界，归纳出耕地与城镇建设用地的配置规律。在市场配置土地资源的条件下，耕地与城镇建设用地边际收益相等。作为必需品的粮食种植，必然产生耕地收益补偿。耕地用途管制忽视了耕地收益补偿，粮食出口的附加条件可以从耕地收益补偿角度分析，为进一步提升耕地利用效率奠定了基础。加强耕地管理，节省耕地资源可按照一定比例纳入建设用地指标。

饭碗要牢牢端在自己手上，需要坚守耕地红线。耕地红线的制定，离不开市场对土地资源的均衡配置。本书从理论上分析了市场配置下耕地与城镇建设用地的边界，以提高土地利用效率，保障粮食总产量红线。非市场方式的土地资源配置是耕地收益补偿的一种替代，耕地与城镇建设用地边界的均衡状态是统筹城乡建设用地指标的有效路径。传统粮食生产方式向现代化、集约型、大批量粮食生产方式的进一步转型，有助于形成耕地与城镇建设用地新的均衡边界。建议将耕地面积红线转型为粮食总产量红线，包括抛荒耕地治理红线和耕地利用效率红线。提出建立全国联网的粮食生产信息系统，保障粮食总产量红线，对于确保粮食安全战略与新型城镇化战略，具有一定的价值。

参 考 文 献

[1] 杨昌儒. 加快城镇化建设, 着力推动少数民族发展[J]. 贵州民族研究, 2011, (5): 94-99.
[2] 柳建文. 新型城镇化背景下少数民族城镇化问题探索[J]. 西南民族大学学报（人文社会科学版）, 2013, (11): 16-22.
[3] 张曦, 陈赤平. 浅议西部民族地区城镇化的可持续发展[J]. 贵州民族研究, 2013, (2): 93-96.
[4] 丁生喜, 王晓鹏. 青藏高原少数民族地区特色城镇化动力机制分析——以环青海湖地区为例[J]. 地域研究与开发, 2012, (1): 65-69.
[5] 沈茂英. 少数民族地区城镇化问题研究——以四川藏区为例[J]. 西南民族大学学报（人文社会科学版）, 2010, (10): 136-140.
[6] 沈茂英. 少数民族地区人口城镇化问题研究——以四川藏区为例[J]. 西藏研究, 2010, (5): 112-120.
[7] 王弘, 蔡彭真, 贺立龙. 关于民族地区新型城镇化的探讨——以阿坝藏族羌族自治州建设为例[J]. 贵州民族研究, 2013, (2): 97-100.
[8] 张熙奕. 少数民族地区小城镇建设和发展的对策思考[J]. 经济纵横, 2010, (2): 39-42.
[9] 韩玉斌. 论民族地区土地开发利用中少数民族决策参与权[J]. 贵州民族研究, 2013, (2): 21-24.
[10] 李俊杰. 民族地区农地利用碳排放测算及影响因素研究[J]. 中国人口·资源与环境, 2012, (9): 42-47.
[11] 马德君, 王科涵, 胡继亮. 西北民族地区城镇化与土地集约利用耦合度分析[J]. 财经科学, 2014, (3): 131-140.
[12] 彭冲, 陈乐一, 韩峰. 新型城镇化与土地集约利用的时空演变及关系[J]. 地理研究, 2014, (11): 2005-2020.
[13] 李杰. 我国城镇化发展引致的耕地危机论析[J]. 西南民族大学学报（人文社会科学版）, 2014, (11): 97-102.
[14] 苟正金, 欧阳国. 现实与展望：城镇化背景下我国农地发展权的均衡实现[J]. 西南民族大学学报（人文社会科学版）, 2014, (11): 77-81.
[15] 李忠斌, 饶胤. 民族地区农村土地流转现状及对策——以贵州省黔南布依族苗族自治州为例[J]. 民族研究, 2011, (2): 21-31.
[16] 刘敏华, 李锡英, 宋占新. 河北省少数民族聚居村土地流转问题研究[J]. 河北学刊, 2010, (2): 203-206.
[17] 杨鹍飞. 民族地区农村土地流转：政策试验与制度壁垒[J]. 西南民族大学学报（人文社会科学版）, 2014, (12): 40-45.
[18] 李萍, 邵景安, 张贞, 等. 重庆市耕地占补平衡体系构建[J]. 自然资源学报, 2011, 26(6): 919-931.

[19] 宋才发. 论农村耕地占补平衡的法律规范[J]. 中南民族大学学报（人文社会科学版），2011，31（1）：115-120.

[20] 许丽丽，李宝林，袁烨城，等. 2000-2010 年中国耕地变化与耕地占补平衡政策效果分析[J]. 资源科学，2015，（8）：1543-1551.

[21] 孙蕊，孙萍，吴金希，等. 中国耕地占补平衡政策的成效与局限[J]. 中国人口·资源与环境，2014，24（3）：41-46.

[22] 田孟. 耕地占补平衡的困境及其解释——基于国家能力的理论视角[J]. 南京农业大学学报（社会科学版），2015，（4）：122-130，135.

[23] 何腾兵，金蕾，邓冬冬. 喀斯特山区县域耕地占补平衡预警[J]. 农业工程学报，2012，28（1）：238-243.

[24] 施开放，刁承泰，孙秀锋，等. 基于改进 SPA 法的耕地占补平衡生态安全评价[J]. 生态学报，2013，33（4）：1317-1325.

[25] 高星，吴克宁，郧文聚，等. 县域耕地后备资源与规划期内数量质量并重的占补平衡分析[J]. 农业工程学报，2015，（12）：213-219.

[26] 邵挺，崔凡，范英，等. 土地利用效率、省际差异与异地占补平衡[J]. 经济学（季刊），2011，10（3）：1087-1103.

[27] 王绍洪. 重庆地票交易问题研究[J]. 西南民族大学学报（人文社会科学版），2013，（2）：134-138.

[28] 张先贵. 地票交易之地役权属性的理性检视[J]. 社会科学研究，2016，（1）：112-116.

[29] 黄美均，诸培新. 完善重庆地票制度的思考——基于地票性质及功能的视角[J]. 中国土地科学，2013，27（6）：48-52.

[30] 杨庆媛，鲁春阳. 重庆地票制度的功能及问题探析[J]. 中国行政管理，2011，（12）：68-71.

[31] 黄忠. 地票交易的地役权属性论[J]. 法学，2013，（6）：15-25.

[32] 陈悦. 重庆地票交易制度研究[J]. 西部论坛，2010，（6）：1-5.

[33] 张鹏，刘春鑫. 基于土地发展权与制度变迁视角的城乡土地地票交易探索——重庆模式分析[J]. 经济体制改革，2010，（5）：103-107.

[34] 尹珂，肖轶. 农村土地"地票"交易制度绩效分析——以重庆城乡统筹试验区为例[J]. 农村经济，2011，（2）：34-37.

[35] 杨飞. 反思与改良：地票制度疑与探——以重庆地票制度运行实践为例[J]. 中州学刊，2012，（6）：70-74.

[36] 段力，傅鸿源. 地票模式与农村集体建设用地流转制度的案例研究[J]. 公共管理学报，2011，8（2）：86-92.

[37] 陆铭. 建设用地使用权跨区域再配置：中国经济增长的新动力[J]. 世界经济，2011，（1）：107-125.

[38] 杨继瑞，汪锐，马永坤. 统筹城乡实践的重庆"地票"交易创新探索[J]. 中国农村经济，2011，（11）：4-10.

[39] 周立群，张红星. 农村土地制度变迁的经验研究：从宅基地换房到地票交易所[J]. 南京社会科学，2011，（8）：72-78.

[40] 陈春，冯长春，孙阳. 城乡建设用地置换运行机理研究——以重庆地票制度为例[J]. 农村经济，2013，（7）：37-40.

[41] 程世勇. 地票交易：体制内土地和产业的优化组合模式[J]. 当代财经, 2010, （5）: 5-11.

[42] 程世勇. 地票交易：模式演进和体制内要素组合的优化[J]. 学术月刊, 2010, 42 (5): 70-77.

[43] 张泽梅. 重庆地票交易价格问题研究[J]. 社会科学研究, 2012, （6）: 30-32.

[44] 张泽梅. 成都地票交易价格分析[J]. 农村经济, 2012, （7）: 84-90.

[45] 胡际莲, 王国华. 农村土地流转中地票价格形成机制研究[J]. 经济纵横, 2012, （5）: 47-49.

[46] 邱继勤, 邱道持. 重庆农村土地交易所地票定价机制探讨[J]. 中国土地科学, 2011, （10）: 77-81.

[47] 崔之元. 国资增值与藏富于民并进, 地票交易促城乡统筹发展——重庆经验探索[J]. 探索, 2010, （5）: 83-87.

[48] 陈晓军, 张孝成, 郑财贵, 等. 重庆地票制度风险评估研究[J]. 中国人口·资源与环境, 2012, 22 （7）: 156-161.

[49] 张鹏, 刘春鑫. 基于土地发展权与制度变迁视角的城乡土地地票交易探索——重庆模式分析[J]. 经济体制改革, 2010, （5）: 103-107.

[50] 吴义茂. 建设用地挂钩指标交易的困境与规划建设用地流转——以重庆"地票"交易为例[J]. 中国土地科学, 2010, 24 （9）: 24-28.

[51] 文兰娇, 张安录. 地票制度创新与土地发展权市场机制及农村土地资产显化关系[J]. 中国土地科学, 2016, （7）: 33-40, 55.

[52] 曾野. 破解"小产权房"难题的地票交易路径[J]. 现代经济探讨, 2016, （2）: 45-49.

[53] 曾野. 从指标权交易到发展权交易——美国 TDR 制度对地票制度的启示[J]. 河北法学, 2016, （3）: 144-154.

[54] 王林, 赵恒婧. 地票复垦阶段风险及对策研究[J]. 经济体制改革, 2016, （1）: 97-103.

[55] 刘锐. 城乡统筹视阈下的地票制度完善研究[J]. 西北农林科技大学学报（社会科学版）, 2016, （5）: 49-55.

[56] 牛海鹏, 肖东洋, 郜智方. 多层次作用边界下粮食主产区耕地保护外部性量化及尺度效应[J]. 资源科学, 2016, （8）: 1491-1502.

[57] 程绍铂, 杨桂山, 吴建楠, 等. 昆山市耕地总量动态平衡边界研究[J]. 中国土地科学, 2012, （4）: 17-22.

[58] 陈诚. 农产品质量安全导向的耕地质量评价及在城市开发边界划定中的应用——以南通市为例[J]. 地理研究, 2016, （12）: 2273-2282.

[59] 金星. 新土地抛荒的经济学视角[J]. 农村经济, 2013, （3）: 25-26.

[60] 陈金伟, 宁仁梅. 影响世界的 10 位经济学大师[M]. 北京: 人民邮电出版社, 2012: 164.

[61] 王芳洁. 任志强称房价高是因土地供应太少, 农村宅基地流转是解决之道[N]. 第一财经日报, 2009-10-16.

[62] 任志强. 农村宅基地面积是城市建设的 4 倍多[N]. 扬子晚报, 2013-07-01.

[63] 青木. 外媒关注中国明年六大任务[N]. 环球时报, 2013-12-14 （3）.

[64] 国土资源部. 节约集约利用土地规定（草案）（征求意见稿）[EB/OL]. http://www.mlr.gov.cn/xwdt/jrxw/201406/t20140606_1319656.htm[2014-06-06].

[65] 新华社. 全国土地利用总体规划纲要（2006－2020 年）[EB/OL]. http://www.mlr.gov.cn/xwdt/jrxw/200810/t20081024_111040.htm[2016-10-24].

[66] 周其仁. 土地用途管制的诞生[N]. 经济观察报, 2013-08-02.

后　记

　　新型城镇化战略、耕地保护战略及粮食安全战略是中国面临的重大课题，耕地红线是土地资源管理的底线。对耕地与建设用地边界的确定，关系到土地资源的高效利用。在市场配置土地资源条件下，耕地边界的确定机制值得深入研究。本书分析了市场确定耕地与建设用地边界的规律，并对土地资源高效利用的相关问题进行系统解释，有助于土地资源高效利用。

　　2013年9月21日至2013年12月23日完成主体部分，2014年1月30日至2014年2月5日完成剩余部分。2014年1月3日至2014年1月9日、2015年5月2日至2015年5月12日、2016年2月15日至2016年3月9日、2017年1月7日至2017年2月12日、2017年4月26日至2017年10月8日进行了修改。

　　本书出版得到以下基金资助：西安文理学院学术专著出版基金；2017年陕西省社会科学基金项目（陕西农民土地入股风险防范机制研究：2017D006）；2018年陕西省软科学研究计划（陕西新型农村合作组织带动农民致富路径及机制研究）；江汉大学武汉研究院2017年度开放性课题（IWHS20171005）；2018年陕西省社科界重大理论与现实问题研究项目（大西安建设国家中心城市研究）；2017年西安市科技计划-软科学研究项目（品质西安湿地生态占补平衡研究）；西安市社科基金"文理专项"项目（16WL02）；西安市科技计划"文理专项"项目（CXY1531WL04）。

　　科学出版社徐倩老师的杰出工作为本书的顺利出版奠定了坚实基础，我对徐倩老师的辛勤工作谨致敬意与谢意。池福来先生密切关注本书的出版，池芳春女士仔细修改了书稿全文，我对父母家人及陈扶宁先生的长期支持表示衷心感谢。

　　此外，为出版提供支持的人士有刘再起教授、韩茂莉教授、黄少安教授、刘鸿明教授、王光教授、张运良教授、李玉莉老师、朱利民教授、惠宁教授、袁晓玲教授、郭鹏教授等，借此机会，谨致谢忱。

田富强

2018年2月8日